KB095601

뉴타입의 시대

일러두기

1. 이 책은 국립국어원의 표준어 규정 및 외래어 표기법을 따르되, 일부 인명, 기업 및 브랜드명은 실제 발음을 따른 경우가 있다. 이 책의 주제어인 '뉴타입'과 '올드타입'의 경우 붙여 썼다.
2. 본문에 언급된 단행본은 《 》로, 잡지, 논문 등은 〈 〉로 구분했다. 국내에 번역된 출간물은 한국어판 제목을 표기하고, 그렇지 않은 경우 새로 번역하고 원제를 병기했다.
3. 독자의 이해를 돕기 위해 옮긴이가 덧붙인 설명은 괄호 안에 '옮긴이'로 표기했다.

NEWTYPE NO JIDAI

by Shu Yamaguchi

Copyright ⓒ 2019 by Shu Yamaguchi

Original Japanese language edition published by Diamond, Inc.

All rights reserved.

Korean translation copyright ⓒ 2020 by Influential, Inc.

Korean translation rights arranged with Diamond, Inc.

through The English Agency (Japan) Ltd. and Danny Hong Agency.

이 책의 한국어판 저작권은 대니홍 에이전시를 통해 저작권사와 독점계약한 ㈜인플루엔셜에 있습니다.
저작권법에 의해 국내에서 보호를 받는 저작물이므로 무단 전재와 무단 복제를 금합니다.

예측 불가능한 미래를 돌파하는
24가지 생각의 프레임

뉴타입의 시대

야마구치 슈 지음 | 김윤경 옮김

INFLUENTIAL
인 플 루 엔 셜

추천사

일전에 야마구치 슈의 전작을 읽으면서 그가 가지고 있는 세계관이 내가 생각하는 포노 사피엔스 문명관과 많이 비슷하다는 생각을 감히 했었다. 그런데 신간 《뉴타입의 시대》를 읽으면서 그와 문명을 바라보는 관점이 더욱 가까워지고 있음을 실감했다. 야마구치 슈가 정리한 24가지 사고·행동양식은 그대로 포노 사피엔스 문명의 특징이라고 해도 버릴 것이 하나도 없다. 내가 공학자로서 데이터의 변화에 따라 세상을 바라보고 있다면 그는 철학적 관점에서 문명의 변화를 읽어내고 있다는 차이만 있을 뿐.

이 시대의 변화를 철학적 관점에서 이렇게 읽고 풀어낼 수 있다는 사실에 감탄하지 않을 수 없다. '문명의 교체'라고까지 불리는 격변의 포스트 코로나 시대를 살아가는 우리에게, 이 책은 모든 것이 변하는 대전환의 혼란 속에 마음 한가운데로 들어와 생각의 기준을 바르게 잡아주는 느낌이다. 책을 읽고 났을 때 소나기 퍼붓던 숲속에 비가 그치고 물안개가 피어오르는 청명한 장면이 떠올랐다.

───────── **최재붕, 성균관대 기계공학과 교수, 《포노 사피엔스》 저자**

알파고 대국 이후, 인공지능이라는 효과적인 도구가 등장한 이 시대에 사라질 직업을 고민하는 것보다는 각자의 삶 속에서 '어떻게 더 큰 가치를 만들어낼까'를 고민하는 일이 중요해졌다. 야마구치 슈가 정의하는 '뉴타입'의 사고방식이 바로 기업, 학교, 일상에서 적체된 이슈를 재정의하고, 해결하고 더 나아가 새로운 가치를 만들어내는 역량이다. 경험에서 우러나온 저자의 설명은 인재상과 성장 방법론을 다룬 그 어떤 책들보다 실전적이고 디테일하다.

이 책은 리드하지 않으면 도태되는 대전환의 시대에 저자의 진심이 어려 있는, 독자들을 위한 생존 매뉴얼에 가깝다. 도태되고 있다는 느낌을 지울 수 없는 모든 현대인들에게, 강력히 권하고 싶은 양서의 발견이다. 분명 이 책은 완독 후에도 책장에 꽂히지 않고, 독자의 삶 속 가장 가까운 곳에 비치되어 반복적으로 읽힐 것이라 장담한다. 2019년 이후 읽은 책 중에 최고였다!

———————————————— 조용민, 구글 커스터머 솔루션 매니저

이 책은 미래 사회의 변화 트렌드를 예측하고, 그에 따라 우리에게 필요한 역량과 태도에 대한 의견을 말한다. 개인적으로 동의하는 부분도 있고(특히 방향성과 복잡성 부분에 공감한다), 잘 이해되지 않는 부분도 있다. 미래에 대한 이야기라는 게 그렇다. 누가 미래를 정확하게 안다고 말할 수 있을까. 그렇지만 갈수록 빠르게 변하는 세상에서, 변화의 흐름과 모양에 대한 다양한 시각을 접하는 것은 언제나 가치 있는 일이라고 믿는다. 전문가니까, 유명인이니까 책의 내용이 예언이나 팩트일 거라 생각하지 않고, '나의 세계를 넓혀줄 하나의 근사한 시선'이라고 생각하고 읽는다면, 이 책은 흥미로운 아이디어를 얻는 데에 많은 도움이 될 수 있는 책이라고 생각한다.

———————————————— 윤수영, 스타트업 트레바리 대표

위기가 지나간 자리, 어떤 미래를 설계할 것인가

이 책이 한국에서 출간된다는 소식에 기쁜 마음을 감출 수가 없었습니다. 그러나 이 서문을 쓰고 있는 2020년 5월 현재, 전 세계는 코로나19라는 바이러스의 유행 앞에 속수무책입니다. 제가 이 책에서 말하고자 했던, 대부분의 사람들이 '지금까지의 사고방식=올드타입'을 바꿀 수밖에 없는 상황이 오고 만 것입니다.

저는 2019년 일본에서 출간한 이 책에서 이미 '불확실성이 높은 세상에서 미래 예측은 도움이 되지 않을 것'이라고 강조했는데, 안타깝게도 그 예언이 최악의 상황 속에 들어맞고야 말았습니다. 전 세계의 모든 기업과 정부기관, 그리고 교육기관이 연초에 내놓은 각종 사업 계획들과 장기적인 예측은 완전히 의미를 잃었습니다.

우리가 사는 세계는 많은 것들이 서로 유기적인 관계를 맺고 있는, 지극히 복잡한 시스템으로 이루어져 있습니다. 이러한 세상에서 인과 관계를 단선적으로 인식해 미래를 예측하는 이들을 저는 '올드타입'이라고 부릅니다. 이들의 사고방식은 지금과 같은 위기 속에서 조직과 개인에게서 미래를 구상하는 유연성을 빼앗고 위기 대응을 어렵게 합니다.

구체적으로 보자면, 이번 코로나 팬데믹으로 인해 전 세계는 오프라인과 온라인의 구분이 심화되며 많은 사회활동이 더욱더 온라인으로 옮겨가고 있습니다. 우리의 비즈니스는 대부분 오프라인 세계에서 정해진 관행, 규칙, 상식에 의해 이루어지고 있는데, 온라인으로의 이행이 급속화되면 그러한 상식 또한 하나씩 붕괴되어갈 것입니다. 이를테면, 어느 국가에서나 거대 기업은 통상 대도시에 본사를 두고 있는데, 이는 이동의 효율성이 중시되었기 때문입니다. 그러나 앞으로 정보 처리와 의사결정 등이 온라인으로도 모두 가능해지면(소위 언택트 비즈니스가 가능해지면) 굳이 비용이 높고 환경도 좋지 않은 도시에 회사가 위치할 이유가 없어집니다. 온라인으로의 시프트가 진행됨에 따라 지역적인 분산이나 다양성도 증가할 것입니다. 이는 하나의 예시에 지나지 않습니다만, 이러한 변화가 소비와 생산, 산업 등 전방위적으로 일어난다면 비즈니스의 규칙 또한 대폭적으로 바뀌어 새로 쓰이게 될 것입니다.

그렇다면 앞으로 우리에겐 어떤 변화가 일어날까요? 그것을 예측할 수는 없습니다. 오히려 이러한 변화를 기회로 인식하고 앞으로 어떠한 세계를 구축해나갈 것인지를 생각하는 일이 중요합니다. 오늘날 여러 곳에서 '이 위기에 어떻게 대응해야 하는가?' 하는 주제로 각계 각층의 논의가 지속되고 있습니다. 나름대로 중요하기는 하지만 조금 우려되는 점도 있습니다. 그들의 논의가 시종일관 매우 수동적이고 단기적이라는 사실입니다. 물론 생명과 안전에 직결된 문제는 중대한 과제로서 논의할 필요가 있겠지요. 하지만 단기적인 논의를 넘어, 이런 때일수록 반드시 우리는 위기 후에 어떠한 세계를 만들어나가야 할 것인지를 논의해야 하지 않을까요? 그런 '구상'과 '돌파'가 가능한 유연한 이들이 뉴타입 시대의 주인공들입니다.

14세기에 페스트가 휩쓸고 지나간 후에 인간성 회복 운동인 르네상스가 시작되고 중세 암흑기의 막이 내렸던 것처럼, 이번 글로벌 팬데믹 이후에 어떠한 미래를 설계해나갈지는 틀림없이 우리 한 사람 한 사람의 구상력에 달려 있습니다. 이 책을 읽은 여러분이 코로나 이후에 어떤 세계를 그릴 것인지, 이 책을 참고로 하여 다양한 가능성으로 뻗어나갈 수 있다면 저자로서 더 이상 행복한 일은 없을 것 같습니다.

끝으로, 전 세계의 위기가 한시라도 빨리 수습되어 건강한 미래를 향해 나아갈 수 있기를 기원하며 이만 마칩니다.

야마구치 슈

차례

생각의 프레임을 뉴타입으로 전환하라

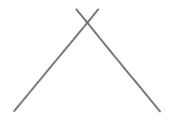

20세기식 우수성의 종말

이 책을 펼쳐든 독자라면 이미 어느 정도 알아차렸을 테지만, 20세기 후반에서 21세기 전반까지 50여 년 동안 바람직하게 인식되던 사고와 행동양식은 대부분 급속한 속도로 과거의 유물이 되어왔다. 이 책에서 나는 시대에 뒤떨어진 구태의연한 사고와 행동양식을 '올드타입'으로, 이와 대비되는 새로운 사고와 행동양식을 '뉴타입'으로 정리해 제시하고자 한다.

그림1 | 올드타입과 뉴타입의 사고와 행동양식

올드타입		뉴타입
정답을 찾는다	▶	문제를 찾는다
예측한다	▶	구상한다
성과지표로 관리한다	▶	의미를 부여한다
생산성을 높인다	▶	놀이를 접목한다
규칙에 따른다	▶	자신의 철학에 따른다
한 조직에 머문다	▶	조직 사이를 넘나든다
철저히 계획해서 실행한다	▶	우선 시도한다
빼앗고 독점한다	▶	나눠주고 공유한다
경험에 의지한다	▶	학습 능력에 의지한다

과연 뉴타입은 어떤 이들일까. 이것이 이 책의 중심 주제다. 본론에서 자세히 설명하겠지만, 개략적으로 소개하자면 뉴타입은 [그림1]에 소개한 사고와 행동양식을 지닌 사람이다. 그들은 자유롭고 직감적이며 소신이 뚜렷하고 호기심이 강하다. 올드타입의 사고와 행동양식은 지금까지 오랫동안 '자본주의 사회에서 성공하는 우수한 특성'으로 인정받던 바로 그 인재 요건이다. 순종적이고 논리적이며 부지런하고 책임감 강한 사람 말이다.

하지만 오늘날 격심한 변화의 소용돌이가 치는 사회구조와 기술을 고려한다면 이런 사고와 행동양식을 개혁해야만 한다. 자세한 설명은 본론에서 하겠지만, 우선 지금까지 높이 평가받던 올드타입이 왜 뉴타입으로 바뀌어야만 하는지 그 이유를 크게 두 가지 관점에서 밝혀두고자 한다.

정답을 내는 능력은 이미 가치가 없다

첫 번째 이유는 올드타입의 사고와 행동양식이 더 이상 사회에 새로운 가치를 창출하지 못한다는 점이다.

필자는 졸저《세계의 리더들은 왜 직감을 단련하는가》에서 올드타입이 주로 의지하던 '논리와 과학'이, 물건이 과잉 생산되고 정답이 범용화commoditization(시장에 유통되는 상품이 개성을 잃어 소비자로서는 어떤 제조 회사의 상품을 구입해도 별반 차이가 없는 상태 – 옮긴이)되어가는 세상에서 유효성을 잃고 있다는 사실을 지적하고 앞으로는 '미의식과 예술'을 무기로 하는 새로운 인재, 즉 뉴타입이 필요하다고 주장했다. 가치 창출의 원천이 문제를 해결하고 물건을 만들어내는 능력에서 문제를 발견하고 의미를 창출하는 능력으로 옮겨가고 있다고 확신하기 때문이다.

우수성은 환경이나 상황에 의존적인 개념이라는 점에 유의해야 한다. 어떤 시대든 그 시대에 필요하다고 인정받는 인재의 요건은 그 시대만의 특유한 사회구조와 기술의 요청에 따라 규정된다. 다시 말해, 세상과 시대가 요청하는, 상대적으로 희소한 능력과 자질은 '우수성'으로 높이 평가받는 반면 과잉 공급되는 능력과 자질은 '범용성'으로 값싸게 평가된다는 의미다.

따라서 물건은 과도하게 넘쳐나는 반면 문제는 희소해지는 현대사회에 필요한 인재 요건이, 반대로 물건이 희소하고 문제가 과잉하던 과거 사회에서 요구되던 인재 요건과 완전히 다른 것은 당연한 일이다.

하지만 인간의 심리는 매우 보수적이어서 여전히 많은 사람이 '정답을 내는 능력'을 우수성의 척도로서 높이 쳐주고 있다. 바로 이 왜곡된 인식이 사회의 다양한 상황에서 비극과 혼란을 야기하고 있다.

혹시 19세기 서부 개척 시대, 전설적 인물인 존 헨리John Henry에 대해 알고 있는가. 철도 선로 인부로서 누구보다도 힘차게 망치를 휘두르던 존 헨리는 당시 최첨단 기술인 증기 해머가 등장하자 '인간이 그깟 기계에 질 리가 없다!'면서 기계와의 시합에 나섰다. 그는 고전 끝에 승리했으나 결국 심장마비를 일으켜 죽고 말았다.

이 일화는 산업혁명 시대, 그전까지 '우수한 인재'를 규정하는 척도였던 근력과 정신력이 점차 가치를 잃어가는 과정에서 발생한 혼란과 비극을 상징적으로 보여준다.

올드타입은 현대의 문제를 확대 재생산한다

올드타입에서 뉴타입으로 바뀌어야 하는 두 번째 이유는 지금까지 활약하던 올드타입의 사고와 행동양식 탓에 자본주의 시스템의 문제점이 확대·재생산된다는 데 있다.[1]

현재 전 세계 도시에서 '쓰레기' 문제가 점점 더 심각해지고 있다. 이는 '양적인 향상'을 무조건 옳다고 여기는 올드타입의 사고와 행동양식이 초래한 결과다.

옛날처럼 물건이 부족한 상황에서는 오직 양적인 향상을 추구하는 올드타입의 행동양식이 그 시대의 요청에 딱 맞아떨어졌을지도 모른다. 하지만 현대처럼 물건이 과도하게 넘쳐나는 상황에서 양적인 향상만을 추구한다면 이미 과잉 상태가 된 물건이 잇달아 쓰레기가 될 수밖에 없다.

예전에는 이런 문제의 원인을 자본주의라는 시스템에서 찾고 이를 무언가 다른 시스템으로 바꿈으로써 해결하려고 했다. 1960년대에 전 세계적으로 일어난 학생운동이 대표적인 사례다. 하지만 이런 시도는 성공하지 못했다.

오늘날 우리를 둘러싸고 있는 '시스템의 중대한 문제'를 해결하려면 시스템 자체를 교체할 것이 아니라 시스템을 미세하게 수정하면서 그 안에서 작용하고 있는 인간의 사고와 행동양식을 과감하게 전환해야 한다. 이런 사고와 행동양식의 교체를 이 책에서는 올드타입을 대체

할 '뉴타입의 24가지 사고와 행동양식'으로 제시한다.

포스트 구조주의를 대표하는 프랑스 철학자 자크 데리다는 '탈구축 deconstruction'이라는 콘셉트를 제창하고 시스템 내부의 주종관계를 역전시켜서 예속적인 입장에 놓여 있던 것을 새로이 긍정함으로써 시스템 자체를 해체하지 않고 시스템이 주는 풍요로움을 회복시킬 수 있다고 주장했다.

나도 또한 자본주의라는 시스템 자체를 해체하기보다는 시스템 내부에서 예전에 부정되던 것을 다시 긍정함으로써 시스템이 새롭게 부와 이득을 만들어낼 가능성을 짚어보고자 한다. 이제부터 이 책에서 펼쳐질 내용은 조금 거창하게 말하면 '자본주의의 탈구축'이다.

뉴타입은 문제를 발견하는 사람

이해를 돕기 위해 구체적인 예를 하나 들어보겠다. 20세기 중후반에는 문제 해결 능력이 매우 높이 평가받았다. 이 시기에는 불만, 불평, 불안을 야기하는 수많은 문제를 해소하려는 니즈가 시장에 존재했기 때문에 이를 해소할 수 있는 조직이나 개인은 높이 평가받고 많은 보수를 얻었다. 그렇기에 공교육 제도를 비롯한 인재 육성의 기본 목적은 문제 해결 능력의 향상에 초점이 맞춰져 있었다.

하지만 일단 물질적인 니즈와 불만이 어느 정도 해소된 21세기 초반에 우리는 인류사에서 처음으로 문제가 희소하고 해결책이 과잉인 시대로 들어섰다. 이런 상황에서는 아무리 뛰어난 문제 해결 능력을 갖추고 있다 해도 애초에 큰 문제가 제시되지 않는다면 부를 창출할 수 없다.

비즈니스는 항상 '문제의 발견'과 '문제의 해결'이 조화를 이루어야 비로소 성립한다. 하지만 현재는 문제 자체가 희소해져 사회·경제적 병목현상은 문제의 해결 능력이 아닌 발견 능력에서 발생한다. 결과적으로 문제를 해결하는 사람의 가치가 하락하는 동시에 문제를 발견하는 사람의 가치는 상승한다. 이런 현상은 바람직한 사고와 행동양식이 기술과 사회구조라는 환경에 따라 상대적으로 결정된다는 것을 의미한다.

그러므로 예전에 바람직하다고 인식되던 올드타입의 사고와 행동양식이 뉴타입의 사고와 행동양식으로 어떻게 바뀌어야 하는지를 이해하려면 그 전제로서 기술과 사회에 어떤 변화가 발생하는지를 고찰해야 한다.

먼저 1장에서는 올드타입에서 뉴타입으로의 전환을 촉진하는 여섯 가지 메가 트렌드에 관해 생각해보자.

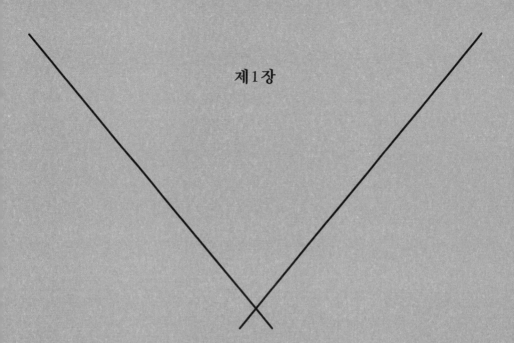

제1장

무엇이 우리를 뉴타입의 시대로 이끄는가

| 6가지 메가 트렌드 |

변화를 만든 6가지 메가 트렌드는 무엇인가

세상은 정해져 있지 않기에 근사하다[1]

요시다 겐코吉田兼好 [2]

바람직한 인재 요건은 그 시대의 사회구조와 기술에 의해 규정된다는 사실을 이해했을 것이다. 이제 어떤 변화가 기존의 바람직한 인재 요건인 올드타입에서 새로운 인재 요건인 뉴타입으로의 전환을 촉구하는지를 6가지 메가 트렌드로 나누어 알아보자.

| 메가 트렌드 1 |
물질은 풍요롭지만, 삶의 방향성을 잃어가다

이제 우리는 안전하고 쾌적한 생활에 필요한 거의 모든 물자를 쉽게 손에 넣을 수 있는 시대를 살아가고 있다. 반세기 전인 1960년대만 해도 텔레비전, 세탁기, 냉장고가 풍요로운 생활의 상징인 '세 가지 보물'로 여겨졌다. 하지만 오늘날에는 이 가전제품들이 없는 집을 찾기가 오히려 힘들어졌다. 사람들이 그렇게도 갖고 싶어 하던 물건이 겨우 반세기 만에 널리 보급된 것이다. 이런 일이 가능한 것이 바로 현대사회이고, 인류는 지금껏 이런 시대를 경험한 적이 없다.

하지만 이렇게 풍족한 시대에도 수많은 사람이 엄청난 결핍감을 안고 살아간다. 인류가 오랫동안 꿈꾸었던 대로 '당장 먹고살 걱정이 없는' 삶이 대부분의 사람에게 현실로 이루어졌는데도 무언가가 채워지지 않았다고 느끼는 것이다. 삶에서 본질적이고 중요한 뭔가가 빠져 있는 듯한 느낌을 갖는 것이다.

물질적 결핍이 거의 사라진 세상에서 과연 어떻게 '삶의 의미'를 찾아야 할까. 이 문제를 역사상 최초로 제기한 것은 독일 철학자 니체였다. 그는 150여 년 전에 이미 현대인이 '의미 상실'이라는 문제에 부딪쳐 니힐리즘nihilism, 즉 허무주의에 빠질 거라고 예언했다.

니체에 따르면 니힐리즘이란 '무엇을 위해서?'라는 물음에 대답할 수 없는 상태다. 의미를 잃어버린 상태야말로 니힐리즘의 본질인 것이다.

우리는 물건이 지나치게 넘쳐나고 의미를 찾기 힘든 시대에 살고 있다. 물건이 넘쳐나는 탓에 가치가 낮아지는 반면, 의미는 희소성으로 인해 가치를 더해가는 시대가 바로 21세기다. 이런 시대에도 여전히 '도움이 되는 물건'을 생산하려고 하는 올드타입은 가치를 잃게 되고, 반면에 세상에 희소성 있는 '의미'를 부여하는 뉴타입은 큰 가치를 창출해낼 것이다.

| 메가 트렌드 2 |
정답을 찾는 일보다 문제를 발견하는 일이 중요해졌다

물건이 넘쳐나는 세상에서 우리는 큰 불만이나 불편 또는 불안을 느낄 일이 점차 없어지고 있다. 한마디로 일상에서 문제를 느낄 상황이 별로 없다는 뜻이다. 이것이 '문제의 희소화'다.

앞서 말한 대로 문제의 발견과 해결이 조화를 이루어야 비로소 비즈니스가 성립한다. 문제의 발견과 해결 가운데 희소한 쪽이 사회적 보틀넥 bottleneck(병목현상, 좁은 병목으로 인해 경제의 원활한 흐름이 깨지는 지점 — 옮긴이)이 되고 이런 병목현상이 해소되면 개인이나 조직은 큰 가치를 얻게 된다.

원시시대부터 20세기 후반까지 과거를 돌아보면 항상 문제는 많고 해결책은 적었다. 대부분의 사람이 물질적인 측면에서 큰 불만과 불편, 불안을 느꼈고, 이를 해결한 개인과 조직에 부가 집중되었다. 이런 시대에는 당연히 '문제를 해결한 사람'이 노동시장에서 능력을 인정받고 높은 수준의 보수를 받았다.

하지만 모든 물건이 넘쳐나고 문제가 드물어지면 보틀넥은 문제의 해결에서 문제의 발견으로 옮겨가게 되고 문제 해결 능력은 공급 과잉 상태에 빠진다. 이렇게 되면 예전에 높이 평가받던 문제 해결자problem solver는 올드타입으로서 가치를 잃는 반면에, 아무도 알아차리지 못하던 문제를 찾아내 경제구조 안에서 해결 방법을 제시하는 과제 설정자agenda shaper는 뉴타입으로서 큰 가치를 창출해낸다.

| 메가 트렌드 3 |

수요를 넘어서는 쓸모없는 일자리와 노동의 대두

물건은 넘쳐나고 문제는 줄어드는, 두 가지 메가 트렌드가 맞물려서 인류가 일찍이 경험한 적이 없는 상황을 만들어낸다. 바로 의미 없는 일, 즉 '엉터리 일자리가 과도하게 늘어나는' 것이다.

일반적으로 '일'은 가치 있는 것으로 여겨진다. 그렇기에 대부분 '실업자'인 것에 당당하지 못하고 실업률 증가를 반드시 해결해야 할 중대한 사회문제로 여긴다.

하지만 이미 물건이 넘쳐나고 해결할 문제가 사라지고 있다면 '실업'은 오히려 생산성 향상이 가져온 환영할 만한 상황이 아닌가.

실제 조사 결과, 대다수 사람들이 자신의 일에 아무런 사회적 가치도 없다고 생각하는 것으로 드러났다. 이는 물건이 넘쳐나고 문제가 줄어드는 메가 트렌드로 인해 필연적으로 나타나는 결과라고 할 수 있다.

유용한 물건을 만들거나 중요한 과제를 해결하는 것에 일의 의미가 있다면 물건이 지나치게 공급되고 문제가 드물어진 사회에서는 일의 수요가 감소하기 마련이다. 하지만 우리의 노동시간은 100년 전과 거의 달라지지 않았다.

20세기 영국의 경제학자 존 메이너드 케인스는 1930년에 발표한 논문에서 100년 후에는 주 15시간만 일하면 충분히 살아갈 수 있는 사회가 도래할 것이라고 예언했다.

케인스는 생산성이 향상되고 사회에 물적 자본이 축적되면 노동 수요는 점차 감소할 거라고 생각했겠지만 그의 예언은 보기 좋게 빗나갔다. 수요가 일정하다면 생산성이 향상될수록 투입될 노동량은 감소해야 하지만 실제 상황은 전혀 그렇지 않다. 이 논리는 어디서 틀어진 것일까.

결론부터 말하자면, 대부분의 사람들은 실질적인 가치나 의미를 생산하지 못하는 '쓸모없는 일'을 하고 있다. 노동에 대한 수요가 감소하고 있는데도 노동 공급량은 변함없다는 것은 수많은 사람이 본래의 의미를 갖지 못하고 사회에 아무런 의미도 부여하지 못하는 쓸모없는 일에 매달리고 있다는 뜻이다.

이런 세상에서 목적과 의미를 명확히 인식하지 못하고 오로지 생산성을 목표로 양적 성과만을 추구하는 올드타입은 더욱더 쓸모없는 일을 만들어 다른 사람들의 의욕을 떨어뜨리고 자신도 무의미의 늪에 빠지게 된다.

반면에 일의 목적과 의미를 형성하여 본질적인 가치를 언어화·구조화하는 뉴타입은 인재를 끌어들이고 동기를 부여해 큰 가치를 창출해낼 것이다.

| 메가 트렌드 4 |
사회 전반에 변동성, 불확실성, 복잡성, 모호성이 넘친다

현대사회의 네 가지 특징인 '변동성Volatility', '불확실성Uncertainty', '복잡성Complexity', '모호성Ambiguity'을 간단히 뷰카VUCA라고 부른다. 원래는 미국 육군이 세계정세를 설명하기 위해 사용한 용어였지만 이제는 우리를 둘러싼 상황을 묘사하는 말이라는 사실에 반론을 제기할 사람은 아마 없을 것이다.

현대사회의 '뷰카화'는 다양한 상황에서 논의되고 있지만 여기에 과연 어떤 행동과 사고의 변화가 필요한지에 관해서는 제대로 정리되어 있지 않다.

뷰카화는 우리가 지금까지 '좋다'고 믿었던 여러 능력과 물건의 가치에 큰 영향을 끼친다. 그중 핵심적인 내용을 세 가지 살펴보자.

첫째는 경험의 무가치화다. 지금까지는 경험이 많은 것이 무조건 긍정적으로 평가받았었다. 하지만 계속 변화하는 환경 속에서는 과거의 경험이 점점 가치를 잃게 된다. 이런 시대에 과거의 경험에 의존하는 사람은 인재로서의 가치가 급속히 하락하는 반면, 새로운 환경에서 유연하게 배우는 사람은 가치를 창출해낸다.

둘째는 예측의 무가치화다. 지금까지는 기업이든 개인이든 어떤 일을 실행할 때 중장기적인 예측에 근거하여 계획을 세우는 것이 '좋다'고 여겨져왔다.

하지만 사회가 불안정하고 불확실해질수록 예측의 가치는 점점 더 감소할 수밖에 없다. 이런 상황에서 계획을 세우는 데 시간을 들이고 그렇게 세운 계획을 성실하게 실행하는 행동양식은 리스크가 상당히 크다. 오히려 앞으로는 우선 시도부터 하고 결과를 지켜보면서 미세하게 수정을 거듭하는 방법이 효과적이다. 변화하는 환경에 맞춰 유연하게 적응해나가는 것이다.

셋째는 최적화의 무가치화다. 우리는 항상 주변 환경에 최적화하여 성과를 높이려고 하지만, 여기에 패러독스가 있다. 뷰카화된 세계에서는 환경이 지속적으로 변화하기 때문에 어느 시점, 어느 환경에 뛰어나게 최적화된다 해도 어차피 다음 순간에는 또다시 시대에 뒤처지고 만다. 최적화라는 개념에 대해 다시 생각해봐야 할 시기라는 의미다. 이런 시대에는 어떤 순간에 얼마나 환경에 최적화되든 상관없다. 그보다는 변화해가는 환경에 얼마나 탄력적으로 대처하느냐 하는 유연성이 더욱 중요해진다.

'규모의 경제'가 더 이상 통하지 않는다

18세기 산업혁명 이후 '강한 비즈니스'란 곧 '큰 비즈니스'를 가리켰다. 엄청난 자금으로 대규모 공장을 세우고 대량 생산한 물건을 거액의 광고비를 들여 대량 판매하는 공격적인 비즈니스야말로 항상 승자였다. 반면에 자금을 모으지 못하는 사람, 대량 생산이 불가능한 사람, 거액의 광고비를 투자하지 못하는 사람은 소리 없이 사라질 수밖에 없었다.

이런 시대가 오랫동안 지속되면서 대규모를 추구하는 것만이 비즈니스에서 성공하는 비결이라는 인식이 널리 퍼졌다. 하지만 오늘날에는 규모가 곧바로 이점이 되지 않을뿐더러 오히려 경쟁력을 약화시키는 요인이 된다. 이런 변화를 가져온 중요한 요인은 두 가지다.

첫 번째 요인은 한계비용[3]의 제로화다. 미국 경제학자 제레미 리프킨은 그의 저서 《한계비용 제로 사회》를 통해 다양한 분야에서 한계비용이 거의 제로가 되는 현상이 발생하고 있다고 지적했다. 그러면서 19세기부터 지속되어온, 수직통합형 거대 기업이 거대한 규모에서 얻던 이점, 다시 말해 '규모의 이익 scale merit에 따르는 낮은 한계비용'은 이제 더 이상 통용되지 않는다고 주장했다.

두 번째 요인은 미디어와 유통의 변화다. 20세기 후반에 인터넷이 보급되기 전까지 서비스와 상품을 세상에 알리려면 신문과 텔레비전

중심의 매스미디어에 의지할 수밖에 없었다. 이들 미디어는 세세하게 타깃을 나누어 설정하기에는 부적합하여 필연적으로 대중이 좋아할 만한 상품과 서비스를 개발해 텔레비전이나 신문 등을 통해 홍보하고 거대한 유통 조직을 통해 판매하는 비즈니스 모델로 귀착시킬 수밖에 없었다.

이는 마케팅 수단에 지나지 않는 광고나 유통 구조가 상품과 서비스 형태를 규정했다는 뜻이다. 그 결과 미디어와 유통 구조의 혜택을 받기 어려운 소규모 서비스와 상품은 상대적으로 치명적인 약점을 안게 되는 반면에, 대중을 겨냥한 제품을 대량 생산하고 거액의 마케팅 비용을 들여 미디어에 홍보하고 유통망을 통해 전부 팔아치우는 전략을 구사하는 기업에는 막대한 규모의 이익이 발생했다.

그런데 오늘날에는 미디어와 유통의 구조와 형태가 크게 변화하면서 소규모 개인 사업주가 각자의 관심과 의도, 그리고 추구하는 '의미'에 맞춰 세세하고 정확한 커뮤니케이션을 시도할 수 있게 되었다. 다시 말해 대량 생산한 제품을 대대적으로 홍보하고 거대한 유통 구조를 통해 신속히 판매하던 옛날의 성공 패턴, 즉 '규모의 이익을 추구하는 비즈니스'는 오늘날 미디어와 유통의 변화 추세와 어긋난다.

인생은 길어지고, 기업의 수명은 짧아졌다

평균 수명이 장기적으로 증가하는 추세가 이어지면서 머지않은 미래에 '100세 시대'가 열릴 것이다. 평균 수명이 100세인 시대에 우리가 과연 몇 살까지 일하게 될지는 확실히 예측할 수 없다. 하지만 한 가지 확실한 것은, 지금까지 고정관념처럼 여겨지던 '60세 은퇴'라는 인생 모델이 더는 통용되지 않는다는 사실이다. 런던경영대학원의 경제학자 앤드루 스콧 교수는 그의 저서 《100세 인생》에서 100세 시대에 은퇴 후에도 생활을 유지하려면 대부분의 사람이 80세까지도 일을 계속해야 한다고 지적했다. 구체적인 나이를 규정할 수는 없겠지만 우리 대부분은 조부모 시대보다 훨씬 더 오랫동안 일해야 할 것이다.

한편, 각종 통계 자료에 따르면, 기업은 점차 수명이 짧아지는 경향을 보인다. 미국에서 S&P 500 기업의 평균 수명은 1960년대에는 약 60년이었지만 오늘날에는 20년도 채 되지 않는다. S&P 500 기업은 '미국을 대표하는 기업'이다. 그런 기업의 평균 수명이 반세기 전에는 60년이었으나 이제는 20년에도 미치지 못하는 것이다.

20세 전후에 일을 시작해서 60세 전후에 은퇴하던 시대에는 대부분의 사람들이 일하는 기간보다 기업의 평균 수명이 더 길었지만, 이제는 사람들이 일하는 기간이 기업의 평균 수명보다 훨씬 긴 시대가 도래했다.

여기서 알 수 있는 것은 명백하다. 우리는 평생 여러 번 직업을 바꿔야 한다는 것이다. 우리는 '오직 한 길'이라든지 '열심히 일한다'는 생각을 별다른 비판 없이 칭찬하는 경향이 강하지만, 급속도로 변화를 거듭하는 세상에서도 이런 가치관을 끝끝내 고집하는 올드타입은 위험 요소에 매우 취약해진다.

반면에 지금까지 '끈기가 없다', '지조가 없다', '일관성이 없다'고 비판받았던 사람들, 즉 무엇이 본업인지 확실히 구분 짓지 않은 채 여러 일을 하면서 고비마다 과감하게 새로운 경력을 시작하는 뉴타입이야말로 위험 요소를 기회로 바꾸어 유연하고 탄탄한 인생을 걸어갈 것이다.

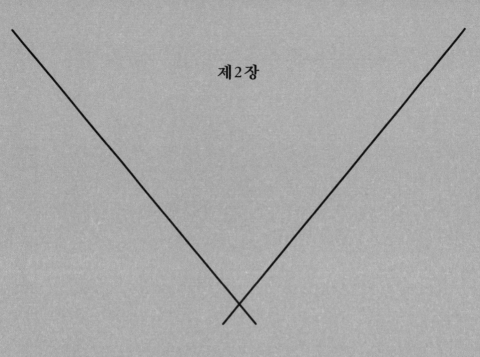

제 2 장

뉴타입은 어떻게 가치를 만들어내는가

| 해결하지 말고 문제를 발견하라 |

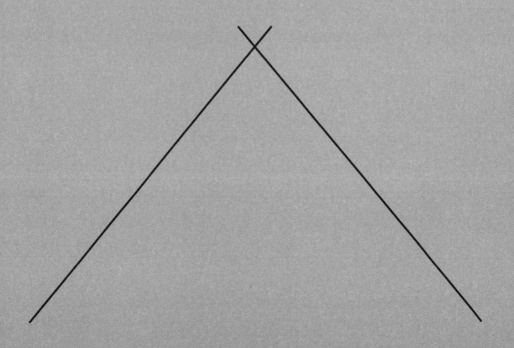

01

| 문제 발견 |

문제를 풀기보다
발견해 제안한다

올드타입

문제가
주어지기를 기다려
정답을 찾는다

뉴타입

문제를 발견해
제안한다

컴퓨터는 쓸모가 없다. 그저 답을 줄 뿐이다. [1]

파블로 피카소

문제는 적고 해결 능력이 과잉인 시대

지금까지는 문제 해결자가 높은 평가를 받았다. 원시시대 이래 인류는 항상 많은 '불만', '불안', '불편'에 시달려왔으며, 이런 문제를 해결하는 것은 막대한 부의 창출로 이어졌기 때문이다.

이를테면, 겨울에 따뜻하기 위해 스토브를 만들었고, 비에 젖지 않고 편안하게 멀리까지 이동하기 위해 자동차를 생산했다. 하지만 미래에는 이렇게 문제 해결에 뛰어난 사람은 올드타입으로서 급속히 자신의 가치를 잃을 것이다.

비즈니스에서는 문제의 발견과 해결이 부를 생성한다. 과거에 문제가 많았다는 것은 비즈니스의 규모를 규정하는 보틀넥이 문제의 해결에 있었다는 뜻이다. 그래서 20세기 후반에는 문제를 해결하는 사람이나 정답을 내는 사람이 노동시장에서 높이 평가받고 많은 보수를 받았다.

하지만 1장에서 설명했듯이, 오늘날 이 보틀넥의 관계는 역전되어, 문제는 드물어지고 문제 해결 능력은 과도해지는 상태로 바뀌어간다. 비즈니스가 문제의 발견과 해결이라는 조합으로 성립된다면 앞으로의 비즈니스에서는 보틀넥이 되는 '문제'를 어떻게 발견하고 제기하느냐가 관건이다. 따라서 문제를 찾아내 제기하는 사람이야말로 뉴타입으로서 높게 평가받을 것이다.

반대로 과잉 상태인 '문제 해결'에 대해 지금까지와 같은 평가와 보상을 기대하면 안 된다. 즉 지금까지 높은 평가를 받았던 문제 해결자는 올드타입으로서 급속히 가치를 잃을 것이다. 이런 변화를 시사하는 현상이 이미 곳곳에서 나타나고 있다.

MBA 지원자가 감소하는 이유

2018년 10월 미국의 경제 전문지 〈월스트리트저널〉은 미국에서 경영전문대학원MBA 지원자 수가 4년 연속 줄어들었다고 보도했다. 보도에 따르면, 하버드대학교와 스탠퍼드대학교 같은 일류 대학을 포함해 MBA 지원자 수는 감소 추세에 있으며, MBA는 '학위로서의 가치를 잃었다Degree loses luster'는 것이다.[2] 대체 무슨 일이 일어나고 있는 것일까?

경영대학원은 경영과 관련한 문제를 해결해줄 기술과 지식을 체계적으로 배우는 기관이다. 하지만 1장에서 이미 지적했듯이, 정답이 범용화되어가는 세상에서는 정답을 도출하는 능력이 높게 평가받지 못한다. 어떤 개인이나 조직이 정답을 제시했다고 해도 그것은 다른 개인과 조직이 낸 답과 별반 다르지 않기 때문이다. 경영이란 본질적으로 차별화를 추구하기 때문에 설령 그 답이 논리적인 정답이라고 해도 경영의 맥락에서는 결코 '좋은 답안'이 아닌 것이다.[3]

MBA 학위를 보유한 사람이 상대적으로 희소하고 시장에 수많은 문제(즉 불만, 불안, 불편)가 산적해 있던 20세기 후반에는 MBA 학위 보유자가 노동시장에서 높게 평가를 받고 고액의 보수를 받을 수 있었다.

이런 상황을 지켜본 사람들이 MBA 학위의 경제적 가치를 인정하고 경영전문대학원의 문을 두드리게 되면서 MBA 학위 보유자가 중장기적으로 증가했고, 그 결과 비즈니스와 관련한 문제 해결 능력은 공급 과잉 상태에 빠지고 말았다.

재화의 가치는 수요와 공급의 균형으로 결정된다. 문제가 희소해진 세상에서 문제 해결 능력이 과도하게 공급되면 문제 해결 능력의 가치가 감소하는 건 당연하다. 이런 시대로 바뀌어가는 과정에서 과거처럼 정답을 도출하는 능력에만 집착하는 올드타입은 급속히 가치를 잃을 수밖에 없다.

인공지능의 공격을 어떻게 받아들일 것인가

인공지능AI의 보급은 문제 해결 능력의 과잉 공급을 더욱 부채질하고 있다. 2011년 IBM이 개발한 인공지능 '왓슨'이 미국의 인기 TV 퀴즈쇼 〈제퍼디!Jeopardy〉에 출연해 당시 최장 기간 우승을 기록한 퀴즈왕(이 퀴즈쇼에서 74회 연속 우승한 켄 제닝스Ken Jennings를 가리킨다 – 옮긴이)과의 대결에서 승리했다. 퀴즈 프로그램에는 정답을 도출하는 능력이 필요하므로 특정 영역에서 이미 인공지능의 정답 도출 능력이 인간을 능가했다고 볼 수 있다.

물론 왓슨은 매우 고가이기 때문에 비용 대비 효과 측면에서는 인간에게 뒤떨어진다는 반론이 있을 수도 있다. 확실히 '비용'은 중요한 요소다.

미국항공우주국NASA이 1965년에 발표한 보고서에는 '우주선에 왜 인간을 태우는가' 하는 비판에 대한 반론으로서 '인간은 비선형 처리가 가능한 가장 값싼 범용 컴퓨터 시스템이며 심지어 중량이 70킬로그램 정도로 매우 가볍기 때문'이라고 기술되어 있다. 즉 가볍고 값싸고 성능이 좋다는 이유로 컴퓨터보다는 인간을 우주선에 태운다는 것이다. 다시 말해 가볍고 저렴하고 성능이 좋다면 인간이든 인공지능이든 아무 상관이 없다는 뜻이다. 그리고 이제 인공지능이 인간보다 값싸고 성능 좋은 시대가 다가오고 있다.

1997년 세계 체스 챔피언에게 승리한 IBM의 컴퓨터 프로그램 딥블루Deep Blue는 다음해에 처리 능력이 5배 정도 증강되어 일반인에게 판매되었다. 가격은 약 100만 달러(약 10억 원)였는데, 현재 판매되는 가정용 컴퓨터도 메모리와 하드디스크를 증강하면 이 정도의 계산 능력을 탑재할 수 있다.

다시 말해 100만 달러였던 인공지능을 단 20년 만에 가전대리점에서 구입할 수 있게 된 것이다.[4] 이것이 바로 '무어의 법칙 Moore's law'의 위력이다. 무어의 법칙에 관해서는, 이미 반도체소자의 크기가 원자수준에 근접했기 때문에 조만간 한계가 찾아올 거라는 의견도 있다.

그림2 | TV쇼 〈제퍼디!〉에 출연한 IBM 왓슨

© VincentLTE

하지만 이 법칙이 앞으로도 한동안 지속된다면 어떤 변화가 일어날 것인가.

무어의 법칙에 따르면 반도체의 집적도는 18개월마다 2배가 되므로 2년 후에 2.52배, 5년 후에 10.08배가 되고 10년 후에는 101.6배, 20년 후에는 10321.3배가 된다.

딥블루의 경우 1998년에 100만 달러였다가 20년 후인 2018년에는 수천 달러까지 떨어졌다. 계산상으로는 10억 원의 인공지능도 10년 후에는 100분의 1인 1000만 원에 구입할 수 있다.

왓슨이 〈제퍼디!〉 쇼에서 우승한 것은 2011년의 일이다. 당시 왓슨의 가격이 10억 원이었다고 치고 무어의 법칙을 적용해보면 동등한 성능의 인공지능을 1000만 원에 구입할 수 있는 시대가 바로 코앞에

다가와 있다.

일본의 법정 최저임금을 연 단위로 환산하면 200만 엔(약 2300만 원) 전후다. 이 금액의 절반 가격으로 특정 영역에서 최고 수준인 두뇌를, 인간의 문제 해결 능력보다 우수한 능력을 손에 넣을 수 있다니, 얼마나 대단한 일인가. 게다가 이 두뇌는 하루 24시간 동안 계속 일하고 동기부여나 승진을 필요로 하지 않으며 유급 휴가도 요구하지 않는다.

가차 없이 인간 노동자를 버리고 인공지능으로 갈아타는 데는 많은 경영자가 저항감을 느끼겠지만 치열한 시장 경쟁에 노출되어 있는 기업으로서는 생산성 향상을 무시할 수 없을 것이다. 이런 상황이 현실화되면 정답을 내는 능력은 극단적인 공급 과잉 상태에 놓일 것이고 인간의 정답 도출 능력은 거의 가치를 인정받지 못할 것이다. 이런 시대에 아직도 점수나 등급으로 표시되는 정답 도출 능력에 집착하는 것은 전형적인 올드타입의 사고방식이라고 할 수 있다.

구상력의 쇠퇴가 문제의 희소화를 초래한다

올드타입이 문제 해결에 뛰어나다면 뉴타입은 아직 아무도 알아차리지 못한 새로운 문제를 찾아내 사회에 제기하는 데 능숙하다. 뉴타입은 어떻게 아무도 알아차리지 못하는 문제를 찾아내는 것일까. 이를 고찰하기 전에 '문제란 무엇인가?'부터 생각해보자.

문제 해결이 중요한 세계에서는 문제를 '이상적인 상태와 현재의 상태가 일치하지 않는 상황'이라고 정의한다. 자신이 원하는 바람직한 상태와 현재의 상황에 '차이'가 있는 것, 이를 '문제'라고 정의하는 것이다.

따라서 애초에 이상적인 상태를 그리지 못할 경우에는 문제를 명확하게 정의할 수도 없다. 이것이 바로 문제의 희소화에 내재된 문제점이다. '문제의 부족'이라는 말을 들으면 무언가 확실하게 정의할 수 있는 문제 자체가 부족한 것처럼 느껴질지 모르지만, 상황은 그렇게 단순하지 않다.

문제가 부족한 상황은 '세상은 이래야 하지 않을까?' 혹은 '인간은 이래야만 한다'는 이상을 그리는 구상력을 쇠퇴시킨다. 우리는 우리가 바라는 모습을 비전이라고 부른다. 그러므로 문제가 부족하다는 것은 비전이 부족하다는 뜻이나 다름없다.

기업 경영도 국가 운영도 지역 공동체의 존속도 마찬가지다. 문제, 즉 어젠다를 명확히 설정하는 일은 국가, 기업, 지역 공동체 등이 이상적인 모습을 확실히 그려야, 다시 말해 비전이 확실해야 비로소 가능해진다. 문제를 만들어내지 못한다는 것은, 이상적인 모습이 설정되어 있지 않아 비전이 부족하다는 의미다.

다시 말해 뉴타입은 항상 나름의 바람직한 이상형을 마음속에 간직하고 있는 사람이다. 뉴타입은 자신이 원하는 이상적인 모습을 눈앞의 현실과 비교하고 둘 사이의 차이를 찾아냄으로써 문제를 발견한다.

문제 해결 능력의 가치는 점점 하락하고 공급이 과도한 상태로 바

뛰어가는 한편, 문제를 발견하기는 나날이 어려워지고 있다. 이런 사회에서는 문제를 해결하는 사람인 올드타입보다 문제를 발견하고 제기하는 뉴타입이 높은 평가를 받게 된다. 그리고 이때 중요한 것은 사회와 인간이 지녀야 할 이상적인 모습을 구상하는 능력이다.

- 원시시대부터 20세기 후반까지 우리의 일상생활에는 수많은 불만, 불편, 불안이 존재했으며 이들 문제를 해결함으로써 큰 부를 일궈낼 수 있었다. 하지만 20세기 후반 이후 우리 주변에서 큰 문제가 없어지면서 상대적으로 문제를 해결하는 능력이 공급 과잉 상태에 빠졌다.

- 이런 변화 속에서 지금까지 높은 평가를 받아온 문제 해결자는 앞으로 올드 타입으로서 가치를 급속히 잃는 반면, 문제를 발견하고 제기하는 사람은 뉴 타입으로서 높은 평가를 받을 것이다.

- 문제란 이상적인 상태와 현재 상태의 차이로 정의된다. 현재 진행되고 있는 문제의 희소화 현상은 근본적으로 이상적인 상태를 구상하는 능력의 쇠퇴를 초래한다.

- 뉴타입은 우선 이상적인 상태를 구상하고 현재 상황과 비교한 다음 그 차이에서 문제를 발견해 어떤 문제를 해결해야 할지 명확히 제시한다.

- 경쟁력의 원천이 문제 해결 능력에서 문제 발견 능력으로 옮겨가면 기업들은 큰 영향을 받게 된다. 지금까지 끝없이 외부에서 제공되던 '이상적인 모습'이 이제는 불명확해지기 때문에 앞으로는 스스로 이상적인 모습을 구상해야만 한다.

02

혁신적인 해결책보다
탁월한 과제를 만들어낸다

올드타입

과제를 마주하지 않고
혁신이라는
수단에 집착한다

뉴타입

수단에 집착하지 않고
과제의 발견과 해결에
주목한다

선한 인간이 되려면 어떻게 해야 하는가로 시간 낭비하지 말고
그냥 선한 인간이 되어라.[5]

마르쿠스 아우렐리우스[6]

무엇이 혁신의 발목을 붙잡는가

　문제의 희소화와 구상력의 쇠퇴는 혁신innovation이 정체를 겪는 상황과도 관련이 있다. 대부분의 기업이 혁신을 최우선 경영 과제로 내걸고 다양한 시도를 하고 있다. 하지만 이런 시도는 대개 한심하다. 왜냐하면 그들의 시도에는 해결하고 싶은 과제, 즉 어젠다가 설정되어 있지 않기 때문이다.

　그들에게 "과제가 무엇입니까?"라고 물으면 "당연히 이노베이션이지요"라는 대답이 돌아오곤 한다. 이는 이노베이션의 본질을 오해하는 올드타입의 전형적인 답변이다.

　이노베이션, 즉 혁신 자체는 과제가 될 수 없다. 혁신은 과제를 해결하기 위한 수단이기 때문이다. 수단인 혁신을 목적으로 설정하다니 한심하다고 말할 수밖에. 수단인 혁신이 목적이 되어버리는 상황은 오늘날 비즈니스를 둘러싼 침체와 혼란을 상징한다.

　그런데 비즈니스 역시 부를 창출하거나 어떤 사회적 문제를 해결하기 위한 '수단'에 불과했다. 다만 그 대가로서 보수가 지급되었을 뿐이다. 그런데 이제는 가장 중시되어야 할 '기업이 창출하는 부'나 '기업이 해결해야 할 문제'가 비즈니스의 맥락에서 사라지고, 대부분의 기업이 매출과 수익으로 측정되는 생산성만을 목적으로 하면서 사람들의 의욕을 꺾고 있다. 본래의 목적과 의의를 잃어버리고 생산성만을 목적으로 삼는 모습은 전형적인 올드타입의 패러다임이다.

필자는《세계에서 가장 혁신적인 조직을 구성하는 법世界で最もイノベーティブな組織の作り方》을 집필할 때 혁신가로서 높은 평가를 받는 사람들과 인터뷰하면서 한 가지 사실을 알게 되었다. 그중 누구도 처음부터 혁신을 계획하지 않았다는 것이다.

그들에게는 간절히 해결하고 싶었던 구체적 문제가 있었을 뿐이다. 그리고 그 문제를 해결한 수단이 우연히 획기적이었기 때문에 사람들로부터 '혁신'이라 평가받았던 것이지 처음부터 그들이 혁신을 목적으로 했던 것은 아니다.

반면에 세상의 유행에 휘둘리고 수단인 혁신을 목적으로 착각하는 사람이 바로 올드타입이다. 왜 올드타입은 수단에 지나지 않는 혁신을 추구하는 것일까? 이유는 매우 단순하다. 그렇게 해야 혁신가라는 칭호와 존경을 얻을 수 있기 때문이다. 진짜 혁신가는 세상의 과제를 해결하겠다는 목표를 좇다가 우연히 혁신을 일으키는 반면에, 엉터리 혁신가는 처음부터 수단에 불과한 혁신을 목표로 삼아 자신의 가치를 높이려고 한다. 진짜 혁신가와 엉터리 혁신가는 가치를 창출하는 방향성이 완전히 반대인 셈이다.

혁신에 대한 방법론은 왜 쓸모가 없을까

2000년대 초반 미국의 경영학자 클레이튼 크리스텐슨의 저서《혁신기업의 딜레마》가 세계적인 베스트셀러가 되었다. 이후 수많은 연구자와 실무자가 혁신을 실현하기 위한 방법론을 연구하고 개발해왔다. 스탠퍼드대학교에서 시작된 '디자인 사고design thinking'가 대표적이다. 오늘날에는 꽤 많은 디자인 회사나 컨설팅 회사 또는 비즈니스 스쿨이 획기적인 이노베이션 방법론을 개발했다고 주장하면서 수많은 콘퍼런스와 세미나를 실시하고 있다.

하지만 그런 상황이 20년이나 계속되고 있는데도 일본 기업에서 세계를 휩쓴 혁신이 탄생했다는 말은 들어본 적이 없다. 어찌된 일일까? 각 기업이 자랑하는 혁신의 방법론이 왜 이렇게 하찮은 성과밖에 내지 못하는 것일까. 앞서 지적한 문제의 희소화와 함께 반드시 고찰해야 할 점은 혁신이라는 목적 자체가 오히려 제약이 된다는 사실이다.

혁신의 정의는 매우 다양하고 혼란스럽다. 아예 명확한 정의가 존재하지 않는다. 하지만 수많은 경영학자와 실무자들이 공통적으로 말하는 것은 '방법론으로서의 혁신'과 '창출해낸 경제적 가치의 크기'다. 이 두 가지 요건을 비즈니스라는 야구 경기장의 좌측과 우측 외야라고 한다면, 혁신은 경기장의 백스크린을 강타한 홈런이다.

방법론이 아무리 혁신적이라도 창출해낸 경제적 가치가 미미하다면 '혁신'이라 불릴 수 없다. 세기의 대발명이라는 찬사를 들었으면서도 결국 한 번도 흑자를 내지 못한 세그웨이Segway(미국의 발명가 딘 카멘Dean Kamen이 2001년에 개발한 1인용 스쿠터 ─ 옮긴이), 세계 최초의 휴대정보단말기PDA로 기대를 모았으면서도 큰 경제적 가치를 창출하지 못한 애플의 뉴

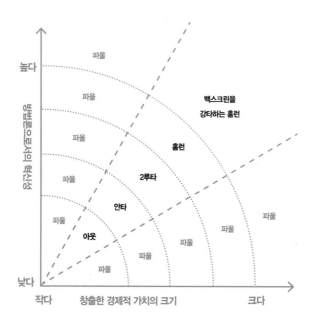

그림3 | 이노베이션이란?

턴 Newton(애플이 개발한 세계 최초의 PDA이자 태블릿 플랫폼으로, 애플에서 실패한 제품의 대표격 ─ 옮긴이)이 대표적인 예라고 할 수 있다.

반대로 아무리 대단한 경제적 가치를 창출했어도 혁신성이 없으면 역시 '혁신'의 칭호는 얻을 수 없다. 닌텐도가 개발한 가정용 게임기 위Wii라든가 의류업체 유니클로는 큰 경제적 성공을 이루었지만, 이것이 혁신인지 물으면 아마 대부분의 사람들이 고개를 갸우뚱할 것이다. 혁신으로 인식되려면 두 가지 요건이 갖춰져야 하기 때문이다. 그런데 두 가지 요건에는 문제점이 있다.

첫째, '경제적 가치의 크기'는 사전에 확실히 예측하기 어렵고 매우 불확실하다. 물론 사업을 시작한 이상 누구나 크게 성공하고 싶어 하지만 실제로 사업이 창출하는 경제적 가치의 크기는 경기나 경쟁 상황을 비롯한 외부 요인의 영향을 많이 받기 때문에 미리 정확하게 예측할 수 없다. 다시 말해, 아무리 치밀하게 방법론을 만든다고 하더라도 원칙적으로 통제가 불가능하다.

한편, 과거의 혁신 사례를 돌아보면, 경제적 가치는 '결과'로서 획득된 것일 뿐, 그 크기가 얼마나 될지 처음부터 확정적으로 예측된 적은 거의 없었다. 예를 들어, 소니의 휴대용 음악 플레이어 워크맨이 개발되었을 당시 영업본부장이 판매 수량을 예측할 수 없다는 이유로 제품화에 강력히 반대했다는 일화는 유명하다.

또한 1987년에 창업한 미국의 제약 회사 길리어드 사이언스Gilead Sciences는 오늘날 매출액으로 세계 10위 안에 드는 거대 제약 회사로 성장했는데, 이는 모두가 돈이 되지 않는다며 시작도 하지 않았던 항바이러스제에서 큰 성공을 거둔 덕분이었다.[7]

여기에 모순이 있다. 혁신의 조건에 경제적 가치의 크기가 포함되어 있다면 규모를 예측하는 것이 불투명한 프로젝트는 기피되기 마련이다. 하지만 혁신에는 필연적으로 고도의 불확실성이 수반되므로 규모를 조건으로 한정하면 대박이 터질 가능성이 있는 아이디어를 버리는 것이나 다름없다.

둘째, '방법론으로서의 혁신성'은 원래 '방법'에 관한 평가 지표이며, 따라서 이를 목적으로 하는 것은 본말이 전도된 것이다. 이는 '우리는 왜 일하는가?' 하는 근본적인 물음과도 관련된 문제다.

우리가 사업을 하는 것은 부를 창출하거나 사회적인 과제를 해결하기 위해서다. 중요한 것은 이런 목적이 달성되느냐 마느냐지, 방법론이 혁신적이냐 아니냐가 아니다. 극단적으로 말하면 마법이든 변신술이든 아무 상관이 없는 것이다.[8]

그런데 혁신의 정의에는 방법론이 포함되어 있다. 수단으로서의 혁신을 목적으로 정하게 되면 방법에도 제한이 생긴다는 의미다. 그러면 어떤 '방법을 고를지' 선택지가 줄어들기 때문에 문제가 된다.

경영에서는 다양한 선택지가 있느냐에 비즈니스의 성패가 걸려 있다고 여겨진다. 그렇기에 금융 이론에서는 다양한 선택지에 경제적인 가치, 즉 선택 가치 option value를 부여한다. 하지만 '혁신 방법론'은 가치 제공을 위한 방법론에 한계를 설정한다. 한마디로, 혁신은 결과로서 형성되는 인식일 뿐, 처음부터 목표로 삼아 추구할 것이 아니라는 뜻이다.

앞서 설명한 야구의 논리로 생각해보면, 타석에 들어선 타자가 노리는 것은 무엇보다 안타를 쳐서 진루하는 것이다. 수학적인 표현을 빌리자면 득점의 기대치를 높이는 것이다. 물론 안타 수가 늘어나면 그만큼 장외 홈런 수도 늘어나겠지만 처음부터 홈런을 노리고 타석에 들어선다면 안타조차 제대로 칠 수 없다.

오픈 이노베이션이 성공하기 어려운 이유

이는 한때 커다란 붐이 일었던 오픈 이노베이션 open innovation (개방형 혁신. 자사 외에도 다른 업종과 분야가 가진 기술과 지식, 서비스 등을 조합한 혁신적인 비즈니스 모델 – 옮긴이)이 수많은 조직에서 정체되고 있는 이유도 설명해준다.

간단히 말해 오픈 이노베이션은 조직 내부에서 발생한 문제에 대해 조직 외부에서 해결의 실마리를 모색하는 구조다. 언뜻 오픈 이노베이션은 효과적일 것처럼 보이지만, 대대적인 홍보에 비해서는 그다지 주목할 만한 성공 사례가 없다. 문제가 무엇일까.

각종 연구 논문에서는 '실패가 용납되지 않는 인사 제도가 장벽이다', '개방형 혁신을 추진할 인재가 부족하다', '제휴사를 찾을 기회가 적다' 등 표면적인 문제가 지적되었다.[9] 하지만 설령 이들 과제가 해결된다고 해도 오픈 이노베이션을 기대하기는 어려울 것이다.

오픈 이노베이션으로 대답해야 할 '문제' 자체가 고갈되었기 때문이다. 오픈 이노베이션은 자신들의 능력만으로는 답을 낼 수 없는 문제를 외부의 지식과 경험을 활용해 해결하려는 사고방식이다. 이때 문제, 즉 어젠다를 설정하는 주체는 어디까지나 자신들이고 외부로부터는 해결책만을 얻고 싶어 할 뿐이다.

그런데 현재 수많은 조직에서는 '해답을 내야 할 문제', 즉 어젠다가 명확하게 설정되어 있지 않다. 이렇게 과제가 불명확한 상태에서 '뭔가 돈이 될 만한 아이디어는 없을까요?'라며 주변에만 의존하는 것이 오늘날 대부분의 기업에서 추진하고 있는 오픈 이노베이션의 현실이다. 전형적인 올드타입의 사고 모델인 셈이다. 공감할 만한 과제도 설정하지 않고 외부에서 아이디어와 기술을 모색한다면 큰 성과가 나올 리 없다.

반면에 뉴타입은 중대한 과제를 찾아 해결을 목표로 삼는다. 뉴타입에게 오픈 이노베이션은 단순한 수단일 뿐, 결코 목적이 아니다. 그런데 많은 기업이 오픈 이노베이션 자체를 목표로 내걸고 있어, 실제로 해결하려고 하는 과제는 어딘가로 사라진 경우가 많다. 수단을 목적으로 착각하고 혁신만을 추구하는 사고방식은 전형적인 올드타입이다.

세그웨이는 왜 실패했는가

앞서 말했듯이, 뉴타입은 가능성 있는 명확한 과제를 설정함으로써 혁신을 시작한다. 중요한 것은 과제 설정이다. 따라서 어설프게 첨단 기술을 추구해봐야 혁신을 기대하기는 어렵다.

기술 혁신이 거대 비즈니스로 이어질 수 있다는 것은 사실이다. 하지만 일상생활에서 니즈가 충족되는 오늘날에는 해결해야 할 중요한 과제가 명확하지 않은 상태에서 혁신적인 기술을 추구한다고 해도 큰 부를 창출하는 비즈니스를 탄생시키지 못한다. 이런 당연한 사실을 쉽고 생생하게 제시해준 사례가 바로 세그웨이다. 세그웨이는 21세기 초반에 '세기의 대발명'이라고 주목받으며 화려하게 등장했지만 매출 면에서는 완전히 실패했다.

세그웨이와 관련된 전문가들의 예측도 거의 다 빗나갔다. 스티브 잡스는 시제품을 보고는 컴퓨터 이후 가장 경이적인 기술 제품이라 면서 이 회사의 주식 10퍼센트를 취득하겠다고 했다. 이런 투자 요청 이 거절당하자 그는 어울리지 않게 무보수로 발명가의 고문이 되어주 겠다고 나섰다. 스티브 잡스만이 아니다. 아마존 창업자인 제프 베저 스Jeff Bezos는 세그웨이에 매료되어 "혁명적인 제품이다, 반드시 폭발 적으로 팔려나갈 것이다"라고 장담했다.

게다가 구글 등에 투자해 크게 성공한 전설의 투자자 존 도어John Doerr는 세그웨이 사업에 8000만 달러를 투자하고는 사상 최단 기간 내에 매출 10억 달러를 달성할 거라고 공언했다. 그러면서 이는 인터 넷의 등장을 넘어서는 엄청난 파급효과를 낳을 거라고까지 주장했 다. 물론 세그웨이에 투자한 이해관계자로서 의도가 담긴 말이었다 고 생각할 수도 있다. 따라서 세그웨이에 대한 그들의 본심이 무엇이 었는지는 알 수 없다. 어쨌든 세그웨이는 사람들의 예측과는 달리 출 시 10년이 지나도록 흑자로 돌아설 전망이 보이지 않았으며 사회에

그림4 | 세기의 대발명이라고 불린 '세그웨이'　　　　　　　　© Andreas Geick

변화를 가져오지도 못했다.

세그웨이는 확실히 획기적인 제품이었다. 필자도 사용해본 적이 있는데, 분명 교통수단의 미래를 제시하는 기발한 발상이 충만했으며 사람을 흥분시키는 매력이 있었다. 하지만 이 제품은 사회에 받아들여지지 않았다.

결국 세그웨이는 어떤 문제를 해결하려는 것인지, 목적이 분명치 않은 제품이었던 것이다. 아무리 첨단 기술이 사용되었다고 해도 그 목적이 사회적 과제의 해결로 연결되지 못한다면 결코 큰 가치를 창출하지 못한다는 사실을 세그웨이가 분명하게 증명해 보였다.

세그웨이 사례에서도 올드타입과 뉴타입의 대비가 극명하게 드러난다. 옛날처럼 물건이 부족하고 사회에 다양한 문제가 쌓여 있던 시대라면 트레이드오프 trade off(어느 하나를 얻으려면 반드시 다른 것을 희생해야 하는 양자 간의 관계 – 옮긴이)를 해소해줄 기술이나 혁신에 큰 수요가 있었을 것이다. 하지만 앞서 설명한 대로, 오늘날에는 솔루션이 과도하게 넘쳐나는 반면에 가장 중요한, '해소하고 싶은 과제'는 점점 드물어진다. 이런 사회에서 섣불리 기술이 주도하는 혁신을 추구한다면 그는 시대착오적인 올드타입이다.

반면 뉴타입은 수단으로서의 기술이나 혁신에는 집착하지 않는다. 수단이 아니라 항상 '해결하고자 하는 과제'에 즐기듯이 초점을 맞추는 사고와 행동이야말로 뉴타입이라고 할 수 있다.

- 혁신의 정체는 '문제의 희소화'에서 발생한다. 양질의 문제를 정의하지 못하면 해결책으로서의 혁신도 정체된다.

- 혁신을 결심하고 성공시킨 혁신가는 없다. 그들에게는 항상 해결하고자 하는 구체적 과제가 있었고 이를 획기적인 접근법으로 해결한 결과가 혁신이라고 불린 것이다.

- 양질의 문제 설정과 혁신적인 해결 수단의 조합으로 혁신이 이루어지지만 이는 어디까지나 결과일 뿐이다. 따라서 처음부터 혁신을 목적으로 설정하는 것은 올드타입의 사고방식이다.

- 오픈 이노베이션의 정체 현상도 '과제'의 부재라는 문제와 관련이 있다. 과제가 명확하게 설정되지 않은 상태에서 해결책을 아무리 추구해봐야 거대 비즈니스가 형성되지 않는다.

- 뉴타입은 과제의 설정과 해결에 주목한다. 이때 방법론이 획기적이어서 경제적 가치가 커지면 비로소 '혁신'으로 인정받게 되지만 처음부터 혁신 자체를 목적으로 활동하는 것은 올드타입의 사고방식이다.

03

| 구상력 |

미래에 대한 예측 대신
미래를 구상한다

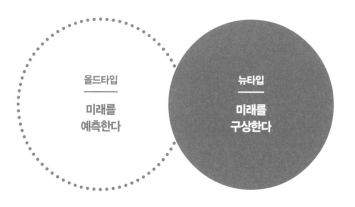

올드타입

미래를
예측한다

뉴타입

미래를
구상한다

(2008년 세계 금융 위기가 한창일 때 런던정경대를 방문하여)
"이 정도의 대규모 경제 위기를 왜 한 사람도 예측하지 못했습니까?"[10]
엘리자베스 여왕

현재의 풍경은 누군가가 내린 결정의 집적이다

문제가 희소해지는 세상에서는 '미래를 구상하는 능력'이 큰 가치를 갖는다. 문제란 이상적인 모습과 현재 상황의 차이이며, 이상적인 모습을 추구하는 데는 반드시 미래를 구상하는 능력이 필요하기 때문이다.

하지만 오늘날 비즈니스 현장에서는 '미래가 어떻게 될까?' 하는 예측의 관점에서 토론이 이루어질 뿐, 정작 '어떤 미래를 만들고 싶은가' 하는 중요한 문제는 제대로 다뤄지지 않고 있다. 이제 '예측과 구상'의 문제를 고찰해보려고 한다.

우선 [그림5]와 [그림6]을 살펴보자. 두 그림은 컴퓨터 과학자인 앨런 케이[11]가 1972년에 발표한 논문 〈모든 연령대의 어린이들을 위한 컴퓨터 A Personal Computer for Children of All Ages〉에서 다이나북 Dynabook(앨런 케이가 제창한 이상적 컴퓨터이자 일본 도시바사가 1988년에 발매한 세계 최초의 노트북 상품명 ― 옮긴이)의 콘셉트를 설명하기 위해 사용했던 이미지다.[12]

아마도 대부분의 사람들은 이를 보고는 "대단해. 무려 반세기 전에 태블릿 단말기의 등장을 예측했다니!" 하고 감탄할 것이다. 하지만 이것은 완전히 잘못된 해석이다.

앨런 케이는 미래를 예측한 것이 아니었다. 그는 '이런 물건이 있으면 굉장하겠는걸!' 하는 생각으로 그 이미지를 구체화해서 수많은 사람에게 영향을 미쳤던 것이다. 앨런 케이는 예측이 아니라 구상을 했다. 컨설팅 회사나 싱크탱크는 고객으로부터 '미래 예측'을 해달라는

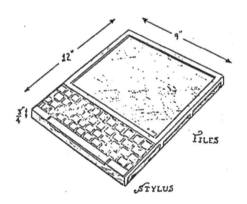

그림5, 그림6 | 앨런 케이가 다이나북의 콘셉트를 설명하기 위해 사용했던 이미지 　　© Alan Kay

의뢰를 자주 받는다. '미래가 어떻게 될까? 여기 대비해 어떤 준비를 해야 할까?'를 검토해달라는 것인데, 이는 정말 난센스다.[13]

오늘날처럼 뷰카화된 세상에서 다른 사람에게 미래 예측을 부탁하고 마치 시험에 대비하듯이 '경향과 대책'을 마련하는 것은 전형적인 올드타입의 패러다임이다.

반면 뉴타입은 예측이 아니라 구상을 한다. '미래가 어떻게 될까?'라는 질문 대신에 '미래를 어떻게 하고 싶은가?'를 고민한다.

지금 우리가 살고 있는 세상은 우연이 쌓이고 겹친 결과물이 아니다. 어디선가 누군가 내린 의사결정이 축적되어 현재의 풍경이 그려진 것이다. 마찬가지로 미래는 지금 이 순간부터 우리가 어떻게 행동하느냐에 따라 결정된다. 그러므로 진지하게 고민해야 할 문제는 '미래가 어떻게 될까?'가 아니라 '미래를 어떻게 만들 것인가?'다.

20세기 후반에 활동한 화가 요셉 보이스Joseph Beuys는 '사회적 조각'이라는 개념을 제창하고 모든 사람은 자신의 미적 감성과 창조성을 바탕으로 세계의 형성에 기여하는 아티스트여야 한다고 주장했다. 만일 우리가 자신의 비전을 좇아 세계의 형성에 기여한다면 수많은 사람이 매달리고 있는 그까짓 예측에 무슨 의미가 있겠는가.

다시 강조하지만 현재와 같은 복잡하고 불투명한 세상에서 미래를 예측하고 자신의 행동을 결정하려는 사고는 올드타입의 패러다임일 뿐이다. 뉴타입은 미래를 구상하고, 이를 실현하기 위해 의견을 제시하고 행동을 일으킨다.

중요한 국면일수록 예측은 빗나간다

아무리 예측을 해도 소용없다고 주장하는 이유를 한 가지 더 들면, '중요한 국면에서 예측은 반드시 빗나가기' 때문이다.

대표적인 예가 2008년 세계 금융 위기다. 미국에서 서브프라임모기지론 문제의 심각성이 명백히 드러난 것은 2007년 여름이었는데, 그 직전에 주요 금융기관과 싱크탱크가 제출한 예측 보고서의 내용은 다음과 같았다.

• 국제통화기금 IMF(2006년 4월 발표)

얼마 전 금융시장에 일시적인 혼란이 발생했지만 세계경제는 2007년과 2008년에도 높은 성장세를 유지할 것으로 보인다. 미국의 경기는 이전에 예측한 것보다는 둔화되고 있지만 다른 국가에 대한 파급효과는 한정적이어서 세계경제는 지속적으로 성장할 것으로 보인다.[14]

• 제1생명경제 연구소(2007년 5월 발표)

경기 정체를 시사하는 경제지표도 늘어났지만 이는 경미하여 경기 회복 기조는 무너지지 않을 것이다. 해외 경기의 감속이나 IT 부문의 조정은 경미한 수준에 머물 것이며, 더불어 설비투자도 약간 둔화하겠지만 더는 감소하지 않을 것으로 예측된다.[15]

수출과 개인 소비의 확대가 성장을 이끄는 반면에 내수를 떠받치는 설비투자가 전기 대비 마이너스 0.9퍼센트로 1년 3개월 만에 감소했다. (중략) 하지만 올해 하반기부터 경기는 다시 살아날 것이다. 미국 경제의 감속이 결국은 일본의 수출에 이점으로 작용할 것이며 디지털 관련재의 재고 조정이 전망되어 생산성이 확대될 것이다.[16]

하나같이 '최근 몇 년간 지속되어온 경기 회복의 흐름이 계속 이어질 것'이라는 전망들이었다. 하지만 금융 위기는 2007년 여름의 서브프라임모기지론 사태에서 시작되었다. 그런데도 대부분의 싱크탱크와 금융기관은 그 직전까지, 즉 발밑이 완전히 무너지고 있는 상황에서도 여전히 '뭐, 괜찮을 거야'라는 낙관적인 예측을 내놓았던 것이다.

우리는 이런 일을 여러 차례 경험했으면서도 여전히 '예측'을 원한다. 하지만 이제는 예측이 더욱 어려운 뷰카 시대로 들어서고 있다. 이런 시대에 아직도 예측을 토대로 자신의 행동을 결정하는 올드타입은 환경 변화를 따라가지 못하고 다양한 상황에서 다른 사람에게 뒤처지는 행동과 대책을 내놓게 된다.

반면에 환경 변화를 앞서 받아들이고 적극적으로 도전하는 뉴타입은 주도권을 잡고 더욱 유연하고 유리하게 일을 처리할 것이다. 우리를 둘러싼 환경의 변화는 대개 날씨처럼 자연적인 것이 아니라 누군가가 앞서 움직이면서 일어난다는 사실을 기억해야 한다.

이제 미래는 예측할 수 없다

필자도 전략 컨설팅 회사에서 일할 때 미래 예측 프로젝트에 꽤 많이 참여했었다. 하지만 미래 예측에는 본질적인 패러독스가 내포되어 있다는 생각에는 변함이 없다.

원래 예측이란 '예측 불가능한 일'을 막기 위한 것이다. 최근 몇 년간 계속된 상황이 미래에도 이어질 거라면 예측은 필요 없다. 하지만 당연하게도 '예측 불가능한 일'은 예측할 수가 없다. 예측할 수 있다면 그것은 이미 '예측 불가능한 일'이 아니지 않은가.

비즈니스에서 미래를 예측할 때는 '시나리오 플래닝 scenario planning' 기법이 이용된다. 이는 과거에 일어난 최악의 사건을 토대로 최악의 시나리오를 작성하고 그에 따라 미래의 리스크를 추측하는 미래 예측 방법이다. 소위 '스트레스 테스트'라고도 불리는 방법이다. 여기까지 읽으면 이 방법에 본질적인 모순이 있음을 알아차리게 된다. 과거에 일어난 최악의 사건이란 그 시점 이전에 일어난 전대미문의 사건을 의미한다. 그런데 최악은 늘 최악을 갱신한다. 한마디로 '예측은 어렵다' 정도가 아니라 애초에 예측은 '불가능하다'는 뜻이다. 《블랙 스완》, 《안티프래질》 등 세계적인 베스트셀러로 유명한 사상가 나심 니콜라스 탈레브도 같은 지적을 했다.

패널 중에는 당시 IMF 부총재를 역임한 가토 다카토시라는 인물이 있었다. 공개 토론에 앞서 그는 2010년부터 2014년까지 세계경제를 예측한 파워포인트 자료로 프레젠테이션을 했다. (중략) 이 발표의 경우 2008년과 2009년에 발생한 경제 위기를 2~5년 전인 2004년부터 2007년에 어떻게 예측했는지를 제시했어야 했다.

그러면 존경하는 가토와 그의 동료들이 예측에 능숙하지 않다는 사실이 증명되었을 것이다. 가토뿐만이 아니다. 중대하지만 드물게 일어나는 정치 현상과 경제 현상에 대해 제대로 예측했던 경우의 수는 0에 가까운 것이 아니다. 그냥 0이다.

| 나심 니콜라스 탈레브, 《안티프래질》 |

예측이 불가능하다는 것은 요즘의 이야기만이 아니다. 오늘날 일본에서는 저출산에 따른 인구 감소에 위기감이 높아지고 대책이 논의되고 있다. 하지만 과거 다른 국가에서 나왔던, 저출산에 따른 인구 감소 예측은 대부분 빗나갔었다.

20세기 초반 영국의 출산율이 크게 떨어지자 영국 정부와 연구 기관은 다양한 전제하에 인구 예측을 실시하여 17가지 인구 예측을 내놓았다. 그중 인구 감소를 예측한 14가지는 완전히 빗나갔고, 인구 증가를 예측한 나머지 세 가지도 실제 증가 수치에는 한참 미치지 못했다. 결과적으로 실제 인구수는 정부와 싱크탱크가 내놓은 17가지 인구 예측을 훨씬 넘어설 만큼 증가했다.

미국 역시 1920년대부터 1930년대까지 출생률이 계속 떨어졌다.

1935년에는 1965년까지 미국 인구가 3분의 2로 감소할 것이라는 예측이 나왔다. 하지만 이것 역시 크게 빗나간 예측이었다. 제2차 세계대전이 터지자 결혼율이 급격히 높아지면서 출생률도 크게 상승했다. 1965년에는 인구가 줄어들기는커녕 오히려 베이비붐이 불었다.

인구조사와 같이 통계가 충실하게 갖추어져서 비교적 미래 예측이 쉬운 분야조차 이 정도라면 다른 분야는 더 말할 것도 없다. 전형적인 사례가 컨설팅 회사와 싱크탱크에서 실시하는 미래 예측이다. 1982년, 당시 미국 최대의 전화 회사였던 AT&T는 컨설팅 회사인 맥킨지앤컴퍼니에 2000년의 휴대전화 시장 규모를 예측해달라고 했다. 맥킨지의 예측은 '90만 대'였지만 이는 완전히 빗나가 실제 시장 규모는 1억 대를 가볍게 돌파했다.

1984년 당시 AT&T의 CEO였던 찰스 브라운은 이런 형편없는 예측을 토대로 휴대전화 사업 부문을 매각하는 치명적인 실수를 저질렀다. 이후 AT&T는 모바일 시장의 흐름을 따라잡지 못하고 경영 악화로 어려움을 겪다가 결국에는 스스로 분사시켰던 자회사 격인 SBC커뮤니케이션스에 매수되어 소멸의 길로 들어섰다.[17]

최고의 조사 기관에 거액을 주고 예측을 실시했지만 이는 자릿수조차 완전히 틀린 엄청난 오차를 내면서 빗나가고 말았다. 컨설팅 회사에는 비밀 엄수 의무가 있어서 처참한 프로젝트 결과가 공표되는 일은 거의 없지만 업계에 오래 몸담았던 필자는 이런 비극적인(아니 희극이라고 해야 할까?) 사례가 빈번하게 발생하고 있다는 사실을 잘 알고 있다. 이는 컨설팅 회사의 능력이 부족하거나 예측 모델에 문제가 있어서가 아니라, 비연속적인 변화에 대한 전문가의 예측은 '원칙적으로 빗나가기 마련'이라서 발생하는 문제다.

인공지능에 대체될 직업을 생각해봐야 소용없다

미래는 예측하지 말고 구상해야 한다는 지적은 오늘날의 인공지능을 둘러싼 혼란에도 적용된다. 최근 몇 년간 다양한 연구 기관이 '인공지능의 등장으로 사라질 직업'을 예측해왔다. 이를테면 2013년에는 옥스퍼드대학교의 마이클 A. 오스본 Michael A. Osborne 교수 연구팀이 인공지능에 대체될 직업 목록을 작성하고 20년 후에는 미국 고용자의 47퍼센트가 기계로 대체될 거라는 분석 결과를 공표했다. 목록 자체는 상당히 흥미롭지만 실제로는 맞지도 않고 공연히 혼란만 일으킬 뿐이므로, 여기서는 소개하지 않겠다. 지금은 이런 '물음'의 전제가 되는 관점이 얼마나 의미 없는지를 다시 생각해봐야 한다.

우리는 상용화되어가는 '인공지능이 어떤 가능성을 열어줄 것인가?', 더 나아가 '기술을 통해 어떻게 인간을 진화시킬 것인가?'를 과제로 삼아야 한다. 기술의 진화에는 항상 장단점이 있었다. 역사를 되돌아보면, 나날이 발달하는 기술의 위험성을 지적하고 기술의 실현을 견제하려는 움직임도 있었지만, 그런 시도는 결국 모두 실패로 끝났다.

즉 우리는 기술의 진화를 막을 수 없다. 그렇다면 낙관론자가 되는 수밖에 없다. 진화를 멈출 수 없는 인공지능 앞에서 망연자실하게 '과연 누가 일자리를 빼앗길까'를 예측하는 것은 아무 소용도 없는 일이다. 이렇게 쓸데없는 예측에 시간과 노력을 들이고, 그 결과에 일희일비하는 올드타입은 환경 변화에 이리저리 끌려 다니며 인생의 주도권을 잃을 뿐이다. 반면에 기술을 이용해 사회가 안고 있는 과제를 어떻게 해결할지를 고민하는 뉴타입은 환경 변화를 기회로 바꾸어 부를 창출해 낼 것이다.

- 대부분의 미래 예측은 결정적인 국면에서 모조리 빗나갔다. 이는 예측 능력의 문제가 아니라 예측이라는 행위에 본질적으로 내재된 문제점이다.

- 지금까지 중요한 상황에서 예측이 모두 빗나갔듯이 현재 우리가 내놓는 수많은 예측도, 별로 중요하지 않을 때는 들어맞지만 결정적인 상황에서는 빗나갈 것이다.

- 현재 기업에서 경영 계획을 세울 때는 대개 환경 변화를 예측하고 그에 대비한 활동을 계획하지만 점점 뷰카화되어가는 세상에서 이런 사고방식은 이미 올드타입이다.

- 뉴타입은 미래를 구상하고, 이를 실현하기 위해 주변 사람들을 움직인다. 주도권을 잡고 행동하는 뉴타입에게는 '예정대로'의 미래가 찾아오는 반면에 미래를 예측하고 그에 따라 우왕좌왕하는 올드타입에게는 '청천벽력'과도 같은 미래가 다가올 것이다.

제 3 장

뉴타입은 어떻게 경쟁하는가

| 쓸모가 아닌, 의미 있는 일에 집중하라 |

04

| 의미의 힘 |

일의 의미를 제시해
동기를 부여한다

올드타입

**목표치를 부여하고
핵심성과지표로
관리한다**

뉴타입

**의미를 제시하고
동기를 부여한다**

만약 배를 만들고 싶다면 사람들을 불러모아
목재를 마련하고 임무를 부여하고 일을 분배할 게 아니라
그들에게 끝없이 넓은 바다를 동경하게 하라.

생텍쥐페리

케인스의 예언은 정말로 빗나갔을까

20세기 전반에 활약한 영국 경제학자 존 메이너드 케인스는 1930년에 발표한 소논문 〈손자세대에는 경제가 어떻게 전개될까〉(《설득의 에세이》 수록)에서 미래 사람들은 일주일에 15시간밖에 일하지 않을 것이라고 예언했다. 기술이 진보할수록 단위 노동시간당 생산량이 증가하므로 니즈를 만족시키기 위해 일해야만 하는 시간은 차차 줄어들고 마침내는 거의 일하지 않아도 되는 사회가 도래할 것이라고 예측했던 것이다. 물론 다들 잘 알듯이, 이 예언은 보기 좋게 빗나갔다. 이렇게 단순한 논리에 기초한 예언이 어째서 빗나간 것일까?

경제학자들은 기본적으로 케인스의 미래 예측이 '생산성의 지속적인 향상'이라는 측면에서는 놀라울 만큼 정확했지만 '니즈의 총량은 일정하다'는 전제는 잘못되었다고 결론 내렸다. 노동시간이 100년 전이나 지금이나 거의 달라지지 않았다는 점을 고려하면 당연한 결론이라고 할 수 있다.

그렇다면 케인스의 예언은 정말로 빗나간 것일까? 유사 이래 인간을 줄곧 괴롭혀온 불만이나 불안, 불편을 해소하기 위한 노동은 하루 세 시간 정도면 끝나고 그 외의 시간은 실질적인 가치를 생산하지 않는 '쓸데없는 노동'으로 채워지고 있는 것이 아닐까?

이런 가설이 뜬금없게 느껴질지도 모른다. 하지만 케인스의 논문을 꼼꼼하게 읽어보면 케인스 자신도 이런 상황을 이미 예측했던 것 같다.

하지만 여가를 충분히 즐길 수 있는 풍요로운 시대가 도래한다고 생각했을 때 두려움을 느끼지 않을 국가나 개인은 없을 것이다. 오랜 세월 사람들은 열심히 노력해야 한다는 가르침만 받았지, 즐기는 방법은 배우지 못했다. 특히나 별다른 재능이 없는 평범한 사람에게 여유 시간을 어떻게 사용할지는 두려운 문제다.

| 존 메이너드 케인스, 《설득의 에세이》 |

케인스도 하루 세 시간 노동이 실현되면 대부분의 사람들이 여가 시간을 감당하지 못하고 '무의미한 일'로 시간을 메우다가 결국 허무함을 견디지 못하고 정신적으로 피폐해질 거라고 예측한 것 같다.

이것이 바로 1장에서 설명한 '쓸모없는 일자리가 많아지는' 배경이다. 그런데 이런 추세는 거의 전 세계적으로 진행되고 있는 듯하다. 실제로 런던경영대학원의 사회인류학 교수 데이비드 그레이버는 2018년에 저술한《엉터리 일자리에 관한 이론Bullshit Jobs:A Theory》에서 '세상에 존재하는 직업의 과반수는 엉터리!'라고 지적했다.

동기부여 없이 일하는 현대인들

대부분의 노동이 실질적인 가치를 생산해내지 못하는 엉터리 일에 낭비되고 있다는 가설은 다양한 조직에 대한 연구와 조사에서도 확인되었다. 미국의 여론조사기관 갤럽에 의하면, 자신의 직업을 긍정적으로 생각한다고 대답한 사람은 전 세계적으로 평균 13퍼센트밖에 되지 않았다.[1] 또한 일본의 취업 컨설팅 회사인 리쿠르트 커리어가 실시한 조사에서도 '일에서 즐거움'을 느낀다고 대답한 사람은 전체의 14퍼센트에 불과했으며,[2] 그 외의 조사에서 약 80퍼센트에서 90퍼센트 정도가 자신의 일에서 의미나 보람을 찾지 못하는 것으로 드러났다. 이는 오늘날의 기업에서 경영 자원인 '동기부여motivation'가 희소해지는 이유이기도 하다.

이런 세계에서 자신의 직업에 의미를 부여하는 일은 소홀히 하면서 눈앞에 닥친 핵심성과지표KPI, 즉 경영관리지표 수치를 높이고 생산성을 끌어올리는 데만 급급하다면 이는 전형적인 올드타입이다. 반면에 일에 의미를 부여함으로써 관련된 사람들에게 큰 동기를 부여하고 의욕을 이끌어내는 방식이 바로 뉴타입이다.

의욕은 의미에 따라 증감된다

의미를 중요시하지 않고 오로지 핵심성과지표만을 내세워서 부하직원을 몰아붙이는 올드타입과, 목표와 의미를 인식시킴으로써 동기를 부여하는 뉴타입이 조직에서 끌어내는 에너지와 성과에는 큰 차이가 있다. 의미는 동기부여에 결정적 역할을 하기 때문이다.

경영 자원인 사람, 물자, 돈 가운데 사람만이 지닌 최대의 특성은 '가변성'이다. 고베대학교에서 오랫동안 경영학을 강의한 경영학자 가고노 다다오加護野忠男 교수는 다음과 같이 주장했다.

자본에 대비되는 노동의 고유한 특성은 가치의 가변성에 있다.

| 가고노 다다오, 《경영정신経営の精神》 |

물자나 돈은 주어진 양이 변하지 않지만, 사람의 능력은 리더가 어떻게 의미를 부여하느냐에 따라 달라진다. 이렇게 사람이라는 자원에서 값진 능력을 끌어내는 리더에게는 커다란 경제적 가치가 발생한다.

현재 일본 기업 중에도 '인재 평가assesment 제도'를 도입하는 곳이 늘고 있다. 일반적인 인재 평가 제도에서는 역량competency을 측정하는 인터뷰와 다면평가제를 통해 다각도로 개인의 능력을 수치화하고 그 결과에 따라 채용, 교육, 배치 등을 결정한다. 이 제도는 굉장히 미국적이고 합리적으로 느껴질지 모르지만 사실 상당히 심각한 문제를 내포하고 있다. 결정적인 문제점은 인간의 능력을 정적인 것으로 여긴다는 점이다.

하지만 사람이 발휘하는 능력과 역량은 그에게 주어진 '의미'에 따라 크게 달라진다. 능력과 역량은 배경이나 상황에 따라 크게 변화하는 동적인 개념이다. 아무런 의미도 부여받지 못해서 전혀 동기부여가 되지 않은 사람은 당연히 능력과 역량이 낮게 평가받을 것이다.

요즘은 어느 조직에서나 '부하 직원이 제대로 일을 하지 못한다. 무능하다'고 푸념하는 임원을 쉽게 찾아볼 수 있는데, 이는 전형적인 올드타입이다. 사실 문제는 부하 직원이 의욕적으로 일을 하도록 일의 '의미'를 부여하지 못하는 자신의 무능력이다.

신약성서는 '의미의 힘'을 나타낸다

의미를 부여하면 사람은 완전히 달라진다. 이런 사실은 신약성서에서도 확인할 수 있다. 베드로를 비롯한 예수의 열두 제자는 예수가 살아 있을 때는 정말 별 볼일 없고 기개도 없는 집단에 불과했다. 그런데도 그들은 자신들 가운데 누가 가장 훌륭한지를 두고 논쟁을 벌이다가 예수에게 주의를 받기도 했다.[3] 그러다 예수가 처형당하게 되자 누구도 예수를 구하려 하지 않고 잽싸게 도망치고 만다.[4]

그런데 제자들은 예수의 부활과 승천 후에 불꽃처럼 열정적인 전도사들로 변했다. 그들의 활약이 없었더라면 당시 금지되어 있던 그리스도교는 로마 사회에 확산되지 못했을 것이며, 만약 그렇게 되었더라면 오늘날 이 세상의 모습은 상당히 달라졌을 것이다.

요컨대 이 한심한 제자들의 활동으로 그리스도교는 세계 종교로서 초석을 놓을 수 있었다. 하지만 실제로 포교의 성과를 끝까지 지켜본 제자는 없었다. 요한 이외의 열한 제자는 모두 창에 찔리거나 거꾸로

그림7 | 레오나르도 다빈치, 〈최후의 만찬〉 (1999, 복원 후)

매달리거나 절벽에서 떠밀리거나 곤봉으로 얼어터지는 등 비참한 고
문을 받은 끝에 순교했다.

　예수의 제자들이 이토록 달라질 수 있었던 것은 자신의 인생에서
진정한 의미를 찾아냈기 때문이다. 그건 바로 그리스도의 복음을 세
상에 전하는 일이었다. '의미'를 부여받은 것만으로 그들의 능력과 행
동은 비연속적으로 변화했다. 예수의 열두 제자는 리더가 의미를 부
여함으로써 구성원들에게서 얼마나 엄청난 에너지를 이끌어낼 수 있
는지를 보여주는 좋은 예다.

밀레니얼 세대와 '의미'라는 동기부여

　다른 사람에게 동기를 불어넣으려면 '의미'가 중요하며, 어떻게 의미를 부여하느냐에 따라 일하는 방식에 큰 변화가 생긴다면, '의미'를 끌어내는 뉴타입의 능력이야말로 조직의 경쟁력을 좌우할 것이다. 특히 앞으로 수많은 조직에서 핵심 역할을 맡을 밀레니얼 세대millennial generation(1980년에서 2000년 사이에 출생한 세대)는 '의미'를 지극히 엄격하게 평가한다.

　2015년 다국적 컨설팅 그룹인 딜로이트가 29개국의 밀레니얼 세대를 대상으로 조사한 결과, 응답자의 60퍼센트 이상이 직장을 선택하는 기준으로 급여나 제품이 아닌 '해당 기업이 사업을 하는 목적'을 중시한다고 대답했다.[5]

　또한 영국 〈가디언〉이 밀레니얼 세대를 대상으로 실시한 조사에서는 높은 연봉을 받기보다는 인류에 도움이 되는 일을 하고 싶다는 대답이 44퍼센트, 근무하는 회사가 사회에 공헌할 때 일할 의욕이 커진다는 대답이 36퍼센트로 나타났다. 사회 공헌을 지향하는 밀레니얼 세대의 성향은 일본의 리쿠르트 워크스 연구소가 시행한 조사에서도 드러났다. 이렇듯 다양한 조사를 통해 밀레니얼들이 직업 선택의 기준으로 '의미'를 매우 중시한다는 사실을 알 수 있다.

　나이 든 사람들은 이런 경향에 대해 요즘 젊은이들은 소극적이고 패기가 없다고 지적하지만, 이는 자신의 틀에 갇힌 채로 세상을 평가하는 전형적인 올드타입의 발언이다. 하지만 사회를 더욱 좋은 방향으로 변화시키고 싶어 하는 열정은 밀레니얼 세대가 훨씬 높으며, 단지 이를 위한 수단이나 방향성이 기성세대와 다를 뿐이다.

기성세대가 젊었던 1980년대 이전에는 물건이 귀하고 의미가 충족되었던 반면, 현대에는 물건이 넘쳐나고 의미가 희소하다. 결국 어느 시대든 '젊은이'들은 항상 '그 시대에 부족한 것'에 목말라한다. 물건이 과도하게 많고 의미가 고갈된 사회에서 젊은이가 '물건'을 갈구하지 않는 것은 당연한 일이다.

이런 시대에 의미를 부여하지 못하고 오로지 금전이나 물건을 보상으로 내걸고서 다른 사람을 이끌려는 것은 전형적인 올드타입의 경영 패러다임이며 앞으로는 제 기능을 하지 못할 것이다.

하지만 뉴타입은 '의미'를 분명히 밝힌다. 항상 큰 배경으로서 '의미'를 보여주고 그 앞에 해결해야 할 일과 목표를 제시하는 방식이 뉴타입이다.

전쟁을 없애겠다는 미션을 내건 저가 항공사

21세기에 큰 존재감을 보여주고 있는 회사는 대개 '미션'을 명확하게 정의한다. 이제는 인재를 모아 그들의 잠재력을 끌어내려면 '의미'가 절대적으로 중요하다는 사실을 그들 또한 알기 때문이다.

그래서 구글 같은 곳은 세상의 모든 정보를 모아 누구나 찾아보게 하겠다는 미션을 내걸었다. 스티브 잡스는 애플의 미션에 대해 '비효율적인 인간이 자전거를 이용하면 가장 효율적인 동물이 되듯이, 인간에게 지적 자전거가 되어줄 좋은 컴퓨터를 만드는 것'이라고 대답했다.[6] 이는 '무엇을 위한 회사인가?'라는 물음에 명확한 의미를 제시한 것이다. 이런 의미 설정이 구글이나 애플 같은 최첨단 IT기업에서만 가능한 일은 아니다. 기존 산업들도 스스로에게 독창적인 의미를 부여할 수 있다.

저가 항공사로서 두드러진 존재감을 보이는 일본 피치항공의 사례를 살펴보자. 일본 최대 항공사인 전일본공수에서 자회사인 피치항공으로 옮겨간 이노우에 신이치井上慎一 사장과 창업 당시에 대화를 나눈 적이 있다. 이때 "피치는 무엇을 위해 존재하는 회사입니까?"라는 필자의 질문에 이노우에 사장은 차분히 대답했다.

"피치는 전쟁을 없애기 위해 존재합니다."

저가 항공사와 세계 평화가 무슨 관계인지 이해되지 않았다. 당황하는 필자에게 이노우에 사장은 설명을 덧붙였다.

"과거에 일본과 다른 아시아 국가들 간에 불행한 일이 있었잖습니까. 그런 일을 두 번 다시 일으키지 않기 위해 여러 나라에 친구를 만들고 싶어요. 그러려면 젊었을 때부터 자주 외국에 나가 다양한 문화를 접하고 많은 사람을 만나야겠죠. 그럼 어떻게 해야 할까요? 지갑이 얇은 젊은이들도 손쉽게 여러 나라에 갈 수 있게 하는, 그런 항공사가 필요하겠지요. 피치가 바로 그런 일을 하는 겁니다.”

무척 이해하기 쉬운 '의미'다. 이런 의미가 있기에 원가 절감이나 노선 증가 등 경영상의 과제를 직원들이 모두 충분히 이해하고 공감하게 하여 창의력과 연구를 이끌어낼 수 있다. 원가 절감이나 노선 증가라는 양적 목표를 '의미'가 단단히 받쳐주고 있기 때문이다.

오늘날 어려움을 겪고 있는 일본 저가 항공 업계에서 피치항공만이 유일하게 선전하고 있는데, 그 성공 요인 가운데 하나는 이노우에 사장이 내건 '의미'일 것이다. 앞서 말한 대로 사람이라는 자원은 자신이 공감하는 의미의 풍부함이나 깊이에 따라 다른 양의 에너지를 방출한다. 저가 항공 업계는 매우 엄격한 경영 자원 관리가 필요한 만큼 '의미'를 명확히 제시한 리더가 훨씬 높은 성과를 이끌어낸다는 사실은 매우 중요하다.

기업의 경쟁 우위는 다양한 요인에 의해 결정되는데, 오늘날처럼 의미가 고갈된 사회에서는 조직이 내세우는 의미가 구성원과 고객의 마음을 사로잡는 경쟁 우위의 원천으로서 성과를 좌우하는 요인이 된다. 이런 시대에 그저 매출이나 생산성 등 핵심성과지표로 표현되는 '꿈이 없는 목표'만을 내걸고 다그치는, 일찍이 주류를 이루었던 올드 타입 리더는 조직 구성원들에게서 의욕도 창조성도 끌어내지 못한다. 반면 뉴타입 리더는 일의 배경을 형성하는 '의미'를 명확히 설정하여 동기를 불어넣고 창조력을 이끌어낸다.

- 생산성이 향상되었는데도 노동시간이 줄어들지 않는 것은 우리가 하는 일의 상당 부분이 실제로는 의미가 없는 '엉터리 일'이기 때문이다. 각종 조사 결과, 자신의 일에서 보람이나 의미를 느끼지 못하는 사람이 상당히 많다.

- 인적 자원에는 가변성이 있다. 사람의 능력은 이미 정해진 것으로 생각하기 쉽지만 실제로는 자신이 부여받은 '의미'에 따라 크게 달라진다. 따라서 의미를 부여할 수 있는 뉴타입이 조직에서 큰 잠재력을 이끌어낼 수 있다.

- 현대사회에서 가장 귀중한 자원은 '사람에게서 능력을 이끌어낼 수 있는 동기부여'다. 따라서 동기부여에 강한 뉴타입은 조직의 경쟁력을 높이는 반면에, 오직 목표치와 핵심성과지표에만 의지해 생산성을 높이려는 올드타입은 조직의 성과를 떨어뜨린다.

- 밀레니얼 세대는 직업을 선택할 때 '의미'를 중요시한다. 앞으로 의미를 부여하는 뉴타입과 목표만 강요하는 올드타입이 이끌어내는 조직의 잠재력에는 큰 차이가 있을 것이다.

- 특수한 비즈니스나 카리스마적인 경영자만이 '의미'를 생성해낸다는 생각은 잘못된 것이다. 뉴타입은 전통적인 산업에 종사할지라도 자신의 구상력과 미의식을 통해 사람들에게 의미를 제시하고 의욕을 이끌어낸다.

05

| 한계비용 제로 |

하고 싶은 일에 철저하게
집중한다

올드타입

규모를 추구하고
시장에 아부한다

뉴타입

자신이 하고 싶은
일에 집중한다

너희는 좁은 문으로 들어가라.
멸망으로 이끄는 문은 크고 그 길은 널찍하여
그리로 들어가는 자들이 많다.
신약성서[7]

이제까지는 미디어와 유통이 비즈니스를 견인했다

산업혁명 이후 우리는 규모야말로 비즈니스의 성공 요인이라는 사실을 머릿속에 깊이 인식하게 되었다. 하지만 이제는 규모가 가져다 준 수많은 이점이 축소되거나 소실되었고, 때로는 규모가 오히려 경쟁력을 약화시키기도 한다.

이런 변화를 촉진하는 최대의 요인은 미디어와 유통의 변화다. 20세기 후반 인터넷이 보급되기 전까지는 서비스와 상품을 세상에 알리려면 신문이나 텔레비전 등 매스미디어에 의존할 수밖에 없었다. 이들 미디어는 타깃을 세세하게 나누어 설정하기에는 적합하지 않다. 그래서 다수파인 대중의 취향에 맞을 만한 상품과 서비스를 개발해 텔레비전과 신문 등에 홍보하고 거대한 유통 조직을 통해 판매하는 비즈니스 모델이 탄생했다. 다시 말해, 원래는 마케팅 수단일 뿐인 광고와 유통 조직이 상품과 서비스의 양상을 규정하게 된 것이다.

기존 마케팅의 두 가지 패러다임으로 '프로덕트 아웃product-out'과 '마켓 인market-in'이 있다. 프로덕트 아웃 전략은 대량으로 만들어 대량으로 판매하는 '선先 생산' 방식이다. 초창기의 포드Ford Motor가 이런 방식을 따랐었다. 반면 마켓 인 전략은 시장의 니즈와 욕구를 정밀하게 파악해서 고객을 만족시키는 '고객 우선'의 관점에서 생겨난 방식이다.

그런데 20세기 후반에 자리 잡은 마케팅 과정을 자세히 들여다보면 실제로는 프로덕트 아웃도 마켓 인도 아니라는 사실을 알 수 있다. 제품과 서비스는 제품 및 서비스와 시장의 관계를 지배하는 미디어와 유통의 영향을 받는다.

다시 말해, 먼저 제품부터 생산하여 시장에 내놓는 '프로덕트 아웃'도 아니고 고객의 니즈를 근거로 제품이나 서비스를 기획하는 '마켓 인'도 아니다. 오히려 미디어와 유통이 제품과 고객층을 규정하는 '미디어 아웃' 패러다임에 묶여 있는 것이다.

그 결과, 미디어와 유통 시스템을 활용하기 어려운 중소 규모의 서비스와 제품은 상당히 불리한 조건에 놓이는 반면, 대중을 대상으로 제품을 대량 생산하고 거액의 마케팅 비용을 들여 미디어와 유통을 통해 판매하는 기업에는 강렬한 규모의 이익이 발생했다.

규모와 집중의 트레이드오프가 사라져간다

지금까지 마케팅과 경영학의 세계에서는 '집중 focus'과 '규모 scale'가 트레이드오프 관계이기 때문에 이 둘을 양립시키는 것은 불가능하다고 여겨졌다.

현대 경영 전략의 아버지로 불리는 미국 하버드대학교의 마이클 포터 Michael Porter 교수는 '원가 우위'와 '차별화'가 기본적인 경쟁 전략이라면서 이들을 양립시키려다 보면 오히려 애매한 상태가 되어 경쟁력을 잃게 된다고 지적했다.

하지만 현대사회에서는 이 이율배반의 특성이 바뀌고 있다. 이런 변화를 촉진하는 것은 글로벌화와 기술이다. 오늘날 글로벌화가 비즈니스에 미치는 영향에 관해서는 다양한 논의가 진행되고 있지만 희한하게도 '집중과 규모의 트레이드오프를 해결한다'는 극히 중요한 문제는 그다지 거론되지 않는다.

예를 들어, 일본 국내 시장에서 비중이 5퍼센트인 니치(틈새) 세그먼트niche segment에 집중하면 잠재 고객은 600만 명(=1.2억 명×0.05)밖에 되지 않는다. 반면, 비중 50퍼센트인 메이저 세그먼트major segment를 타깃으로 하면 잠재 고객은 10배인 6000만 명이 된다. 비즈니스의 크기가 10배 차이 나면 원재료를 구입하거나 마케팅을 전개할 때 규모의 이익도 크게 달라진다. 타깃층을 좁힌 비즈니스는 원가나 마케팅 면에서 아무래도 불리하다.

그래서 시장조사를 통해 메이저 세그먼트의 취향에 맞춰가면서 제품과 서비스를 개발하는 방식이 마케팅의 정석이었다. 하지만 이런 구조가 일본 기업을 '동질화의 덫'이라는 수렁에 빠뜨렸다. 대표적인 예가 휴대전화다. 애플에서 최초의 아이폰을 발매했던 2007년 일본의 휴대전화 회사에서 출시한 주력 제품들은 거의 구별이 어려울 정도로 비슷했었다.

왜 이런 일이 벌어졌을까. 많은 기업이 마케팅의 정석에 따라 제품을 개발했기 때문이다. 대규모의 소비자 조사 결과를 통계적으로 분석하여 디자이너와 엔지니어들에게 정확히 피드백했더니, 어느 기업에

그림8 | 2007년 판매된 일본 내 주요 휴대전화와 아이폰 첫 모델.
https://www.itmedia.co.jp/mobile/articles/0710/16/news029.html
https://support.apple.com/ja-jp/HT201296

서나 판에 박은 듯 거의 비슷한 '정답'을 제안했던 것이다.

이는 패러독스다. 마케팅 지식과 기술이 없는 것보다는 있는 것이 좋으며, 자신의 기술과 지식을 최대한 활용하는 것은 칭찬받을 일이다. 하지만 경영이란 본질적으로 차별화를 추구하는 행위이므로 아무리 논리적으로 옳은 해답이라 해도 타사와 차별화가 되지 않는다면 가치가 없다.

결과가 모든 것을 말해준다. 아이폰의 등장으로 대부분의 일본 기업은 어쩔 수 없이 휴대전화 사업에서 손을 뗐다. 그런데 역설적이게도 애플은 시장조사를 거의 하지 않는 것으로 유명한 기업이다. 이런 기업 앞에서, 마케팅 활동을 대대적으로 벌이며 지극히 논리적인 정답을 추구하던 기업들이 모두 무릎을 꿇었다. 그것도 산업사상 유례가 없을 정도로 압도적인 참패를 당하면서 말이다. 이제 정답에는 가치가 없고, 아예 정답을 예측할 수도 없는 시대가 시작된 것이다.

그렇다고 필자가 마케팅을 부정하는 것은 아니다. 중요한 것은 인간과 마케팅의 관계다. 마케팅은 매우 뛰어난 '부하'이기는 하지만, 그렇다고 마케팅을 '주인'으로 삼는다면 비즈니스는 제대로 된 결과를 내지 못한다.

마케팅은 '세상에 이런 물건을 내놓고 싶다'는 바람을 실현하는 도구로서는 상당히 강력하다. 인간이 주체가 되어 '무엇을 세상에 내놓을까(WHAT)'를 결정하고, '어떤 방법으로 내놓을까(HOW)'에 관해서는 마케팅을 활용하는 것이 바람직하다.

그런데 현재 대다수의 기업에서는 이런 관계가 역전된 경우가 많다. 즉 '무엇을 내놓을까(WHAT)'를 빅데이터로 결정하고 '어떻게 내놓을까(HOW)'를 인간이 생각하는 어처구니없는 상황이 펼쳐지고 있다. 이래서는 소비자에게서 구매 욕구를 이끌어낼, 호소력 있고 날카로운 콘셉트가 나오지 않는 게 당연하다.

독일의 사상가 카를 마르크스는 인간이 생각해낸 시스템이나 프로세스로 인해 인간성을 상실하게 되고, 되레 인간이 시스템과 프로세스의 노예가 되는 상황을 경고했다. 그는 이를 '소외'라고 불렀다. 지금도 수많은 기업에서 마케팅에 의한 소외 현상이 일어나고 있다. 이런 시스템 속에서 줄곧 소외되어온 인간은 결국 주체적으로 생각하는 능력 자체를 잃어버릴 것이다.

외부 고문으로 제품 개발에 참여할 때마다 프로젝트를 맡은 핵심 책임자들에게 반드시 하는 질문이 있다. "진짜 만들고 싶은 제품은 무엇입니까? 이 제품을 출시해 세상에 어떤 변화를 일으키고 싶은가요?"

바로 대답이 돌아오는 경우는 거의 없다. '무엇을 위해서'라는 질문에 대한 대답인 '의미'가 명확히 설정되어 있지 않기 때문이다. 컨설팅 회사나 광고 에이전시의 조사에서 나온 '시장의 니즈'와 '경쟁 사례'에 근거해 제품을 결정할 뿐, 내재적이고 주체적인 생각이나 의미는 전혀 고민해보지 않은 올드타입의 모습이다.

우리 뇌는 가소성(환경 변화에 적응하고 대처할 수 있는 능력 – 옮긴이)이 높고 언제든 수정 가능한 시스템이므로 나이가 들어도 학습에 의해 훈련할 수 있다. 사용하지 않는 기능은 점점 줄어들고 퇴화한다는 뜻이다.

오랫동안 '세상을 이렇게 바꾸고 싶다'거나 '이런 물건을 만들고 싶다'는 주체적인 의미를 고민하지 않았던 올드타입은 '나는 무엇을 하고 싶은가?'나 '무엇을 만들고 싶은가?', 더 나아가 '나는 무엇을 위해 살고 있는가?'라는 철학적인 물음에 관해 사고하는 뇌 기능이 위축되고 퇴화되어 있다.

이런 올드타입은 앞으로 힘든 싸움을 면치 못할 것이다. '도움이 된다'에서 '의미가 있다'로 가치의 원천이 전환되면 불특정 다수를 대상으로 하는 올드타입은 자신이 좋아하는 분야에 철저히 초점을 맞추고 집중하는 뉴타입에게 고객을 빼앗기고 시장을 잠식당할 것이기 때문이다.

'로컬 × 메이저'에서 '글로벌 × 니치'로의 구조 전환

어떤 제품을 만든 경우, 잠재적인 시장 규모는 이 제품을 만든 개인의 기호에 공감하는 사람이 얼마나 되느냐에 따라 결정된다. 기호가 같은 사람이 많다면 시장 규모가 커지는 반면, 기호가 같은 사람이 별로 없으면 시장 규모는 작아진다. 하지만 어느 경우든 개인의 감성이 최대한 반영된 제품이므로 그 가치에 공감하는 사람은 매우 강한 구매욕구를 갖게 된다.

한편, 대중의 기호에 맞게 제품을 만들면 시장 규모는 커질지 모르지만 수많은 사람의 기호를 최대공약수처럼 반영하기 때문에 제품에 대한 구매욕은 저하되고 타깃 고객층이 불분명해진다.

예전에는 시장이 개별 국가로 한정된 데다 일정한 규모가 되어야만 홍보와 판매를 위한 플랫폼에 올릴 수 있었기 때문에 다수의 기호에 맞춘, 집중화와는 거리가 먼 제품에 관한 정보만 시장에 전달되기 마련이었다. 따라서 예술가적인 감성을 토대로 제품을 만든 중소 규모의 기업들에게는 경쟁에 참가할 기회조차 주어지지 않았다. 결과적으로 '로컬×메이저' 시장을 겨냥하는 기업이 로컬 시장을 지배하게 되었지만, 이제 시장이 글로벌로 확장되어 홍보와 유통에 드는 한계비용이 낮아지면서 상황은 크게 달라졌다.

앞에서 설명했듯이, 국내 비중이 5퍼센트밖에 되지 않는 니치 세그먼트, 즉 틈새 시장 공략에 집중하면 일본 내에서는 잠재 고객 수가

600만 명밖에 안 되지만, 글로벌 시장에서는 선진국만 해도 시장 규모가 단번에 10배인 6000만 명(=12억 명×0.05)으로 확대된다.

일본 국내 시장에서 같은 규모의 고객 세그먼트를 얻으려면 50퍼센트를 공략하는 메이저 마켓을 대상으로 해야 한다. 그러나 같은 수의 잠재 고객을 타깃으로 한다고 해도 '타깃 적중력'이라는 관점에서는 큰 차이가 생긴다. '어쨌든 전체 인구의 50퍼센트가 공감해야 한다'는 전제하에 다수의 기호에 맞춰 개발된 메이저 제품과 '마음에 들어 하는 사람이 공감해주면 된다'는 전제하에 자신의 미의식을 마음껏 발휘한 니치 제품은 '적중력'이라는 차원에서 하늘과 땅만큼 차이가 난다는 말이다.

'글로벌×니치' 시장 세그먼트에서는 규모와 집중이 양립 가능해진다. 반면 '로컬×메이저' 시장에 타깃을 맞추고 모든 사람을 대상으로 개발된 제품은 그런 힘을 갖지 못하기 때문에 사업 영역은 계속 지역에 머물게 된다.

다양한 국가에서 특정 고객층을 집중 공략하는 제품과 서비스가 개발되면 그 제품과 서비스를 마음에 들어 하는 고객이 당연히 각국에서 나타난다. 이때 로컬 시장의 메이저 세그먼트를 대상으로 개성 없는 제품과 서비스를 내놓는 올드타입은 각국에서 글로벌 시장의 니치 세그먼트를 대상으로 매력 있는 제품과 서비스를 내놓는 뉴타입에게 서서히 영역을 빼앗길 것이다.

로컬 시장의 메이저 세그먼트를 대상으로 비즈니스를 전개하는 올

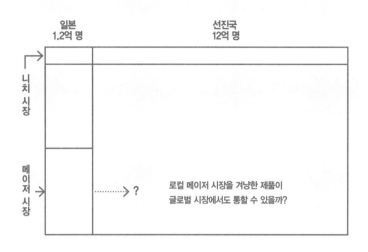

그림9 | '글로벌×니치'라는 새로운 포지션

드타입은 이미 경쟁력의 기반인 규모의 이익을 잃고 오히려 '규모의 불이익scale demerit'에 의해 경쟁력이 저하되고 있다. 이런 상황이 계속되면 결국 시장에 대한 제안 능력이나 원가 경쟁력 면에서 글로벌 시장의 니치 세그먼트를 대상으로 사업을 전개하는 뉴타입을 이기지 못하는 상황이 벌어질 것이다. 그러면 로컬 메이저 세그먼트를 겨냥해 소비자 조사와 경쟁 업체 벤치마킹을 토대로, 구매욕을 자극하는 요소가 없는 애매한 제품과 서비스를 제공하는 올드타입은 서서히 위기에 빠지게 된다.

애플에 의자를 납품한 히로시마의 가구 회사

이런 변화는 이미 여기저기에서 나타나고 있다. 대표적인 사례가 일본 히로시마현에 있는 가구 회사 마루니목공MARUNI의 성공이다.

미국 캘리포니아주 구파치노에 있는 애플의 새로운 본사인 '애플파크'에는 마루니목공의 의자 '히로시마HIROSHIMA'가 수천 개 놓여 있다. 일본의 지방에 있는 가구 회사가 실리콘밸리를 대표하는 기업에 의자를 대량 납품한 것이다. 마루니목공은 '정말 만들고 싶은 것'에 초점을 맞춘 뉴타입이 강한 적중력을 통해 결국 메이저 시장에까지 진출할 수 있다는 사실을 단적으로 보여주는 사례다.

1928년에 창업된 마루니목공은 오랜 전통을 이어온 기업이다. 누구나 부담 없이 구입할 수 있는 가격에 가구를 내놓기 위해 '공예의 공업화'를 목표로 내걸고 양산 체제를 갖춰서 거품경제 절정기인 1991년에는 약 300억 엔의 매출을 올렸다. 이 시기의 기업 비전은 '아시아에서 최고의 가구 메이커가 되겠다'였다고 하니, 분명 '규모'를 추구하는 경영을 했던 것이다.

하지만 거품 붕괴 후에 수요가 급격히 감소하면서 마루니목공은 경영난에 허덕이게 된다. 현재 사장인 야마나카 다케시山中武는 당시 도쿄에서 은행원으로 근무하며 불량 채권을 담당하다가 2001년 마루니목공 사장이던 숙부의 권유로 경영권을 물려받았다.

이후 그는 11곳에 흩어져 있던 공장을 한곳에 모으고 도요타의 생산방식을 도입하는 등 효율화에 힘을 기울였다. '이익 제일주의'와 '무대출 경영'을 목표로 내걸고 조기 퇴직을 비롯한 구조조정도 실시했다. 은행에서 불량 채권을 담당했던 덕분에 '기업 회생'에도 일가견이 있었지만 그런 교과서적인 방법을 모두 시도해보아도 좀처럼 실적은 회복되지 않았다.

실망한 야마나카는 자사의 카탈로그를 넘겨보다가 한 가지 사실을 깨닫고 충격을 받았다. 자신이 갖고 싶은 제품이 하나도 없었던 것이다. 그때까지 그는 '왜 팔리지 않을까?'에만 몰두했을 뿐, '나는 어떤 제품을 갖고 싶은가? 무엇을 만들고 싶은가?'에 대해서는 생각해본 적이 없었다. 하지만 당연히 '자신이 갖고 싶은 생각이 들지 않는 물건'이라면 다른 사람도 갖고 싶어 할 리가 없었다.

야마나카는 값이 저렴해도 팔리지 않는다면 차라리 '정말로 내가 갖고 싶은 의자에 승부를 걸어보자'고 결심했다. 그리고 나서 무인양품 등에서 탁월한 능력을 발휘해 이미 세계적으로 유명해진 디자이너 후카사와 나오토深澤直人에게 손을 내밀었다.

마루니목공을 견학하고 우수한 기술에 놀란 후카사와는 '새로운 세상을 대표하는 상품을 만들겠다'는 높은 목표를 지향할 것을 조건으로 야마나카의 제안을 받아들였다. 그리고 이렇게 탄생한 의자 '히로시마'가 애플의 최고 디자인 책임자인 조너선 아이브Jonathan Ive의 눈에 들어 애플 본사에 대량 납품되었다. 히로시마의 출시 이후 마루니목공은 하락세를 면할 수 있었다. 기존의 상품 유통 흐름에도 큰 변화가 생

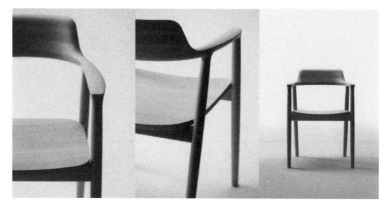

그림10 | 조너선 아이브의 선택을 받은 마루니목공의 의자 '히로시마'

http://www.maruni.com/jp/

기면서 이세탄백화점 신주쿠점 등에 납품하게 되었고 건설 회사와 상업 시설을 통한 판매도 증가했다.

또한 디자인에 관한 기준이 까다롭기로 유명한 애플에 대량 납품한 것을 계기로 예전에는 거의 실적이 없던 해외 판매도 확장되었다. 게다가 세계 최고의 브랜드만 참가할 수 있는 밀라노가구박람회에 참가할 자격도 얻었다.

인터넷이 등장하기 전에는 아무리 멋진 디자인의 의자를 만들었다고 해도 이를 전 세계에 알리려면 엄청난 비용을 들여 대규모 광고를 해야 했다. 그런 엄청난 비용을 마련할 수 없는 소규모 기업은 아무리 훌륭한 제품을 만들어도 홍보할 방법이 없었다. 하지만 이제 시대는 완전히 달라졌다. 오늘날에는 감성을 흔드는 매력적인 제품이 탄생하면 구매자들이 SNS를 통해 관련 영상과 정보를 전 세계에 확산시킨다. 제레미 리프킨이 지적했듯이 '한계비용 제로'로 전 세계에 제품을 알리는 것이 가능해졌다.

하지만 제품에 '마음을 움직이는 예리하고 매력적인 제안'이 없으면 그에 관한 정보는 넓게 확산되거나 공유되지 않는다. 바로 여기에 미래의 마케팅을 좌우하는 중요한 열쇠가 있다. 기존의 방식대로 규모를 추구하여 모든 사람들의 기호를 모은, 대중화된 제품에는 '사람의 마음을 움직이는 매력'이 없다. 결국 이런 올드타입의 사고방식에 기반한 제품을 팔아치우려면 20세기와 같이 거액을 들여 제품 정보와 제품을 억지로 세상에 밀어 넣을 수밖에 없다.

반면에 자신의 마음대로 최선을 다해 감성 품질이 높은 제품과 서비스를 만들어내는 뉴타입은 강한 적중력을 지니고 '글로벌×니치'라는 새로운 포지셔닝을 획득함으로써 소규모의 단점을 뛰어넘는 이점을 얻는다.

- 18세기 산업혁명 이래 '강한 비즈니스'는 곧 '거대 비즈니스'를 가리켰다. 하지만 정보와 유통의 인프라가 크게 변화하면서 더는 규모가 필수 조건이 아닌 상황으로 바뀌고 있다.

- 기존의 기업전략론에서는 규모와 집중이 트레이드오프 관계에 있어서 결코 양립할 수 없다고 여겼다. 규모를 추구하는 기업은 집중화에 대한 우선순위를 낮추었고 그 결과 차별적 우위성을 잃고 '동질화의 덫'에 빠지고 말았다.

- 하지만 글로벌화가 진행되면서 지금까지 국내 로컬 시장에서 규모의 이익을 얻지 못했던 니치 비즈니스도 '글로벌 시장에서의 니치'라는 새로운 포지셔닝으로 규모와 집중을 양립시킬 수 있게 되었다.

- 이런 세계에서 올드타입은 여전히 시장의 불특정 다수를 대상으로 제품과 서비스를 고안하는 반면, 뉴타입은 타깃을 집중화하고 글로벌 시장에 대한 적중력을 높여 규모를 확보하는 전략을 채택한다. 그 결과, 전자는 집중화를 등한시하여 글로벌 시장에 적중력을 지니지 못하는 반면, 후자는 높은 적중력을 얻어 독자적인 포지셔닝을 구축한다.

06

| 포지셔닝 |

의미 있는 상품으로
독자적 시장을 공략한다

올드타입

도움이 되는 상품으로
차별화한다

뉴타입

의미 있는 상품으로
차별화한다

당장 도움이 되는 것은 금세 쓸모없어진다.

고이즈미 신조[8]

승자독식인가, 시장의 다양화인가

'글로벌×니치'라는 새로운 포지셔닝이 등장하면 필연적인 결과로서 시장의 분화와 다양화가 진행된다. 하지만 이런 예측에는 반론이 있을 수 있다. 즉 '글로벌 대표 주자들인 GAFA(구글Google, 아마존Amazon, 페이스북Facebook, 애플Apple을 총칭하는 용어 – 옮긴이)가 시장을 하나의 색으로 덮어버린 상황에서, 글로벌화는 오히려 시장의 다양성을 없애는 것이 아닌가?' 하는 반론 말이다.

확실히 GAFA로 대표되는 글로벌 기업들의 존재감이 최근 어마어마하게 커지기는 했다. 하지만 두드러지는 현상에만 주목하면 그 배후에서 일어나는 거대한 변화를 간과하게 된다.

결론부터 말하자면, 필자가 지적한 '글로벌 니치 기업에 의한 시장의 다양화'와 'GAFA 같은 글로벌 메가 기업에 의한 시장의 과점화'는 전혀 모순되지 않는다. 현재 글로벌 시장에서는 이 두 가지 트렌드에 의한 양극화가 진행되고 있기 때문이다.

승자독식 시장이 활발하게 논의되기 시작한 것은 1990년대부터다. 미국의 경제학자 로버트 프랭크와 필립 쿡은 저서 《승자독식사회》에서 세계 시장이 승자독식 시장으로 전환되고 있다고 지적했다.[9]

저자들이 이 책에서 승자독식의 원인으로 지목한 것은 '절대평가'에서 '상대평가'로의 변화였다. 무슨 뜻일까? 미장공을 예로 들어보자. 하루에 벽돌 100개를 쌓는 미장공과 90개를 쌓는 미장공이 있을 경우,

시장이 건전하게 기능하고 있다면 전자가 100의 보수를 받을 때 후자는 90의 보수를 받는다. 이것이 절대평가 시장이다.

미장공과 비교되는 예로서 검색 엔진 개발자를 들어보겠다. 가장 뛰어난 검색 엔진의 성과가 100, 두 번째로 뛰어난 검색 엔진의 성과가 90이라면, 각각의 검색 엔진을 개발한 사람의 보수는 어떻게 정해질까? 이번에는 100대 90의 비율로 정해지지 않는다. 시장에서는 가장 뛰어난 검색 엔진만 살아남기 때문에 2등부터는 보수를 전혀 받지 못하고 시장에서 물러나게 된다. 이것이 상대평가 시장이다. 프랭크와 쿡은 이렇게 시장의 평가 방식이 절대평가에서 상대평가로 변화함으로써 승자독식이 진행된다고 생각했다.

과점화와 다양화의 공존

프랭크와 쿡이 주장하는 '승자독식'의 메커니즘을 설명했지만 아무래도 엉성하게 느껴진다. 시장마다 나름의 특성이 있어서 아무리 한계비용이 낮아진다고 해도 모든 사람이 똑같은 것을 원하는 시장만 있는 것은 아니기 때문이다. 실제로는 개별 시장의 특성에 따라 과점화가 쉬운 시장과 어려운 시장이 있다. 그러면 어떤 시장 특성이 과점화와 다양화를 결정짓는 것일까.

프레임워크를 활용해서 고객에게 제공되는 두 개의 가치 축에 따라

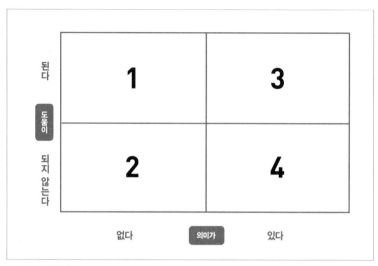

그림11 | 고객에게 제공하는 가치 시장

시장을 정리해보았다. 바로 [그림11]에 있듯이, '도움이 된다/되지 않는다'라는 축과 '의미가 있다/없다'라는 축이다. 첫 번째, '도움이 된다/되지 않는다' 축을 고전적인 마케팅 용어로 표현하면 기능적 편익의 유무를 의미한다. 두 번째, '의미가 있다/없다' 축은 정서적 편익의 유무혹은 자기실현적 편익의 유무를 의미한다.

결론부터 말하면, 승자독식이 발생하는 부분은 [그림11]의 1영역이다. 여기서는 평가 함수가 발산되지 않고 수렴하기 때문이다. 대표적인 예가 IC칩이다. IC칩은 단순하게 가격과 계산 능력으로 평가받는다. 로고가 멋지다거나 본고장인 부르고뉴에서 만들어진다거나 이탈리아 장인이 혼을 불어넣었다는 등의 의미적인 속성은 제품 평가에 아무 영향을 미치지 못한다. 구글도 아마존도 1영역에 속한다. 사람들이 이들 서비스에 원하는 것은 기능적 편익일 뿐, 정서적이고 의미적인 가치가 끼어들 여지는 거의 없다. 결과적으로 GAFA와 같은 기업에 의해 승자독식 사태가 발생하는 것이다.

'도움이 되는' 상품 시장에서는 승자독식 현상이 나타나는 반면에 '의미가 있는' 상품 시장에서는 다양성이 발생한다. 흔한 사례가 편의점 선반이다. 편의점 선반은 매우 엄격히 관리되기 때문에 상품을 납품해 선반에 진열되게 하는 것은 쉬운 일이 아니다. 그래서 가위나 스테이플러 같은 문구류는 대개 한 종류밖에 진열되어 있지 않다. 그래도 고객은 불평하지 않는다.

그런데 이렇게 상품 관리를 엄격히 하는 편의점에 200종류 이상 진열된 상품이 있다. 바로 담배다. 왜일까? 담배는 '도움이 되지는 않지만 의미가 있기' 때문이다. 어떤 상표가 지닌 고유한 스토리나 의미는 다른 상표로 대체되지 않는다. 말보로를 피우는 사람에게 말보로라는 상표는 대체 불가능하며, 세븐스타를 선호하는 사람에게는 세븐스타라는 상표가 대체 불가능하다. 사람마다 느끼는 스토리나 의미가 다양하기 때문에 상표도 다양해질 수밖에 없다.[10]

이것이 바로 '도움이 된다(사용 가치)'와 '의미가 있다(의미 가치)'로 나뉘는 시장의 차이다. 가위와 스테이플러 같은 문구류는 '도움이 되지만 상표가 갖는 의미는 없는' 시장에 속한다. 즉 평가 함수가 수

렴convergence되는 시장에서 경쟁하고 있으므로 대표적인 상품을 진열해놓으면 아무도 불평 없이 그 상품을 사간다.

이런 양극화가 진행되는 세계에서 모든 기업은 '도움이 되는' 상품 시장에서 살아남기 위해 치열한 경쟁에 뛰어들 것인지, 아니면 '의미가 있는' 상품 시장에서 독자적인 위치를 구축할 것인지를 선택해야 한다.

어느 쪽을 선택할지는 꽤 어려운 문제다. 하지만 한 가지는 분명하다. 기존 패러다임에 사로잡힌 나머지 깊이 생각하지 않고 '도움이 되는' 상품 시장에서 규모의 이익을 지향하는 것은 분명 올드타입이다. 글로벌화가 진행될수록 '도움이 되는' 상품 시장의 정상은 점점 더 높고 좁아져서 극소수의 글로벌 승자 기업 외에는 살아남을 수 없는 '레드오션'이 되기 때문이다. 반면에 무언가 '의미'에 초점을 맞춰 독자적인 위치를 획득하는 뉴타입은 '글로벌×니치'라는 '블루오션'을 자신의 자리로 확보할 수 있다.

도움이 되지만 의미는 없는 상품 시장

'도움이 되는' 상품 시장에서 싸우면 평가지표가 수렴되기에(그림11에서 1영역) 기본적으로 승자독식이 된다. 즉 시장에 참여한 기업 가운데 극소수만이 승자가 되고 그 외의 대부분은 패하는 시장이 형성된다.

대다수의 기업들은 여전히 '도움이 되는' 상품 시장에서 비용을 낮추고 편의성을 높여 경쟁에서 이기는 전략을 추구하고 있다. 하지만 글로벌화가 진행되면 이 시장에서는 세계 최고의 몇몇 기업들밖에 살아남지 못한다.

물론 이런 시장에도 무언가 장벽이 있어서 국경에 따라 별도의 시장이 형성되거나 상품 이동에 큰 비용이 든다면, 국가마다 몇몇 기업이 존속할 수 있을지도 모른다.[11] 하지만 시장의 글로벌화가 진행되면 글로벌 시장에서 최후의 전쟁, 즉 아마겟돈Armageddon에 의한 승자 독식이 발생하고 전 세계 대부분의 기업은 살아남지 못한다.

전형적인 예가 검색 엔진이다. 검색 엔진은 분명 '도움이 되지만 의미는 없는' 시장을 대표하는 서비스다. 사람들이 검색 엔진에 바라는 것은 오직 정확한 검색 결과이기 때문에 거기에 의미가 개입할 여지는 전혀 없다. 게다가 검색 엔진이 제공하는 상품이 정보이기에 국경을 넘나드는 이동에도 거의 비용이 들지 않는다. 따라서 하나로 수렴하기가 매우 쉬운 시장이며 실제로 2019년 구글의 시장점유율은 36개국에서 90퍼센트를 넘어섰다.[12]

구글의 사례는, 도움은 되지만 의미가 없는 상품 시장에서 국경을 초월한 글로벌 경쟁이 벌어지면 최종적으로 어떤 상황이 벌어지는지를 극적으로 보여준다. 분명히 머지않은 미래에 '도움은 되지만 의미는 없는' 다른 상품 시장에서도 이런 집중 현상이 발생할 것이다.

의미 있는 제품이 비싸게 팔린다

반면 '의미가 있는' 상품 시장에서는 그렇지 않다. 구글이나 아마존 같은 예가 매우 두드러지기 때문에 최근에는 승자독식이 어떤 산업에서든 일어난다는 극단적인 말을 자주 듣게 된다. 하지만 앞서 말한 대로, 이는 '도움이 되는' 편의를 제공하는 시장에 한정된 이야기이며 '의미가 중요한 시장'에서는 오히려 다양성이 늘어날 것으로 전망된다. 사람마다 중시하는 의미가 매우 다양하기 때문이다. 오히려 '도움이 되는' 상품이 거래되는 시장에서 수렴이 발생하면 라이프스타일에서 타인과의 차별화를 추구하는 선진국 사람들은 '의미가 있는' 상품에서 만족을 추구해야 한다. 다시 말해, '도움이 되는' 상품보다 '의미가 있는' 상품이 더 높은 경제적 가치를 인정받게 된다는 뜻이다. 극단적으로 '의미를 형성하는 능력에서 차이'가 나타나는 자동차 업계를 예로 들어보자.

다들 알듯이,. 일본의 도요타와 닛산, 독일의 BMW와 포르쉐, 이탈리아의 람보르기니와 페라리 등 세계에는 여러 자동차 회사가 존재한다. 이들을 '의미가 있다, 없다'와 '도움이 된다, 안 된다'의 프레임으로 정리하면 [그림12]와 같아진다.

일본의 도요타와 닛산이 판매하고 있는 차종은 대부분 '도움이 되지만 의미는 없는' 1영역에 포함된다. 여기 해당되는 자동차는 주로 쾌적하고 안전한 이동 수단이라는 편익을 제공할 뿐, '인생에 중요한 의

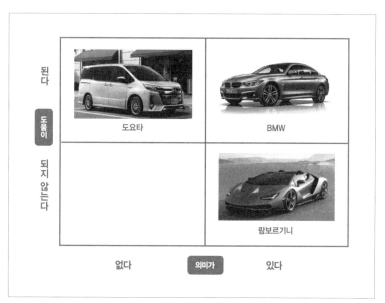

그림12 | 자동차 업계가 제공하는 가치 시장

미'는 제공하지 않는다. 즉 이 영역에 속하는 자동차는 주로 이동 수단으로서 도움이 된다는 기능적 가치 덕분에 판매되는 것이다.

다음으로 독일의 BMW나 메르세데스 벤츠가 판매하고 있는 차종은 거의 모두 '도움이 되는 데다 의미도 있는' 3영역에 속한다. 여기에 속하는 자동차는 쾌적하고 안전한 이동 수단이라는 기능적 가치를 제공하고 있지만 그것만으로는 일본 차와의 수백만 엔에 달하는 가격 차이를 합리화할 수 없다.

이들 자동차는 구매자에게 쾌적한 이동이라는 기능적 가치와 더불어 BMW나 벤츠를 탄다는 감성적 가치도 함께 제공한다. 구매자는 이런 감성적 가치, 즉 '의미'에 수백만 엔의 대가를 지불하는 것이다.[13]

마지막으로 이탈리아의 페라리나 람보르기니 같은 최고급 차, 소위 슈퍼카는 대부분 '도움이 되지 않지만 의미는 있는' 4영역에 해당된다.

슈퍼카는 대부분 수백 마력의 엔진을 탑재하고 있는데도 두 명밖에 탈 수 없다. 또한 짐도 거의 실을 수 없고 차체가 낮아서 험한 길을 달리기도 어렵다. 쾌적하고 효율적인 이동 수단이라는 측면에서는 절대로 높게 평가받을 수 없는, 단지 폭음을 내며 돌진하는 물건일 뿐이다.

그런데도, 아니 그래서일까, 이렇게 '도움이 되지 않는' 자동차에 억 단위의 돈을 지불하고서라도 갖고 싶어 하는 사람이 끊이지 않는다. 자동차가 그들에게는 유일무이한 의미를 지니는 존재인 것이다.

그렇다면 여기서 다시 한 번 생각해볼 것은 영역별 가격 수준이다. 조사 결과 1영역에 포함되는 일본 자동차의 가격대는 100만~300만 엔, 3영역에 해당되는 독일 자동차는 500만~1000만 엔, 4영역인 스포츠카는 2000만~1억 엔 이상으로, 1영역에서 3영역 그리고 4영역으로 옮겨갈수록 경제적 가치가 커졌다. 한마디로 현재 시장에서는 '도움이 되는' 상품보다는 '의미 있는' 상품이 경제적 가치를 인정받는다.[14]

이를 가장 쉽게 보여주는 것이 개별 기업의 주가순자산비율 PBR(Price Book-value Ratio)이다. 이는 장부상의 가치로 회사 청산 시 주주가 배당받을 수 있는 자산의 가치를 의미한다. 즉 기업이 현 시점에 보유하고 있는 자산의 총액과 주가의 총액, 다시 말해 시가총액의 비율을 나타내는 수치다. 일본 자동차 회사의 경우 PBR이 가장 높은 도요타조차 1.0배 내외이고 닛산은 0.7배 내외밖에 되지 않는다.[15] 현 시점에 기업을 해산하고 자산을 주주에게 환원하는 경우와 주가가 같거나, 오히려 기업을 해산하는 편이 이득이라고 해석할 수 있다. 이는 주식 시장에서는 일본 자동차와 독일 자동차를 같은 시장에서 경쟁하는 제품으로 여기지 않는다는 의미다.

일본 자동차가 '이동'이라는 편익을 제공함으로써 이익을 얻는다면 더 저렴하게 '이동'이라는 편익을 제공하는 카셰어링car sharing이나 자율주행차 등의 대체 서비스가 등장할 경우 일본 자동차는 존속하지 못하거나 혹은 적어도 격심한 가격 경쟁에 빠질 것이다.

반면, 단순히 이동 수단이 되어줄 뿐만 아니라 '의미'도 제공하는 기업은 상황이 다르다. 포르쉐를 구입하는 사람은 단순히 이동 수단을 구입하는 것이 아니라 포르쉐라는 브랜드에 따르는 역사와 스토리 그리고 상징이라는 '의미'를 구입하는 것이다. 자동차를 비롯해, 연일 경매로 낙찰되는 예술 작품이나 가구 등 오늘날 전 세계에서 가장 고가로 거래되는 것은 모두 의미와 스토리를 지닌 제품이다.

물건이 넘쳐나 물건의 가치가 중장기적인 하락세를 보이는 시대이기 때문에 앞으로는 도움이 되는 물건을 만들어내는 조직과 개인이 아니라 의미와 스토리를 창출해내는 뉴타입에게 높은 보수가 지불될 것이다.

의미는 모방할 수 없다

의미는 모방할 수 없다. 이것이 '의미'를 형성하는 뉴타입이 큰 가치를 만들어낼 것이라고 주장하는 세 번째 이유다.

혁신과 관련해서는 주로 디자인과 기술이 논의의 중심이 된다. 그렇다면 훌륭한 디자인과 기술이 조합된다면 무조건 훌륭한 제품이 되는 것일까? 현재의 시장 상황을 보면 이 질문에 대한 대답은 '아니요'일 수밖에 없다. 예를 들어, 애플의 핵심적인 강점은 디자인에 있다고들 한다. 하지만 정말 그럴까?

현재 애플이 제공하고 있는 스마트폰이나 노트북과 거의 구분하기 어려울 정도로 비슷한 제품이 타사에서도 판매되고 있다. 애플의 강점이 정말 디자인이라면, 구분이 어려울 정도로 비슷한 디자인을 제공하는 타사의 시장점유율이나 시가총액은 왜 애플만큼 높지 않을까? 애플 제품의 시장가치를 만들어낸 핵심 요인이 디자인만은 아니기 때문이다. 기술도 마찬가지다. 스마트폰이든 컴퓨터든, 오늘날 시장에서 판매되는 기기들 간에는 기술적 차이가 그다지 크지 않다.

우리는 '도움이 된다'는 요소를 가치 축으로서 오랫동안 중시해왔기 때문에 기술을 과대평가하는 경향이 있었다. 하지만 이제 물건이 지나치게 넘쳐나고 문제가 희소해진 세상에서 기술은 더 이상 고객이 중시하는 가치 축이 아니다. 즉 훌륭한 기술과 디자인만으로는 훌륭한 제품을 만들어낼 수 없다. 무엇이 문제일까?

가장 핵심적인 문제는 기술도 디자인도 무척 '모방이 쉽다'는 점이다. 디자인은 바로 똑같이 따라할 수 있으며 대부분의 기술은 리버스 엔지니어링 reverse engineering(타사의 신제품이나 프로그램을 분석해 기술이나 구조 등을 자사 제품 개발에 이용하는 방법 – 옮긴이)이 가능하다.

그렇다면 모방하기 어려운 것은 무엇일까? 바로 '의미'다. 각 제품이나 브랜드가 갖고 있는 고유한 '의미'는 결코 따라할 수 없다. 애플의 제품이나 기능은 얼마든지 모방할 수 있지만, 애플이라는 고유의 브랜드가 고객에게 주는 감성 가치로서의 의미는 결코 모방할 수 없다. 의미를 형성하기 위해서는 상당히 오랫동안 시장에서 방대한 정보를 축적해야 하는데 애플이라는 브랜드가 지닌 고유의 의미는 1970년대 말부터 애플과 그 창업자인 스티브 잡스가 꾸준히 축적해온 정보에 의해 형성되었기 때문이다. 극단적으로 말하면, 애플이라는 회사는 이미 하나의 '문학'이 되었다. 문학 작품을 모방할 수는 없으므로 의미를 경쟁력의 중심에 둔 기업은 모방이라는 공격에 꿈쩍도 하지 않는 매우 견실한 사업을 창출할 수 있다.

■ 현재 시장에서는 '글로벌 니치 기업에 의한 시장의 다양화'와 '글로벌 메가 기업에 의한 시장의 과점화'라는 상반된 트렌드가 동시에 진행되는 양극화 현상이 일어나고 있다.

■ 두 개의 트렌드는 해당 시장이 '도움이 되는' 편익을 제공하느냐, 혹은 '의 미가 있는' 편익을 제공하느냐에 따라 나뉜다. '도움이 되는' 상품 시장에서 는 글로벌화가 진행됨에 따라 극소수의 승자에 의한 독식이 발생하는 반면, '의미가 있는' 상품 시장에서는 다양화가 진행된다.

■ '도움이 되는' 상품 시장은 비용 대비 효과가 엄격히 요구되고, 가격 경쟁도 치열하기 때문에 수익률이 저하되는 반면, '의미가 있는' 상품 시장에서는 의미가 지닌 프리미엄에 따라 극히 높은 가격대가 형성된다.

■ 지금까지 대부분의 기업들은 '도움이 되는' 상품 시장에서 존재감을 드러냈 지만 앞으로는 글로벌화에 수반되는 승자독식을 피해 상당수의 기업이 '의 미가 있는' 상품 시장으로 포지션을 옮겨야 할 것이다. 이런 상황에서 오로 지 도움이 되는 상품으로 가치를 만들어내려는 것은 올드타입이다.

■ 반면에 뉴타입은 일찌감치 '의미가 있는' 상품 시장으로 옮겨가 창의성 있고 의미 있는 포지션을 마련함으로써 높은 수익과 안정적인 기반을 구축한다.

- 현재 혁신과 관련해서는 디자인과 기술이 주요 논점이 되곤 하지만, 이 두 가지는 모방에 취약하다. 모방이라는 공격에 맞서려면 의미가 필요하다. 시장에 계속 메시지를 보내고 의미를 축적한 기업은 모방이라는 공격에 맞서는, 극히 견고한 모델을 구축할 수 있다.

07

| 리더십 |

공감할 수 있는
목적과 이유를 제시한다

올드타입

방법HOW을 제시하며
타인에게 지시와
명령을 한다

뉴타입

목적WHAT과
이유WHY를 제시하여
타인의 능력을 이끌어낸다

마음은 올바른 목표를 잃으면 잘못된 목표를 배출구 삼게 된다.
몽테뉴,[16] 《수상록》

리더십은 배경 의존적이다

우리가 비즈니스에서 마주하는 중요한 논점은 '목적이 무엇인가 WHAT', '그것은 왜 중요한가WHY', '어떻게 그것을 이룰 것인가HOW'의 세 가지다. 특히 조직에서 리더십을 발휘해야 하는 사람이라면 이 세 가지 논점에 관해 나름의 원칙을 명확히 세우고 반드시 조직에 적용해야 한다.

이때 주의할 점이 있다. 이들 논점의 우선순위는 상황과 배경에 따라 달라진다는 것이다. 만약 시장의 경쟁 상황이 별다른 변화 없이 고정되어 있다면 이때는 'HOW'가 중요하다. 즉 어떻게 해야 같은 일을 경쟁사보다 효율적으로 해낼 것인지가 경영에서 중대한 논점이 된다. 급박한 위기 상황일 때도 'WHAT'이나 'WHY'를 이야기할 여유가 없기 때문에 우선 'HOW'만을 지시해서 위기를 극복하는 것이 먼저다.

하지만 오늘날과 같이 뷰카화가 진행되어 물건은 넘쳐나는 반면에 의미는 고갈되는 상황이라면 'HOW'만으로 조직을 이끌려는 올드타입의 리더십으로는 조직에 올바른 방향을 제시하지 못할뿐더러 동기부여에도 실패하게 된다.

이런 세상에서 뉴타입은 의미와 관련된 'WHAT'과 'WHY'를 제시하여 조직에 모멘텀을 부여하고 의욕을 이끌어내 성과를 높인다.

목적과 이유는 왜 중요한가

'WHAT'도 'WHY'도 모른 채 행동하면 사람은 '의미'를 느낄 수 없다. 19세기 러시아의 문호 도스토옙스키[17]는 자신의 수감 생활을 토대로《죽음의 집의 기록》을 집필했다. 책에서 그는 '양동이의 물을 다른 양동이에 옮겼다가 다시 원래의 양동이로 옮기는 일'처럼 전혀 의미를 느낄 수 없는 일이야말로 가장 가혹한 강제노동이라고 지적하고는 인간이 며칠 동안 이런 일을 계속한다면 아마도 미칠 거라고 했다.

벽돌을 굽거나 밭을 일구는 작업은 육체적으로 아무리 힘들다 해도 마침내는 집이 완성되거나 채소를 수확하면서 의미를 느낄 수 있기 때문에 인내할 수 있다. 하지만 의미가 없는 노동은 아무도 버티지 못할 것이다. 우리 인간에게 정말로 중요한 것은 노동의 '양'보다 '질'인 것이다. 이는 양에 집착하는 올드타입과 질을 추구하는 뉴타입의 대비처럼 느껴진다.

현재 대부분의 선진국에서는 많은 조직과 단체가 '업무방식의 혁신'이라는 슬로건을 내걸고 노동시간이라는 '양'을 줄이고 있지만, 일의 '질'에 관한 논의는 제대로 이루어지지 않고 있다.[18]

물건이 넘쳐나고 의미가 부족한 시대에 우리는 왜 계속 일을 하는가? 이런 시대에 '일을 통해 행복해지는 사람'을 늘리기 위해서라도 일의 본래 '의미'를 어떻게 회복시킬지를 고민해야 하지 않을까.

'양'에 관한 논의는 잘잘못이 금세 분명하게 드러나므로 깊이 생각하지 않는 사람일수록 쉽게 달려드는 경향이 있다. 하지만 이제는 수많은 영역에서 양을 통한 개선의 한계효용이 거의 0이 되어가고 있다. 이런 세상에서는 일의 '양'만이 아니라 '질'의 문제, 즉 일의 'WHAT'과 'WHY'를 진지하게 고민해야 한다.

HOW에 집착하는 기업

지금까지 아시아의 주요 기업들은 경영의 3대 논점 가운데 'WHAT'도 'WHY'도 아닌, 'HOW'에 철저히 매달림으로써 경쟁력을 키워왔다.

이런 방법으로 어떻게 이만큼 발전할 수 있었을까? 이미 미국과 유럽의 기업들이 '목표로 해야 할 모습WHAT'을 똑똑히 보여준 데다 '목표로 해야 하는 이유WHY'도 그런 목표를 달성해야만 행복해진다고 생각했기 때문이다. 이런 상황에서 리더가 'HOW'와 관련된 지시를 내렸을 경우 "WHAT은 무엇입니까?", "WHY가 뭐죠?"라고 묻는 사람들은 오히려 경쟁력을 저하시키는 원인이 되었을 것이다.

그런데 1990년대 전반 상황이 크게 달라졌다. 이미 지적했듯이, 아시아의 기업들이 미국이나 유럽의 선진 기업을 따라잡으면서 본보기로 삼을 'WHAT(목표로 해야 할 모습)'을 상실한 동시에, 경제적으로 윤택해졌는데도 행복을 실감하지 못하게 되어 'WHY(일하는 이유)'가 설득력을 잃었던 것이다.

하지만 그로부터 30여 년이 지났는데도 여전히 대다수 아시아 기업의 리더들은 'HOW'에만 집착할 뿐, 'WHAT'과 'WHY'의 중요성을 전혀 깨닫지 못하고 있다. 이렇게 계속 'HOW'만 고집하는 올드타입은 사람들의 사기를 꺾고 조직의 성과를 저하시킬 것이다. 반면 현재 희소한 '의미'를 형성하기 위해 'WHAT'과 'WHY'를 구상하고 추구하는 리더는 사람들에게 동기를 부여하고 의욕을 이끌어내 조직의 성과를 크게 향상시킬 것이다.

WHAT의 요건은 공감

이쯤 되면 약간 어리둥절할지도 모르겠다. 왜냐하면 현재 대다수의 기업은 어떤 형태로든 비전과 중장기 목표를 제시하기 때문이다. 하지만 실상은 그렇지 않다. 왜냐하면 대다수의 기업이 내세우는 비전(이라고 그들이 칭하는 것)은 비전에 반드시 필요한 가장 중요한 요건을 충족하지 못하기 때문이다. 비전에 요구되는 가장 중요한 요건은 '공감할 수 있어야 한다'는 것이다.

회사나 상사에게 일의 목적과 이유를 전해 듣고 자신도 함께하고 싶다는 생각, 목표 달성을 위해 자신의 능력과 시간을 투자하고 싶다는 생각이 들어야 한다. 즉 팔로십 followship이 생겨나야 비로소 그것과 짝을 이루는 리더십이 발현하는 것이다.

그런데 수많은 기업이 내세우는 비전은 대부분 해당 사업에 참가하는 사람들이 공감하기 어렵다. 그렇다면 어떻게 해야 '공감'을 끌어낼 비전을 내놓을 수 있을까. 앞서 언급한 세 가지 요소인 'WHAT', 'WHY', 'HOW'에 맞춰 몇 가지 사례를 분석해보자.

명료한 비전을 제시하라

우선 미국의 35대 대통령이었던 존 F. 케네디가 1961년에 제안한 아폴로 계획The Apollo space program을 살펴보자. 케네디 대통령은 아폴로 계획에 관해 연설을 통해 다음과 같이 알렸다.[19]

- **WHAT**(목적): 1960년대 안에 인류를 달에 보낸다.
- **WHY**(이유): 현재 인류가 도전할 수 있는 가장 어려운 미션이기 때문에 이 계획을 통해 미국을 비롯한 전 인류가 새로운 지식과 발전을 이룰 수 있다.
- **HOW**(방법): 민간과 정부를 불문하고 미국의 과학 기술과 두뇌를 총동원해 최고 수준의 인재, 자원, 체제를 갖춘다.

케네디 대통령이 미국 국민에게 이 계획을 발표하기 전까지 미국항공우주국의 직원들은 이보다 축소된 우주 계획이 진행될 것으로 생각했다고 한다. 그런 상황에서 이 연설을 듣고 그들이 얼마나 놀라고 흥분했을지 상상해보라.

이제 이런 식의 발표는 혁신적인 민간 기업에서도 똑같이 관찰된다. 가령 구글은 시기나 미디어에 따라 다양한 비전과 기업 미션mission statement을 내놓는다. 이것들을 종합해보면 다음과 같다.

- **WHAT**(목적): 전 세계의 정보를 정리하여 누구나 접속할 수 있게 한다.
- **WHY**(이유): 정보의 격차는 민주주의를 위험에 빠뜨리므로 근절해야 한다.
- **HOW**(방법): 전 세계에서 최고의 두뇌를 가진 독창적인 인재를 모아 컴퓨터와 웹 능력을 최대한 활용한다.

무척이나 거대한 '목적'이다. '이유'도 극히 미국다운 '절대선善'의 개념에 기반하고 있어 이해하기 쉬우며, '방법' 또한 구체적으로 표현되어 있다. 구글의 마케팅이나 채용 활동은 독창적이기로 유명한데, 이 단순한 'WHAT', 'WHY', 'HOW'와 실제의 기업 활동이 서로 합치한다는 점에서도 구글의 비전에 조직 구성원들이 깊이 공감하고 있음을 짐작할 수 있다.

전쟁에 의미와 스토리를 부여한 처칠의 명연설

목적과 이유를 이해하고 공감하면 우리는 자신이 새겨야 할 의미도 확인할 수 있다. 이를 가장 이해하기 쉽게 보여주는 사례가 바로 영국 수상이었던 윈스턴 처칠의 연설이다. 처칠은 그때까지 대다수 사람이 명확하게 떠올리지 못했던 '나치스 독일의 의미'와 그에 맞서는 '영국의 의미'를 큰 스토리 속에서 확실히 인지시킴으로써 영국 국민의 마음을 하나로 다잡았다.

처칠이 나치스 독일의 새로운 의미를 제시하기까지 유럽 사람들이 생각하던 '나치스 독일의 의미'는 머지않아 닥칠 소련(공산주의)과의 전쟁에서 주도적인 역할을 맡아줄 나라였다. 그래서 유럽 여러 국가들이 나치스 독일의 안하무인의 행위를 관대하게 봐주고 있었던 것이다. 언제고 소련이 유럽에 공산주의를 전파하려 한다면 유럽에도 대항 세력이 될 만한 군사 대국이 필요한데, 그런 역할을 해줄 나라는 나치스 독일 외에는 없다는 것이 당시 유럽 지식인층의 인식이었다.

총명한 히틀러는 유럽 각국 사람들이 나치스 독일에 품은 이런 '의미'를 너무도 잘 이해하고 있었기에 그만큼 신속하게 폴란드를 합병하고 프랑스로 쳐들어갔던 것이다. 소련이라는 지정학적인 불균형이 없었더라면 이런 행동은 인정받지 못했을 것이다. 유럽의 모든 국가는 나치스 독일의 오만불손함을 불쾌하게 여기면서도 언젠가 들이닥칠 '더욱 악랄하고 강력한 적'을 생각하면 어쩔 수 없다고 포기했다. 공산주의의 위협 앞에서 나치스 독일과 같은 군사 국가를 일종의 '필요악'으로서 인정했던 것이다.

영국의 경제학자 프리드리히 하이에크는 저서 《노예의 길》에서 당시 유럽 사람들이 나치스 독일의 '의미'를 정확히 인식하지 못했음을 날카롭게 지적했다.

너무나도 애통했던 일은 제2차 세계대전이 발발하기 이전에 민주주의 국가가 전체주의 국가의 독재자들에게 보인 태도였다. 그들은 프로파간다propaganda 활동과 마찬가지로, 자신들의 전쟁 목적이 무엇인지를 논의하는 과정에서도 위태롭고 불안정한 느낌과 혼란을 드러냈다. 이는 자신들의 이상이 무엇인지, 그리고 자신들이 적과 대립하는 부분은 무엇인지 확실히 이해하지 못하고 있었음을 보여준다.

| 프리드리히 하이에크, 《노예의 길》|

하이에크는 당시 민주주의 국가의 국민들이 '전쟁의 목적은 무엇인가?', '우리의 이상은 무엇인가?', '적과 우리는 무엇에 대해 대립하고 있는가?' 하는 극히 중대한 '판단의 근거'를 잘 알지 못했다고 꼬집었다. 그들에게는 자신들의 목적도 이유도 확실하지 않았다는 뜻이다.

지금 상상하기는 무척 어려운 일이지만, 당시는 영국 내에서조차 나치스 독일과 싸우기보다는 유화 정책을 펴야 한다는 여론이 지배적이었다. 앞서 언급했듯이, 영국의 부유층은 히틀러보다 볼셰비

키 Bolsheviki(레닌이 이끄는 좌익 다수파로 러시아 사회민주노동당이 분열되어 형성된 세력－옮긴이)의 사상, 즉 공산주의자들의 '부의 재분배'라는 이데올로기를 훨씬 위험하게 느꼈기 때문이다.

당시 히틀러는 추축국 Axis Powers(제2차 세계대전 당시 연합국과 싸웠던 나라들이 형성한 국제 동맹. 독일, 이탈리아, 일본이 중심이었다－옮긴이)이었던 이탈리아를 통해 영국에 평화를 제안했다. 영국은 히틀러의 제안을 받아들일지, 아니면 단호히 거절하고 전쟁을 시작할지 선택해야만 했다. 처칠과 수상의 자리를 다투었던 외무장관 핼리팩스 Halifax 경은 유화 정책을 주장했다. 그리고 그는 그 대가로서 몰타, 지브롤터, 수에즈 운하 등을 독일에 양도하자고 했다.

처칠은 핼리팩스 경의 제안에 격노했으나, 의회의 분위기는 유화 쪽으로 기울었고 논리적인 설득으로는 흐름을 바꿀 수 없을 듯했다. 이 상황에서 논의를 계속하는 것은 좋은 방법이 아님을 깨달은 처칠은 논의가 교착 상태에 빠진 오후 5시경에 두 시간의 휴식 시간을 마련하고 7시에 회의를 재개하겠다고 선언했다. 그리고 회의를 재개하기에 앞서 처칠은 다음과 같은 일생일대의 연설을 했다.

나는 '그 사람(히틀러)'과 협상하는 것이 나의 의무인지 아닌지에 관해 최근 며칠 동안 깊이 생각했습니다. 하지만 지금 평화를 선택하면 전쟁을 할 경우보다 더욱 좋은 조건을 이끌어낼 수 있다는 생각에는 근거가 없습니다. (중략) 내가 한순간이라도 타협이나 항복을 생각했다면 여러분 모두

가 일어나 나를 이 자리에서 끌어내릴 거라 확신합니다. 우리 섬나라 영국의 긴 역사가 끝내 끊어진다면 그것은 우리 한 사람 한 사람이, 자신의 흐르는 피로 목이 막혀 땅에 쓰러질 때까지 싸우고 난 후의 일입니다.

처칠은 자신들이 마주하고 있는 선택에 '스토리'를 부여했다. 그리하여 독일과의 협상에 응할지 말지는 단순한 외교의 범주를 벗어났다. 이 의사결정은 '침략을 반복하는 자와 싸워서 자유를 신봉하는 우리 국가를 지켜낼 것인가, 혹은 멸망할 것인가' 하는 선택을 의미했다.

전시 내각이 오후 7시에 회의를 재개했을 때는 이미 논의가 끝나 있었다. 유화 정책 쪽으로 흘러가던 분위기가 뒤집혀서 전쟁을 시작하겠다는 각오가 다져졌고 핼리팩스 경은 자신의 주장을 포기했던 것이다.

영국이 나치스 독일에 선전포고를 하지 않았더라면, 당연한 말이지만 먼로주의[20]를 내건 미국이 세계대전에 참전하지 않았을 것이다. 그렇게 되었더라면 히틀러와 나치스 독일은 훨씬 나중에까지, 어쩌면 현재까지도 유럽을 계속 지배했을 수도 있다.

이때 처칠이 연설을 통해 '의미'를 부여하고 의식을 일깨우지 않았더라면 세계는 상당히 달라졌을 것이다. 결정적인 국면에서는 리더가 자신들이 처한 상황을 큰 스토리로 인식하고 주변 사람들에게 자신들의 '의미'를 부여해야 한다.

- 경영에는 'WHAT(무엇을 하기 위해 존재하는가?)', 'WHY(왜 중요한가?)', 'HOW(어떻게 실현할 것인가?)'가 중요하다. 현대와 같이 미래가 불확실하고 동기가 경쟁력의 중요한 원천이 되는 시대에는 상대적으로 'WHAT'과 'WHY'의 중요성이 높아지는 반면에 'HOW'의 중요성은 낮아진다.

- 근대 이후 아시아의 기업들에서는 'HOW 리더십'이 중시되었다. 이런 현상은 미국과 유럽의 선진 기업을 따라잡으려는 목표WHAT가 분명하게 제시되고, 경제적인 성장이 그대로 행복과 삶의 보람으로 이어진다는 이유WHY가 암묵적인 전제로서 사회에 공유되던 시대에는 아무 문제가 없었다.

- 'WHAT'과 'WHY'를 전달하기 위해서는 비전이 필요하다. 하지만 현재 대부분의 기업이 내세우는 비전은 조직 구성원들의 공감을 불러일으키지 못한다는 점에서 문제가 있다.

- 우수한 인재를 모으고 그들에게 동기를 부여하려면 'WHAT', 'WHY', 'HOW'를 명확히 제시하고 이를 공감할 수 있는 체계적 스토리로서 전달해야 한다. 1960년대 아폴로 계획을 비롯해 과거에 큰 성공을 거둔 프로젝트나 기업에서 이런 요건을 갖춘 사례를 많이 찾아볼 수 있다.

제 4 장

뉴타입은 어떻게 사고하는가

| 논리와 감성을 유연하게 타고 넘어라 |

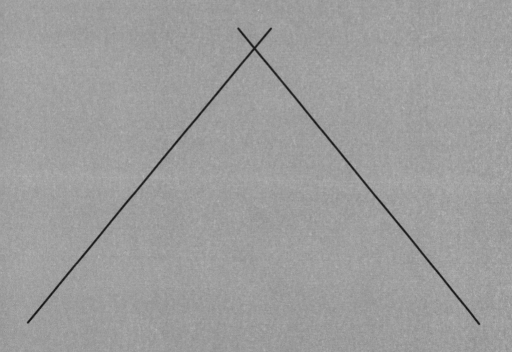

08

| 논리와 직감 |

논리와 직감으로
의사결정의 질을 높인다

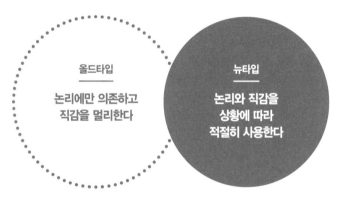

올드타입

논리에만 의존하고
직감을 멀리한다

뉴타입

논리와 직감을
상황에 따라
적절히 사용한다

직감은 무척 강력하다. 나는 지력보다 직감이 더 강력하다고 생각한다.
이런 인식은 내가 하는 일에 지대한 영향을 끼쳤다.[1]

스티브 잡스

왜 기업은 '분석 마비'에 빠졌을까

의사결정에서 '논리'와 '직감'의 문제는 필자의 졸저에서 여러 차례 강조해왔다. 하지만 여전히 몇 가지 오해가 있기 때문에[2] 여기서 그때 언급하지 않았던 점들을 살펴보고자 한다. 우선 필자는 기업의 의사결정이 지나치게 논리에 치우치면 성과가 저하된다고 주장했었다. 이유는 크게 세 가지다.

첫째, 논리적 사고에 지나치게 치우치는 경우 차별성이 사라진다. 이는 앞에서 이미 설명한 '정답의 범용화'와 같은 맥락의 문제다. 분석적이고 논리적인 정보 처리 기술은 비즈니스를 하는 사람에게 오랫동안 필수 요건으로 여겨졌다. 하지만 올바르고 논리적이며 이성적으로 정보를 처리한다는 것은 다른 사람과 같은 '정답을 도출한다'는 의미이기 때문에 필연적으로 차별성이 사라진다.

둘째, 분석적이고 논리적인 정보 처리 기술은 방법론으로서 한계를 지닌다. 이는 '뷰카화된 세계'에서 발생하는 문제점이기도 하다. 복잡하고 애매한 세계에서 논리적이고 이성적으로 의사결정을 하려고 하면 아무래도 합리성을 보장할 수 없기 때문에 의사결정은 교착 상태에 빠진다.

경영상의 의사결정에서 합리성이 중요하다고 최초로 주장한 사람은 전략경영의 선구자인 러시아계 미국 경영학자 이고르 앤소프Igor Ansoff다. 그는 과도하게 분석이나 논리를 지향하는 경우의 위험성을 함께 지적했다.

앤소프는 1959년에 저술한 《기업 전략 Corporate Strategy》에서 합리성을 지나치게 추구함으로써 기업의 의사결정이 정체 상태에 빠질 수 있다고 지적하며 그 상태를 '분석 마비 Analysis Paralysis'라고 불렀다.

셋째, 논리로는 의미를 만들 수 없다. 앞서 이제는 도움이 되는 상품보다 의미 있는 상품이 더 높은 경제적 가치를 인정받고 있다고 했었다. 도움이 된다는 것은 명확해진 문제에 해결책을 제공한다는 뜻으로서 이때는 논리나 분석이 크게 힘을 발휘한다. 하지만 의미가 있는 상품 시장에서는 가치를 창출할 수 없다. 무에서 하나를 만들어내는 '의미 창조'는 논리로 해결할 수 있는 문제가 아니다.

논리와 직감을 유연하게 활용한다

이렇게 논리에 집중하는 경우의 문제점을 지적하면, '그러면 논리가 아니라 직감으로 결정하라는 말이군'이라고 생각하는 경향이 있다. 하지만 이는 필자가 말하려던 것이 아니다. 어떤 시스템에 문제점이 있는 경우 다른 시스템으로 대체하는 것은 올드타입이다. 필자는 논리와 직감을 상황에 맞게 활용하는 유연한 사고가 필요하다는 말을 하려던 것이었다. 이런 사고야말로 뉴타입이기 때문이다.

원인과 문제의 인과관계가 명확하고 정서적인 차별화가 별로 요구되지 않는 상황에서는 일부러 직감에 의존할 필요 없이 논리로 해결하면 된다. 반면, '의미'가 매우 중요한 상황에서는 논리만을 추구하는 경우 양질의 결과를 얻을 수 없다. 이 두 가지 문제 해결 방법에는 각각 장단점이 있어서 성급하게 어느 한쪽만 이용해야 한다고 판단할 수 없다.

'논리와 직감의 장단점'과 관련해서 가장 도움이 되는 것은 행동경제학의 창시자로 불리는 대니얼 카너먼의 연구다. 카너먼과 공동 연구자인 심리학자 아모스 트버스키는 훗날 노벨경제학상을 안겨준 연구에서 인간은 두 가지 사고방법인 논리와 직감을 구분해 사용한다는 사실을 밝히고 이를 '이중과정 이론'으로 정리했다. 이 이론은 현재 행동의사결정론과 행동경제학의 기반으로서 널리 보급되어 있다.

이중과정 이론에 따르면, 사람의 뇌에서는 외부의 자극에 대해 크게 두 종류의 의사결정 과정이 동시에, 다른 속도로 일어난다. 카너먼과 트버스키는 이 두 가지 시스템을 '시스템1(직감)'과 '시스템2(논리)'라고 부르며, 다음과 같이 설명한다.

'시스템1'은 자동적이고 빠르게 작동하며 노력은 거의 혹은 전혀 필요하지 않다. 또한 자신이 스스로 통제하고 있다고 인식하지 못한다. '시스템2'는 복잡한 계산을 비롯해 머리를 써야 하는 지적 활동에 주력한다. 시스템2의 작용은 중개, 선택, 집중과 같은 주관적 경험과 연관되는 경우가 많다.

| 대니얼 카너먼, 《생각에 관한 생각》 |

두 시스템은 대조적으로 보이지만 실제로는 동시에 작동하기도 한다. 가령 작곡가는 곡 전체를 구상할 때 시스템2를 활용하고, 즉흥 연주를 할 때는 시스템1을 활용한다. 그리고 대부분의 경영대학원에서는 재정학이나 전략론을 통해 시스템2를 훈련시키는 동시에 수많은 사례를 통해 시스템1을 훈련시킨다. 즉 높은 지적 수준이 요구되는 전문직에서 높은 성과를 내려면 시스템1과 시스템2를 균형 있게 활용해야 한다.

논리와 직감의 균형으로 성과를 올린다

논리와 직감을 균형 있게 활용하려면 특정 의사결정에 직감을 쓸지 논리를 쓸지를 결정하는 '메타 의사결정'이 이루어져야 한다. 잘못하면, 논리적인 답을 내야 하는 상황에서 직감으로 엉뚱한 해답을 낸다거나, 창조적인 해답이 요구되는 상황에서 논리로 진부한 해답을 제시하게 된다.

주의해야 할 점은, 데이터와 알고리즘을 활용해 답변해야 하는 문제에는 시스템1이 상당히 엉성한 답밖에 주지 못한다는 사실이다. 뒤에 다시 언급하겠지만, 이는 '전문가의 예측은 침팬지가 다트를 던지는 정도의 적중률만 보인다'는 말과도 부합한다. UC버클리 하스경영대학원의 필립 테틀록 교수가 했던 말이지만, 그렇다고 해서 '시스템1

은 믿을 수 없다'고 결론짓는 것은 성급한 판단이다. 통계치와 판단의 알고리즘이 존재하는 전형적인 사례인 재판의 양형量刑이나 주택 가격의 변동에 대해서는 아마도 시스템1보다는 시스템2가 훨씬 높은 성과를 낼 것이다.

하지만 이런 조건에 해당하지 않는 경우, 즉 알고리즘으로 표현되지 않는 요소들이 복잡하게 얽혀 있는 경우 시스템2에만 의지하는 것은 위험하다는 사실이 최근 연구에서 드러났다. 와세다대학교 경영대학원 이리야마 아키에入山章栄 교수는 이렇게 주장했다.

막스플랑크 연구소의 심리학자 게르트 기거렌처 Gerd Gigerenzer 연구팀이 2009년에 인지과학 전문지 〈토픽스 인 코그니티브 사이언스 Topics in Cognitive Science〉에 발표한 논문에 따르면, 최근 수년간의 연구 결과 '휴리스틱(엄밀한 분석에 의하기보다 제한된 정보만으로 즉흥적·직관적으로 판단·선택하는 의사결정 방식 — 옮긴이) 또는 직감은 의사결정의 속도를 높일 뿐만 아니라 상황에 따라서는 논리적 사고보다 정확한 미래 예측을 가능하게 한다'. 이 말에 놀라는 사람도 있을 것이다. 하지만 이는 최근 인지과학 연구에서 나온 주장이다.

기거렌처의 논문에 의하면 핵심은 '분석과 예측'의 차이에 있다. 만약 사람이 '분석'만 하고자 한다면 정보를 최대한 많이 모으고 시간을 들여서 논리적으로 실행하는 것이 좋다. 하지만 의사결정에 필요한 '미래 예측'을 하는 경우에는 너무 많은 정보를 자세히 조사하다 보면 오히려 각각의 정보가 갖고 있는 분산variance에 예측 모델이 지나치게 좌우되는 경향이 있다. 다소 편향이 있더라도 한정된 소량의 정보cue에만 의지해야 각 정보 분산에 영향을 받지 않기 때문에 결국에는 정확한 미래 예측과 의사결정이 가능해진다.

| 이리야마 아키에, "의사결정의 미래는 '직감'에 있다"(《다이아몬드 하버드 비즈니스 리뷰》에 수록) |

게르트 기거렌처의 연구 결과, 예측과 관련된 정보가 너무 많으면 각 정보의 정확도가 전체적으로 분산되므로 예측 대상이 뷰카화될수록 시스템2보다는 시스템1에 대한 의존도가 높아진다.

직감이 중요한 시대

올드타입이 고집스럽게 논리를 추구한다면, 뉴타입은 상황에 따라 논리와 직감을 융통성 있게 선택한다. 그렇다면 논리와 직감을 어떻게 구분해 사용해야 할까. 결국 '센스=직감'이라고 말할 수밖에 없겠지만, 여기서는 두 가지 판단 근거를 제시해보겠다.

첫 번째 근거는 '도움이 된다'와 '의미가 있다'는 프레임이다. 도움이 되는 방향으로 성과를 높이려는 경우에는 '논리'가 주축이 된다. 도움이 된다는 것은 효과 함수로 표시할 수 있다는 뜻이다. 따라서 요소를 분해한 뒤에 수치 목표를 설정하고 목표 달성을 위한 활동 계획을 세우면 된다. 반면에 의미 있는 방향으로 성과를 올리려는 경우에는 논리가 도움이 되지 않으며 센스로 대표되는 '직감'이 결정적인 역할을 한다. 논리는 어떤 의미나 스토리를 엮어내야 고객의 마음을 움직일지 답을 내놓지 못한다.

모든 기업이나 조직 그리고 개인도 처음에는 '도움이 되지 않는다×의미가 없다'의 영역에서 출발해 어딘가에 자신의 자리를 만들려고 한다. 출발점에서 어느 사분면을 향해 어떤 각도로 성장시킬지를 생각하는 것이 성장 전략인데, 이때 '도움이 된다'의 Y축 방향으로 성장시킨다면 상대적으로 논리가 중요해지고, '의미가 있다'의 X축 방향으로 성장시킨다면 상대적으로 직감이 중요해진다.

두 번째 근거는 '희소한 것과 과잉한 것'이라는 프레임이다. 말할 것도 없이 희소한 것의 가치는 커지고 과잉한 것의 가치는 줄어든다. 논리와 직감을 비교해보고, 둘이 만들어내는 대상이 과잉한지 희소한지를 생각해야 한다. 당연히 이미 과잉한 것을 또 만들어내면 얻어낼 한계이익은 적을 수밖에 없다. 반면에 희소한 것을 만들어낸다면 부를 얻을 수 있다.

그렇다면 현재는 무엇이 과잉하고 무엇이 희소한 상태일까? [그림 13]을 보면 결론은 분명하다. 과잉한 것은 전부 논리와 이성에 의해 만들어지는 반면, 희소한 것은 모두 직감과 감성에 의해 창출된다. 한마디로, 오늘날 세상에서 희소한 것을 만들어내려면 직감과 감성을 구동시켜야 한다.

그림13 | 현재 '과잉한 것'과 '희소한 것'

과잉한 것		희소한 것
정답	▶	문제
물건	▶	의미
데이터	▶	스토리
편익성	▶	로망
설득	▶	공감
경쟁	▶	공동의 가치 창조

이때 [그림13]에서 과잉한 것으로 표시된 항목이 예전에는 모두 희소했다는 사실에 주목해야 한다. 특히 1960년경부터 1980년대까지는 수많은 문제가 쌓여 있었으며, 이를 해결하기 위한 정답과 물건 그리고 편익성은 희소했다. 그렇기에 이들 희소한 가치를 생성하기 위한 논리와 데이터를 다룰 줄 아는 개인과 조직은 큰 부를 이루었다.

하지만 오늘날에는 희소한 것과 과잉한 것의 관계가 역전되어 예전에 희소했던 것은 모두 과잉 상태가 되었다. 이렇게 세상이 바뀌었는데도 여전히 논리만을 기반으로 의사결정을 하는 올드타입을 고수한다면 이미 과잉된 것을 계속 만들어낼 것이고 이는 필연적으로 인재와 조직의 범용화를 초래하게 된다.

- 기업의 의사결정이 논리에 편중되면 세 가지 문제를 초래한다.
  (1)차별성이 사라진다. (2)의사결정이 장기화되거나 교착 상태에 빠진다.
  (3)의미 있는 상품 시장에서 경쟁력이 감소한다.

- 경영에는 논리로 풀어야 할 문제와 논리로는 풀 수 없는 문제가 있다. 문제
  의 특성을 확인해서 논리와 직감 중 어느 쪽을 사용할지를 결정하는 메타
  의사결정 능력이 중요하다.

- 대니얼 카너먼은 시스템1(직감)과 시스템2(논리)가 인간의 의사결정을 통제
  하며, 시스템2를 활용해야 하는 문제에 시스템1을 이용하면 성과가 저하된
  다고 주장했다. 이 주장은 직감과 논리를 적절한 대상에 적당히 이용하는
  것이 얼마나 중요한지를 암시한다.

- 최근의 연구에서는 고도로 복잡한 문제에 관해 지나치게 논리적으로 해답
  을 도출하려고 하면 데이터의 정확도 분산으로 인해 오히려 의사결정의 질
  이 악화되는 것으로 드러났다. 이런 상황에서는 휴리스틱과 직감을 적절하
  게 이용해야 의사결정의 질이 높아진다.

09

| 우연성 |

의도적으로
전략적 우연성을 채택한다

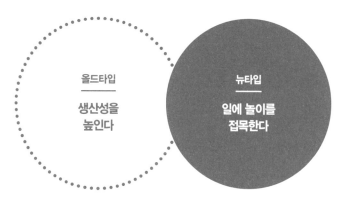

올드타입

생산성을
높인다

뉴타입

일에 놀이를
접목한다

놀려고 태어난 게지, 새롱대며 놀려고 태어난 게야.

《료진히쇼梁塵秘抄》

자연계에는 왜 오류가 존재하는가

우리는 대개 오류error를 부정적으로 인식하고 배제하여 생산성을 최대한 높이려고 한다. 하지만 자연도태의 메커니즘에는 오류가 필수 요소로 내재되어 있다. 무언가 긍정적인 오류가 우연히 발생함으로써 시스템의 성과가 향상되기 때문이다. 하지만 우리는 오류라면 무조건 배제하려고 한다. 이는 과연 올바른 사고방식일까?

오류는 장기적으로 생산성을 향상시키기도 한다. 대표적인 예가 개미 집단이다. 개미 집단에서는 일개미 한 마리가 개미집 밖에서 먹이를 발견하면 페로몬을 방출하면서 개미집까지 돌아와 동료들에게 도움을 요청한다. 그러면 다른 개미들은 땅바닥에 묻은 페로몬을 따라 먹이가 있는 장소까지 가서 먹이를 운반해온다. 따라서 개미들에게 먹이 활동의 효율을 극대화시키는 열쇠는 페로몬을 얼마나 정확하게 추적하느냐인 것 같지만, 사실은 그렇지 않다.

히로시마대학교 교수이자 물리학자인 니시모리 히라쿠西森拓 박사의 연구팀은 개미들이 페로몬을 좇는 능력과 일정 시간 내에 개미집으로 운반해오는 먹이량의 관계를 컴퓨터로 시뮬레이션해보는 흥미로운 연구를 실시했다.[3]

여러 개의 육각형을 연결한 평면 공간을 마련한 다음 개미 A가 먹이를 발견하여 동료를 페로몬으로 유인하게 했다. 그리고 A의 페로몬을 실수 없이 100퍼센트 따라가는 성실한 개미와 가끔 길을 잘못 드는 어리숙한 개미를 일정 비율로 섞어, 어리숙한 개미의 비율에 따라 먹이를 가지고 돌아오는 확률이 어떻게 변화하는지를 조사했다.

그러자 놀랍게도 A를 그대로 뒤쫓아가는 성실한 개미 집단보다는 길을 잘못 들기도 하고 다른 길로 돌아가기도 하는 어리숙한 개미가 다소 존재하는 집단이 먹이를 가지고 돌아가는 비율이 중장기적으로는 더 높았다. 어찌된 일일까?

이 연구 결과는 우리가 무심코 사용하고 있는 '생산성'이라는 개념에 함정이 도사리고 있음을 시사한다. 처음에 개미 A가 페르몬을 뿜으며 지나간 경로가 최단 거리가 아니고 아직 아무도 새로운 경로를 발견하지 못했을 때는 페르몬을 정확하게 추적하는 것이 생산성을 높이는 최선의 방법으로 여겨지기 쉽다. 이런 상황에서 페르몬을 정확히 따라가지 못하는 미숙한 개미가 무리에 섞여 있으면 생산성은 일시적으로 저하된다. 그러다 '시간'과 '우연'이라는 요소가 개입하여, 페르몬을 제대로 따라가지 못한 어리숙한 개미가 '우연히' 더욱 효율적인 새로운 경로를 발견하면 생산성은 비약적으로 높아진다. '단기적인 비효율'이 '중장기적인 고효율'로 이어진 것이다.

이때는 중장기적인 생산성 향상과 단기적인 생산성 향상이 트레이드오프 관계에 놓인다. 이것이 혁신 관리에 도사리고 있는 본질적인 어려움이다. 단기적으로는 오류도 놀이도 배제하고 오로지 생산성을 높이는 데만 몰두하는 것이 최선일지 모르지만, 계속 그러다 보면 중장기적으로 생산성을 높여줄 우연한 발견은 결코 일어나지 않는다.

그렇다면 현재와 같이 미래의 전망이 불투명하고 무엇이 정답인지 확실하지 않은 시대에 그저 단기적인 생산성만 추구하는 것은 올드타입이라고 단정 지을 수밖에 없다. 이런 시대에는 오히려 의식적으로 놀이를 접목시켜서 예상치 못한 발견과 재미, 즉 세렌디피티serendipity를 통한 비약의 기회를 의도적으로 모색하는 뉴타입의 방식이 필요하다.

혁신 기업들의 전략적 우연성

개미의 사례를 생각해보면, 수십 년간 대단한 실적을 내온 기업들이 생산성을 추구하는 '규율'만이 아니라 '놀이'를 조직의 일부로 받아들인 이유를 알 수 있다. 대표적인 회사로 3M을 꼽을 수 있다. 3M이 연구원들에게 노동시간의 15퍼센트를 자유로운 연구에 쓰게 한다는 사실은 유명하다.

이 말만 들으면 상당히 자유분방한 회사 같겠지만, 한편으로 3M은 과거 3년 안에 출시한 신상품이 매출의 일정 비율을 넘겨야 한다는 엄격한 규칙을 임원들에게 적용하고 있다. 즉 이 회사는 계속 새로운 상품을 만들어내기 위해 연구원은 노동시간의 15퍼센트를 자유롭게 써도 좋다는 '놀이'의 개념을 전략적으로 받아들인 것이다. 구글처럼 잇달아 새로운 서비스와 상품을 내놓는 기업들에서도 '규율'과 '놀이'가 절묘하게 조화를 이루고 있다.

3M이나 구글 등이 노동시간의 일부를 직원의 자유재량에 맡기는 것은 경영상 자원 배분의 문제로 볼 수 있다. 경영진이 경영 자원인 연구자의 시간 가운데 15퍼센트를 자유재량에 맡긴다는 것은 현장에서 우연히 아이디어가 발현될 기회를 만든다는 의미다. 놀이를 통해 우연이 파고들 여지를 마련해놓은 것이다.

보통 경영 자원을 투입할 때는 기대 이익이 상정된다. 다시 말해 '무엇에 도움이 되는가?'라는 물음에 명확한 답이 되어줄 활동에 자원이 사용되는 것이다. 하지만 이런 식으로만 경영 자원이 투입된다면 우연한 발견에 따르는 큰 비약을 이끌어낼 수 없다.

오늘날처럼 불확실한 세계에서 오로지 무엇에 도움이 될지에만 집중하고 '놀이'가 가져다줄 우연한 기회를 배제하는 것은 올드타입이다. 반면, 뉴타입은 전략적으로 '규율'에 '놀이'를 포함시킴으로써 우연이 이끌어내는 큰 비약, 즉 세렌디피티를 추구한다.

혁신과 상업화의 딜레마

이를 잘 보여주는 예가 발명왕 토머스 에디슨이다. 그는 축음기를 발명하기 위해 24시간 쉬지 않고 끊임없이 일했다. 하지만 그는 축음기가 어디에 도움이 되게 할지 명확하게 정했던 것은 아니다. 우리는 우선 목적을 정한 다음 발명을 한다고 생각하지만 사실 발명은 대부분

애초의 목적과는 다른 영역에서 큰 경제적 가치를 만들어냈다. 우리는 목적을 명확히 정해야 혁신이 가능하다는 말을 자주 듣는다. 틀린 말은 아니지만 과거의 발명들을 보면 이 말에는 오해를 불러일으킬 여지가 있다.

대부분의 혁신은 결과에 지나지 않으며, 처음 정한 대로 획기적인 성과를 달성한 사례는 오히려 매우 드물다. 그렇다고 해서 '무엇에 도움이 될지'를 명확히 정하지 않고 흥미 위주로 맹목적인 개발과 투자에 뛰어들어야 성과가 나오는 것 또한 아니다.

컴퓨터의 역사를 배운 사람이라면 아마도 제록스 팰로앨토 연구소에 대해 들어봤을 것이다. 그들은 타깃 시장을 명확히 설정하지 않은 채 연구자의 백일몽에 막대한 자금을 쏟아부었다. 그 결과, 굉장한 아이디어를 잔뜩 얻기는 했지만 돈은 한 푼도 벌지 못한 악몽 같은 사례를 남겼다.

팰로앨토 연구소는 마우스와 그래픽 유저 인터페이스graphical user interface 그리고 객체 지향 프로그래밍object-oriented programming 언어라는, 현대 컴퓨터에는 상식으로 자리 잡은 다양한 디바이스와 아이디어를 남들보다 앞서 개발했으면서도 무엇 하나 제대로 상업화시키지 못하고 결국에는 자신들의 발명에 따른 결실을 전부 다른 회사에 빼앗기고 말았다.

이 사례에서 우리는 매우 심각한 딜레마를 발견할 수 있다. 타깃 시장을 지나치게 명확히 설정하면 혁신의 싹을 자를 위험이 있는 반면에, 타깃 시장이 불명확하면 맹목적으로 개발에만 매달리게 되어 상업화가 쉽지 않다.

혁신에 요구되는 '야생적 사고'

중요한 것은 '언제 어디에 도움이 될지는 모르지만 뭔가 있을 것 같다'는 뉴타입의 직감이다. 이는 인류학자 클로드 레비스트로스가 말한 브리콜라주bricolage와 같다. 레비스트로스는 브라질 마투그로소주의 원주민들을 연구하여 《슬픈 열대》를 저술했다. 이 책에 따르면, 마투그로소주 원주민들은 정글 속을 걷다가 무언가를 발견하면 당장은 어디에 도움이 될지 모르지만 언젠가는 도움이 될 거라고 생각해서 자루에 넣어 보관하는 관습이 있다고 한다. 실제로 그들이 무심코 주운 '뭔지 모르는 물건'이 공동체를 위기에서 구한 일도 있기 때문에 나중에 도움이 될 거라는 예측 능력은 사회의 존속에 매우 중대한 영향을 끼쳤다고 한다. 이 예측 능력이 바로 브리콜라주다. 이것이야말로 예정조화harmonie preetabilie(독일 철학자 라이프니츠가 주창한 사상으로, 독립적인 모든 단자들의 본성이 서로 조화되어 질서를 이루도록 창조되었다는 이론 – 옮긴이)를 과도하게 중시하는 올드타입과 대비되는, 뉴타입의 유연한 사고방식이다.

레비스트로스는 이 신기한 능력, 즉 우연히 발견한 뭔지 모를 물건을 비예정조화 차원에서 수집해두었다가 만일의 경우에 요긴하게 활용하는 능력을 근대적이고 예정조화적인 도구의 조성과 대비해서 고찰했다.

레비스트로스는 장 폴 사르트르로 대표되는 근대적이고 예정조화적인 사상, 즉 타깃 시장을 명확히 설정한 뒤에 개발을 시작하는 사상보다는 더욱 기개 있고 유연한 사상을 내세웠다. 이런 브리콜라주의 사고방식은 전형적인 근대 사상의 산물로 여겨지는 기술 혁신에서도 효과적이다.

그런데 현재 글로벌 기업에서는 "그건 어디에 도움이 되는가?"라는 경영진의 질문에 대답하지 못하는 아이디어에는 자원이 배분되지 않는다. 하지만 세상을 바꾸는 거대한 혁신은 대개 '이건 왠지 대단할 것 같다'는 직감에 이끌려서 시작됐다는 사실을 결코 잊어서는 안 된다.

- 생물의 유전자를 비롯해 자연계에는 다양한 오류가 내포되어 있다. 단기적으로 효율성을 악화시키는 오류가 시스템에 내재되어 있는 이유는 오류로 인한 뜻밖의 변화가 중장기적으로는 비약적인 진화의 계기로 작용하기 때문이다.

- 생산성을 향상시키기 위해 오류를 최소화하여 효율을 높이는 방식, 즉 20세기 후반에서 21세기 초반에 지배적이던 올드타입은 중장기적인 비약의 계기를 말살할 위험성이 있다.

- 특히 지금처럼 뷰카화된 세계에서는 미래에 무엇이 필요한지를 꿰뚫어보기가 상당히 어려우므로 무엇이 유용할지만을 기준으로 미래를 준비하는 올드타입은 거의 의미를 잃어가고 있다.

- 미래를 확정적으로 예측해서 필요한 것만 준비해서도 안 되지만, 그렇다고 해서 아무런 준비도 하지 않는 것은 위험하다. 적절히 균형을 갖춘 뉴타입이 필요하다. 큰 방향성을 설정한 다음 모든 것을 예정조화시킬 것이 아니라 직감과 예감에 기초해 준비하는 사고, 즉 브리콜라주야말로 새 시대를 이끌어갈 리더가 반드시 갖추어야 할 소양이다.

10

규칙보다
자신의 감각을 따른다

올드타입

조직의 규칙과 규범을
비판 없이 받아들여
행동한다

뉴타입

자신의 도덕과 가치관에
따라 '제 뜻대로'
행동한다

과학만능주의에 대한 대안을 찾아내야 한다는 필요성이 1960년대보다 커졌다.
과학이 아니면 무엇이 답을 줄지 확실하게 말하기 어렵지만,
그 해답 중 하나는 '윤리'일 것이다. 인간이 무엇을 해야 하고
무엇을 하지 말아야 하는지를 과학은 구분해줄 수 없다.

무라카미 요이치로[4]

제 뜻대로 판단하고 행동해야 하는 이들

20세기 전반, 근대사회 시스템이 점점 자리를 잡아가는 가운데 노벨문학상 수상 작가인 독일의 대문호 헤르만 헤세는 시스템에 순순히 따르지 않는 자기만의 신념, 즉 '고집 있는' 행동의 중요성을 강조했다.

하나의 미덕이 있다. 내가 매우 사랑하는 유일한 미덕이다. 바로 '고집'이다. 우리가 책을 읽거나 스승의 설교로 듣는 수많은 미덕 가운데 '고집'만큼 내가 높게 평가하는 것은 없다. 그렇지만 인류가 생각해낸 수많은 미덕을 단 하나의 이름으로 총괄하면 '복종'일 것이다. 문제는 오직 누구에게 복종하느냐다. 다시 말해 '고집'도 복종이다. 하지만 고집 이외에 매우 사랑받고 칭찬받는 모든 미덕은 인간에 의해 만들어진 법률에 대한 복종이다. 유일하게 고집만이 이들 인간이 만든 법률을 무시한다. 고집 있는 사람은 인간이 만들지 않은 법률에, 유일하고 무조건적이며 신성한 법률에, 자신의 내면에 있는 법률에, '나'의 '마음'대로 따른다. 고집이 그다지 사랑받지 못하는 건 안타까운 일이다!

| 헤르만 헤세, 〈고집은 최고의 미덕 Eigensinn macht Spaß〉 |

헤세가 지적한 대로 '고집'은 대개 부정적인 의미로 쓰인다. 특히 조직에 순응주의conformism가 강하게 작용하는 아시아 문화권에서 '고집'은 사람들이 가장 기피하는 성격적 특성의 하나다. 하지만 그 부정적

인 단어를 헤세는 '최고의 미덕'이라고 주장했다. 그 증거로서 헤세는 소크라테스, 예수, 조르다노 브루노Giordano Bruno(1548~1600. 르네상스 시대의 이탈리아 철학자. 코페르니쿠스의 지동설에 감명받아 반反교회적인 범신론을 주장하다가 이단시되어 로마에서 화형당했다 ─ 옮긴이)를 꼽았다. 그들은 당시 사회의 규칙과 규범에 맞서 자신의 내면적인 도덕과 가치관에 따라 자기 뜻대로, 고집스럽게 밀고 나가는 사람이었다는 것이다.

우리는 일반적으로 규칙에 따르는 것을 무조건 옳은 일이라고 믿고 뭔가 판단을 내릴 때는 먼저 규칙을 확인하고 그에 기반해 판단한다. 하지만 이런 사고방식에는 두 가지 문제점이 있다.

첫 번째 문제점은, 원래 규범 자체에 윤리적인 문제가 있는 경우 규범을 따름으로써 수많은 사람이 윤리를 벗어나게 된다는 것이다. 미국에서 공민권 운동의 기폭제가 되었던 '버스 보이콧bus boycott' 운동은 공장 노동자였던 흑인 로자 파크스Rosa Parks가 버스의 백인 전용 좌석을 내주지 않았다는 이유로 경찰관에게 체포된 일을 계기로 발생했다.

이때 "제가 뭘 잘못했나요?"라고 묻는 파크스에게 경찰관은 "글쎄요. 하지만 법률은 법률이니까요"라고 대답했다. 이는 사회가 정한 규범에 대해 아무런 고민 없이 맹목적으로 따르기만 하는, 비참한 인간의 전형적인 대답이다. 이런 인간들에게는 규칙에 반해 의연하게 백인 전용 좌석에서 일어나지 않았던 로자 파크스가 분명 '고집스럽게' 비쳤을 것이다. 하지만 이렇게 파크스가 '자기 뜻대로' 소신 있게 밀고 나간 덕분에 버스 보이콧 운동이 터졌고 마침내 미국 전역의 공민권 운동으로 확산되어 그야말로 세상을 바꾸었던 것이다.

그리고 이후 세상에서는 규범도 바뀌었다. 사건이 일어난 '이후'의 세상 사람들이 보면 사건이 일어나기 '이전'의 세상 사람들은 상당히 무지몽매하고 야만적일 것이다. 하지만 여기에 함정이 있다. 그렇다, 우리가 현재 의식 없이 무비판적으로 따르고 있는 대부분의 규범 또한 후대 사람들의 눈에는 분명 무지몽매하고 야만적으로 보일 것이다. 헤세가 말한 '자기 뜻대로' 행동하는 사람은 이런 규범이 애초에 규범으로서 부당하다는 사실을 많은 사람에게 깨우쳐주는 계기를 만든다.

'규칙만 지키면 된다'는 사고가 파멸을 부른다

규칙을 성실히 따를 때의 두 번째 문제점은, 근거가 되어줄 규칙이 없을 때는 무엇을 해도 좋다는 생각이 널리 통한다는 것이다. 하지만 이런 올드타입의 가치관은 당사자는 물론 사회에도 파멸적인 결과를 가져올 수 있다.

지금까지 규범으로서 유효하게 기능해온 '규칙만 지키면 된다'는 사고방식이 왜 파멸적인 결과를 초래하는 것일까. 이는 다양한 기술이나 비즈니스 모델의 급격한 변화를 규칙이나 규정이 따라오지 못하는 상황이 발생하기 때문이다. 이런 세계에서 내재적인 가치관에 따르지 않고, 즉 '자기 뜻대로' 하지 않고 그저 외재적인 규칙만 따르는 올드타입은 어딘가에서 결정적인 오류를 일으킬 위험성이 높다. 현대와 같은 시대에는 규정된 규칙에만 의존하지 말고 도덕과 윤리 같은 내재적인 규범을 토대로 매사를 판단해야 한다.

외재적 규칙을 따를 때 어떤 문제가 생길 수 있는지 IT 벤처 기업에서 일어난 두 가지 사건을 예로 들어보겠다.

하나는 2012년에 발생한 '컴플리트 가차Complete Gacha 문제'다. 컴플리트 가차란 인터넷이나 모바일 게임에서의 과금 구조를 가리킨다. 즉 인형이나 장난감 뽑기(일본어로 '가차가차'라고 한다 – 옮긴이)처럼 랜덤으로 뽑히는 아이템 가운데 특정한 아이템들을 모두 모으면complete 희소한 아이템을 획득할 수 있는 시스템을 총칭한다.

컴플리트 가차는 일시적으로는 상당히 수익성 높은 사업이 되었다. 하지만 희소한 아이템을 손에 넣기 위해 큰돈을 게임에 쏟아붓다가 파산한 젊은이가 속출하면서 컴플리트 가차는 사회문제가 되었고 소비자청은 '경품 표시법을 위반한 혐의가 있다'고 발표했다. 결국 모든 기업이 서비스를 중단했다.

다른 하나는 2016년에 발생한 큐레이션 미디어curation media 문제다. 의료 미디어인 웰크WELQ를 비롯한 여러 매체가 잘못된 정보를 기재하거나 저작권이 불분명한 타 매체의 기사를 무단 전재하는 것이 사회문제로 불거졌었다. 특히 웰크가 의료 정보를 제공하는 웹 사이트였다는 점이 문제였다. 의료 정보는 사람의 생명에 관한 것이니만큼 신뢰성에 완벽한 주의를 기울여야 하는데도, 대부분의 기업이 '우리가 제공하는 정보의 진위나 정확성에 관해서 당사는 책임지지 않습니다'라며 책임을 회피했던 것이다.

이런 사례에는 중요한 시사점이 있다. 사업을 시작할 때는 경제성이, 그만둘 때는 사회적 압력이 계기가 되고, 여기에는 자발적인 규범이 관여하지 않는다는 사실이다. 특히 사업을 시작할 때는 '법률로 금지되어 있지 않은 이상, 별문제는 없겠지'라는 생각이 판단 기준이 된다.

불확실한 시대의 판단 기준

명문화된 규칙만을 근거로 하고 판단의 정당성 자체에 대한 고찰이 없으며 그 판단이 '진眞, 선善, 미美'에 따른 것인지를 중요시하지 않는 사고방식은 법학에서 말하는 실정법實定法주의에 해당한다. 당연한 일이지만, 실정법주의에서는 '법 자체'의 옳고 그름은 묻지 않는다. 앞서 소개한 버스 보이콧 운동에서 경찰관의 한마디, "글쎄요. 하지만 법률은 법률이니까요"는 틀림없이 실정법주의에 근거한 사고방식이다.

반면 그 결정이 자연이나 인간의 본성에 합치하는지 또는 '진, 선, 미'의 기준에 따른 것인지를 중시하는 법철학을 자연법自然法주의라고 한다. 실정법주의와 달리 자연법주의하에서는 법 자체의 옳고 그름이 비판적 검토의 대상이 된다.

자연법주의와 달리 실정법주의에서 법은 인위적으로 톱다운top-down

방식으로 제정된다. 이때 법은 해당 시점에 고정적이고 폐쇄적인 시스템 내부에 존재하는 규칙으로서 확실히 제 기능을 발휘할 것으로 가정된다.

그런데 오늘날에는 이런 식의 법률이 기술과 비즈니스 모델의 변화를 따라잡지 못하는 상황이 빈번해졌다. 특히 유전자 조작이나 인공지능같이 윤리적 판단이 매우 어려운 영역에서 이런 상황이 발생하기 때문에 법률이나 업계의 규정 등 명문화된 규칙만 판단의 기준으로 이용하는 실정법주의의 사고방식은 매우 위험하다. 그저 단순히 위법이 아니라는 이유만으로 윤리에서 크게 벗어난 의사결정을 내릴 경우 사회적으로는 제재를 받을 우려가 있기 때문이다.

그렇다면 무엇을 판단의 근거로 삼아야 할까? 시스템의 변화가 너무나 빠르고 명문화된 규칙은 이를 따라가지 못하는 세계에서는 자연법주의적인 사고방식이 중요하다는 사실을 이제는 분명히 알아야 한다. 내재화된 가치관이나 미의식에 따라 '자기 뜻대로' 판단해야 하는 것이다.

'그렇게 애매한 판단에 의지할 수밖에 없는 것일까?'라고 생각하는 사람도 있을지 모른다. 하지만 필자의 생각은 다르다. 상황에 따라 언제 바뀔지 모르는 명문화된 규칙보다는 자신의 내면에 확고하게 자리 잡은 '진, 선, 미'를 축으로 판단하는 편이 훨씬 더 확실하다. 실제로 높은 실적을 지속적으로 내고 있는 기업 중에는 이런 '가치관'을 기본 방침으로서 내걸고 있는 곳이 많다.

구글의 전략적 판단의 기준

구글은 '악해지지 말자Don't be evil!'라는 모토를 내걸고 있다. 행동규범으로서는 매우 독특하지만 구글의 가치관인 '자기 뜻대로'의 표출이라고 생각하면 이해하기 쉽다.

구글의 사업 영역인 정보통신과 인공지능 분야는 변화가 극심하다. 규칙의 정비가 시스템의 변화를 따라가지 못하는 세계인 셈이다. 이런 세계에서 큰 사업을 하려는 경우, 오직 명문화된 규칙에 따라 다양한 의사결정을 내린다면 결정적인 오류를 범할 수도 있다.

그러면 무엇을 판단의 축으로 삼아야 할까. 바로 '선악의 측면에서 생각하자'다. 구글이 '악해지지 말자'라는 모토를 내건 것은 결코 캘리포니아의 유치한 카운터 컬처counter culture(기존 주류 문화에 반하는 문화 – 옮긴이) 탓이 아니다. 시스템이 불안정한 세계, 인류가 한번도 마주한 적이 없는 미증유의 선택을 재촉당하는 사업 환경 속에서 결정적인 오류를 범하지 않기 위해 채택한 매우 전략적이고 합리적인 방침이다.

구글의 이런 가치관이 경영상의 중대한 의사결정에 기여한 사례가 있다. 바로 미국 국방부와 공동으로 추진했던 프로젝트다. 〈뉴욕타임스〉에 따르면, 구글이 미군의 무인항공기 드론의 화상인식 프로젝트에 협력한 것에 대해 사내에서 항의 운동이 확산되었다고 한다. 4600명의 직원이 미군과의 협력 중단을 촉구하는 탄원서에 서명한 데다 사표를 내는 사람도 속출했다고 한다.[5]

구글 직원들은 인공지능을 이용한 화상인식을 무기에 활용하는 것에 대해 법률이나 업계의 규칙이 아닌, 자발적인 윤리와 도덕규범에 비추어 경영진에게 의견을 피력한 것이다. 결국 직원들의 항의를 진지하게 받아들인 구글 경영진은 인공지능을 무기에 이용하지 않겠다는 원칙을 공표하기에 이르렀다. 이는 조직의 구성원들이 지닌 미의식과 가치관이 경영자에게 강력한 견제장치로 작용한 사례였다.

단기적인 이익을 추구하면서 제대로 정비되지 못한 규칙을 계속 따라가기만 하는 일본의 인터넷 기업이, 단기적인 이익을 버리고 중장기적인 미션으로 되돌아가려는 미국의 인터넷 기업만큼 경제적인 성공을 거두지 못했다는 사실은 실로 아이러니하다.

기술이 인간의 상상력을 훨씬 뛰어넘는 진화를 거듭하면서 세계는 점점 더 뷰카화되고 있다. 이런 환경 속에서 어디까지나 인간이 주主고 기술은 종從인 주종관계를 유지하면서 진화하는 기술을 이용하여 더욱 풍요롭고 인간적인 세계를 건설하려면, 우리 인간은 규칙 이외에 판단의 기준으로 삼을 만한 새로운 관점을 마련해야 한다.

- 유전자 분석이나 인공지능 등, 사회에 대한 영향력이 큰 영역일수록 규칙이 정비되어 있지 않다. 이런 세상에서는 규칙에 의존하지 않고 자신에게 내재 된 규범과 미의식에 의거해 모든 일을 판단하기 위한 '성숙한 지성'이 반드 시 필요하다.

- 일본에서는 최근 10여 년간 특히 인터넷 관련 스타트업 기업을 중심으로 여 러 가지 불미스러운 사고가 발생했다. 규칙이 정비되지 않은 영역에서 큰돈을 벌다가 세상의 비난을 받고는 사업을 철수하는 일이 반복되어왔던 것이다.

- 구글은 미 국방부와의 인공지능 공동 연구를 직원들의 압력으로 중단했다. 이는 자신들의 미의식과 규범을 갖춘 조직이 어떻게 자신들의 사업에 넓고 올바른 안목으로 규율을 적용하고 있는지를 잘 보여주는 사례였다.

- 점점 더 빠르고 복잡하게 진화가 일어나는 세상에서 외부로 드러난 규칙에 만 의지하기에는 위험이 너무 크다. 미래에는 자신의 내면에 있는 '진, 선, 미'의 기준에 비추어 자신의 행동을 다스려야 큰 파국을 피할 수 있다.

11

여러 기준을 살피며
동시에 균형을 잡는다

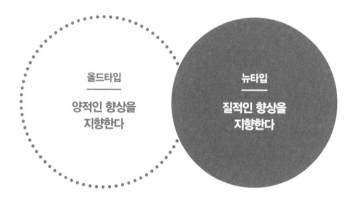

올드타입

양적인 향상을
지향한다

뉴타입

질적인 향상을
지향한다

우리는 상당히 오래전부터 개인의 우수성과 공동체의 가치를 단순히 '양'으로 측정해
왔다. 만약 국민총생산GNP으로 미국의 가치를 측정한다면 GNP에는 대기오염이나
담배 광고비, 교통사고로 출동하는 구급차, 네이팜탄과 핵탄두, 폭동 진압을 위한
장갑차까지도 포함될 것이다. (중략) 반면에 GNP에는 시의 아름다움이나 가족의
유대감, 공적 논의에 필요한 지성이나 공무원의 고결함, 우리의 재치와 용기와 지혜와
배움과 배려가 포함되어 있지 않다. 한마디로, GNP는 모든 것을 측정하지만
우리의 인생을 가치 있게 하는 요소는 아무것도 측정하지 못한다.

로버트 F. 케네디[6]

양적 지표는 무의미해지고 있다

지금까지 살펴본 대로 물건이 과잉 생산되는 한편, 문제는 희소해지는 상황은 필연적으로 '양적 지표를 무의미하게' 했다. 이제까지 '양'은 대상의 성과를 측정하기에 매우 편리한 척도였다. 대표적인 예가 GDP다. GDP는 한때 그 사회의 '윤택한 정도'를 표시하는 지표로서 무척 편리하게 활용되었다. 하지만 GDP가 일정 수준을 넘어서면 행복도를 대변하는 질적 지표와 거의 상관이 없어지면서 지표로서의 의미를 잃게 된다. 이런 양적 지표의 무의미화는 다양한 영역에서 일어나고 있다.

인간의 수명을 생각해보자. 평균 수명이 장기적으로 늘어나는 추세를 보이면서 가까운 미래에 분명 100세에 이를 것으로 예상된다. 그렇다면 이 숫자를 계속 늘리는 것이 얼마나 의미가 있을까. 이런 질문을 받으면 대부분의 사람이 쉽게 대답하지 못할 것이다.

40세였던 평균 수명을 80세로 늘리는 일과, 80세였던 평균 수명을 160세로 늘리는 일은 그 의미가 완전히 다르다. 80세였던 평균 수명을 160세로 늘릴 때는 오히려 '노령기 인생의 질'이 문제가 된다. 수명과 관련해서는 이미 '양'의 문제에서 '질'의 문제로 중심이 옮겨가고 있으며, '질'의 문제가 개선되지 않는 한 '양'의 향상을 꾀해봐야 별 이점이 없다.

가전제품이나 자동차의 성능도 마찬가지다. 텔레비전 리모컨에는 정말 이런 것들이 필요한지 의아할 정도로 많은 버튼이 붙어 있다. 그 중 대다수는 대체 어떤 기능이 있는지도 인지되지 못한 채 결국은 한 번도 사용되지 않고 폐기될 것이다. 당연히 이들 버튼의 기능을 추가하기 위해서는 얼마간의 비용이 든다. 하지만 사용자는 그 기능을 제대로 활용하지도 않을 뿐만 아니라 그 효용을 인정하지 않는다. 비용만 증가하고 가치는 증가하지 않았다기보다는, 기능이 너무 증가한 탓에 사용이 번거로워지고 되레 효용이 감소한 것이다.

이런 식으로는 생산성이 저하될 것이 뻔하다. 오로지 '도움이 된다' 축에서 양적 향상만을 목표로 삼았던 수많은 기업은 다른 축에서는 가치를 제공할 생각을 하지 못하고 여전히 양적 향상만을 추구하며 '생산성 저하의 왕도'를 달려가고 있는 셈이다.

자동차 분야도 마찬가지다. 오늘날 생산되는 자동차들은 대부분 수백 마력의 힘을 발휘하는 엔진이 탑재되어 있고 그 힘을 안전하게 통제해줄 온갖 컴퓨터 제어 프로그램이 내장되어 있다. 하지만 애초에 법정 최고 시속이 100킬로미터로 제한되어 있는 데다 도로도 시속 수십 킬로미터밖에 속도를 낼 수 없는 상황에서 컴퓨터 제어 프로그램 없이는 제어하지 못할 정도의 동력이 왜 필요한 것일까. 당연히 엔진 출력을 높이고 또 이를 제어하기 위한 컴퓨터 프로그램을 개발·장착하는 것은 비용을 증가시키는 중요한 요인이다.

하지만 도로에서는 겨우 시속 수십 킬로미터의 속도를 내면 충분하므로 이런 장치들은 실질적인 효용을 거의 향상시키지 못한다. 출력이 상승하면 운전 실수에 따른 피해가 커진다는 사실을 생각하면 오히려 효용은 낮아진다고 할 수 있다.[7] 이때도 마찬가지로 무의미한 양적 향상에 따른 생산성 저하 문제가 발생하는 것이다. 이런 현상, 즉 '양이 증가할수록 단위당 효용이 줄어드는 현상'을 경제학에서는 '한계효용 체감의 법칙'이라고 한다.

법칙이란 이것이 보편적으로 관찰되는 현상이라는 의미지만, 우리는 여전히 '양적인 단일 지표'를 이용해서 모든 일의 좋고 나쁨을 판단하는 경향이 있다. 하지만 앞서 말했듯이 다양한 영역에서 더 이상의 '양적인 개선'은 거의 의미를 잃은 시대에 다양한 일의 성과를 양적 지표로 측정하고 관리하려는 올드타입은 한계효용 체감의 법칙이 족쇄가 되어 가치를 창출하지 못하는 상황에 빠진다.

GDP라는 지표가 엉터리 일자리를 늘린다

최근 '성장 경제인가, 정상定常 경제(일정한 물리적 재산과 인구 규모로 성립되고, 더 이상 성장하지 않는 경제. 애덤 스미스와 존 스튜어트 밀 등 고전파 경제학자들이 '경제는 성장한 후에 정상 경제로 옮겨간다'고 주장했다 - 옮긴이)인가?' 하는 논의가 여기저기서 벌어지고 있다. 이는 나름대로 중요한 논점이지만 약간 걱정스러운 점이 있다. 성장이 중요하다고 주장하는 측도, 정상 경제로 옮겨가야 한다고 주장하는 측도 모두 GDP라는 양적 기준을 논의의 전제로 한다는 점이다.

두 의견은 완전히 상반되는 것 같지만, 사실 경제라는 하나의 척도로만 이상적인 사회를 규정한다는 점에서는 완전히 일치한다. 하지만 양적인 경제지표만으로 사회의 이상적인 상황을 규정할 수 있는 시대는 이미 오래전에 끝났다. 정말로 고민해야 할 것은 '성장인가, 정상인가'가 아니라 '경제를 대신할 새로운 질적 지표는 무엇인가'다.

이 문제에 관해서는 이미 여기저기서 논의가 시작되었지만 지금 다시 한 번 짚어보려고 한다. 오늘날 GDP로 대표되는 경제지표는 사회의 건전성과 후생 정도를 나타내는 지표로서 거의 의미가 없다. 이런 상황에서 오로지 경제지표만을 추구하는 것은 전형적인 올드타입이다. 이제 우리는 경제라는 지표와는 별개로 사회의 건전성과 행복도를 함께 측정하고 관리할 수 있는 지표를 개발해야 한다.

원래 GDP는 100년 전쯤 미국의 대공황기에 문제를 정량화하기 위해 개발된 지표다. 당시 미국 대통령 허버트 후버 Herbert Hoover는 어떻게든 대공황을 극복해야 했는데, 정작 정보는 주가, 각종 산업재 가격, 도로 운송량 같은 단편적인 수치들뿐이었다. 이것들은 정책 입안에 근거로 삼을 만한 자료가 아니었다.

기업이 잇따라 파산하고 나날이 노숙자가 늘어나는 현상을 눈으로 지켜보면서 분명히 뭔가 잘못되어가고 있다고는 알아차렸지만 '국가 전체가 어떤 상황에 처했는지, 상황이 개선되고 있는지 악화하고 있는지'에 관해서는 전혀 종잡을 수 없었다.

그래서 의회는 1932년 러시아 출신의 경제학자 사이먼 쿠즈네츠Simon Kuznets에게 '미국은 얼마나 많은 물건을 만들 수 있는지'를 조사하게 했다. 몇 년 후에 쿠즈네츠가 의회에 제출한 보고서에는 현재 우리가 GDP라고 부르는 개념의 기본형이 제시되었다.

원래 쿠즈네츠가 의뢰받은 것은 '얼마만큼의 물건을 만들 수 있는가'를 조사해달라는 것이었다. 하지만 이미 지적한 대로 현대를 살아가는 우리에게 이미 물건은 과잉 상태가 되었기 때문에 이 지표를 높이는 일은 의미가 없다. 아니, 이 지표를 높이려고 하면 오히려 '의미'를 갖지 못한 엉터리 일자리가 만연하고 대량의 쓰레기가 배출되어 환경에 악영향을 미칠 뿐이다.

GDP로 대표되는 경제지표는 오늘날 '풍요로움'이나 '건전성'을 나타내는 지표로서는 이미 무의미해졌다. 현대사회는 '물건'에서 '의미'로 가치의 원천이 바뀌고 있다. 이런 사회에서 여전히 가치의 크기를 물건의 양으로만 측정하는 올드타입을 고수한다면 풍요롭고 건전한 사회를 구축할 수 없다. 앞으로는 경제지표를 대신할 새로운 질적 지표를 개발하고 이를 유연하게 활용하는 뉴타입의 방식이 필요하다.

의미는 양적 지표로 측정할 수 없다

양적 지표와 질적 지표를 포괄하는 이원적 기준dual standard이 필요하다는 지적은 앞서 설명한 '의미 있는 상품 시장에서의 경쟁'이라는 논점과도 연관된다.

이미 언급한 대로 '도움이 되는' 상품 시장에서는 평가 지표가 수렴되기 때문에 이른바 핵심성과지표를 활용한 '양적 지표 관리'가 제 기능을 발휘했다. 하지만 이런 접근은 '의미가 있는' 상품 시장에서는 효과를 내지 못한다. 사람이 느끼는 의미의 크기나 정도는 결코 수치화할 수 없기 때문이다.

대표적인 의미 시장인 패션 브랜드를 예로 들어보자. 꼼데가르송 Comme des Garçons을 아끼는 사람에게 꼼데가르송 의류가 갖는 의미와 이세이미야케 Issei Miyake를 아끼는 사람에게 이세이미야케 의류가 갖는 의미는 서로 다르고 확정적으로 수치화할 수도 없다. 다시 말해 의미 시장에서는 고객 가치를 수치로 나타낼 수 없다. 그렇게 수치화하지 못하는 이상, 핵심성과지표를 설정해서 관리할 수도 없다.

그런데도 과거에 '도움이 되는' 상품 시장에서 훌륭하게 기능을 발휘했던 경영 기법을 고집한다면 결국 의미와는 거리가 먼 수치만이 난무할 뿐, 가장 핵심인 의미는 방치되고 경쟁력을 잃게 된다. 이런 상황에서 오로지 양적인 지표를 설정해 의사결정의 기준으로 삼는 것은 올드타입이다.

반면에 이런 시장에서 양적 지표를 이원적 기준의 한쪽에 놓아두고 정량화가 불가능한 질적인 측면의 가치 판단도 포함시켜서 종합적이고 직감적으로 판단하는 사고야말로 뉴타입이다.

- 현재는 어떤 일의 성과를 양적 지표로 측정한다. 하지만 양적 지표에는 '한계효용 체감의 법칙'이 적용되기 때문에 양적 개선이 진행될수록 오히려 체감할 수 있는 효과는 줄어든다.

- 특히 일본에서는 GDP, 수명, 가전제품의 성능과 같은 '양적 지표'를 개선하는 것이 더는 큰 의미가 없어진 반면에, 행복, 삶의 보람, 의미와 같은 '질적 평가'에 대한 관심이 높아지고 있다.

- 이런 시대에 오직 숫자로 측정되는 '양적 지표'에만 의지해서 사물과 상황의 좋고 나쁨을 판단하고 관리하는 올드타입은 개선이나 발전이라는 관점에서는 물론, 관련된 사람들에 대한 동기부여라는 관점에서도 이미 제 기능을 발휘하지 못한다.

- 앞으로는 양적 지표뿐만 아니라, 동시에 추구해야 하는 질적 측면에도 주목해 양측의 균형을 맞추면서 질적이고 양적인 발전을 동시에 지향하는 뉴타입의 사고방식이 요구된다.

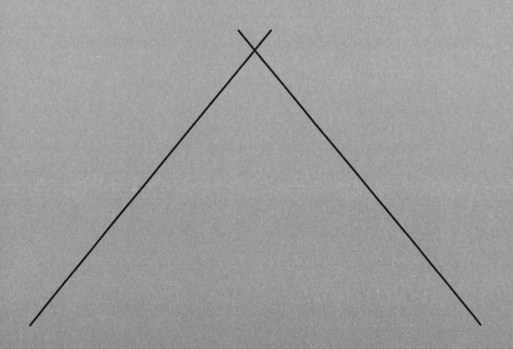

제 5 장

뉴타입은 어떻게 일하는가

| 자신이 빛나는 자리를 찾아 움직여라 |

12

| 이동성 |

복수의 조직을 넘나들며 일한다

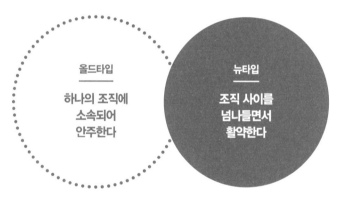

올드타입

하나의 조직에
소속되어
안주한다

뉴타입

조직 사이를
넘나들면서
활약한다

내가 진심으로 말하고 싶은 것은 '근로'가 미덕이라는 믿음이
현대사회에 막대한 해를 끼치고 있다는 것이다.
행복과 번영에 이르는 길은 조직적으로 일을 줄여가는 것이다.[1]

버트런드 러셀[2]

왜 기업은 사라지지 않는가

사람들은 대개 소련의 붕괴와 잇따른 동유럽 사회주의 국가들의 와해로 사회주의가 사멸했다고 믿는다. 하지만 일본이나 미국을 비롯한 서방 선진국들이 사멸했다고 생각하는 사회주의가 유일하게 살아남아 우리에게 엄청난 영향을 미치고 있는 곳이 있다. 바로 기업이다.

영국의 경제학자 로널드 코스Ronald H. Coase는 1937년에 발표한 획기적인 경제 논문 〈기업의 본질〉에서 극히 본질적인 질문을 던졌다. 시장이 그렇게 훌륭하다면 왜 이렇게 많은 경제활동이 시장이 아니라 기업에서, 그것도 사회주의 국가와 같은 통제와 관리하에서 이루어지고 있는가 하는 것이다.

시장이 적절하게 자원을 분배해준다면 누구나 프리랜서로 일하며 필요에 따라 프로젝트를 계획하고 함께 협력하다가 프로젝트가 끝나면 해산하는 방식을 택할 것이다. 이 방식이야말로 가장 효율적이기 때문이다. 그런데 현재는 대부분의 사람이 프리랜서로 일하는 대신, 관료적인 대규모 조직에 소속되어 경제활동을 한다. 로널드 코스의 말대로 시장점유율이 시스템의 성공도를 측정하는 지표라면 노동시장 자체가 실패했다고도 볼 수 있다.

물론 상법 등의 법률이 정비되어 있지 않고 계약 이행이 보장되지 않는 사회라면 노동시장이 제 기능을 발휘하지 못하고 대부분의 사람이 관료적인 조직에 소속되어 일한다고 해도 전혀 이상하지 않다. 하지만 일본을 비롯해 많은 선진국에서는 20세기 중반부터 법적인 정비가 진행되었으니 이런 요인이 이유라고 단정할 수는 없다.

로널드 코스가 던진 질문에는 비용 최소화로 답할 수 있다. 당연한 일이지만, 건전하게 기능을 다하는 시장이라면 고비용 조직은 경쟁에서 패배하게 된다. 따라서 로널드 코스는 시장에서 살아남은 '노동 형태'인 크고 관료적인 기업 조직이 비용 면에서 유리했기 때문에 자연 도태되지 않은 것이라고 주장한다.

하지만 본래 시장은 다른 어떤 시스템보다도 효율적이어야 한다. 자유로운 노동시장이 왜 효율성 면에서 관료적인 대기업에 뒤떨어지는 것일까. 로널드 코스에 따르면 시장에는 몇 가지 비효율이 존재하기 때문이다.

- **검색 비용**: 시장에서 적절한 가격 수준을 찾아내고 거래 상대를 물색하기 위한 비용과 시간
- **교섭 비용**: 거래 상대와 교섭하고 합의에 이르기까지의 비용과 시간
- **계약 비용**: 거래 상대와의 합의 내용을 확인하고 유효한 계약을 맺기 위한 비용과 시간
- **감시 비용**: 거래 상대가 계약을 이행하는지를 감시하기 위한 비용과 시간

로널드 코스가 지적한 '노동시장의 비효율성'은 모두 '정보'와 관련

된 것으로서 현재 급속하게 보급되고 있는 디지털 기술과 정말 잘 어울리는 문제다. 과거에 기업은 경제활동에 필연적으로 수반되는 거래비용을 시장보다 줄일 수 있었기에 노동시장보다 우위에 설 수 있었다. 하지만 이제는 일련의 디지털 기술이 그 관계를 역전시켜서 노동시장이 기업보다 우위에 설 가능성이 높아졌다.

과점화와 분산화의 양극화가 동시에 진행된다

이런 주장을 쉽게 받아들이지 못하는 사람도 있을 것이다. 각종 통계에 따르면 기업의 과점화가 심화되어, 오히려 '대기업'의 존재감이 더욱 커졌기 때문이다.

경제 주간지 〈이코노미스트〉가 미국의 다양한 업계의 893개 기업을 조사한 결과, 매출액 기준 상위 4개 사의 점유율이 1997년 26퍼센트에서 2012년에는 32퍼센트로 증가했다.[3]

일본 휴대전화의 경우 2000년부터 2005년까지 대략 50퍼센트를 차지하던 상위 4개 사의 합계 점유율이 2019년에는 80퍼센트 전후까지 상승해 명확한 과점화 경향을 보이고 있다.

시간 축을 더욱 넓히면 이런 경향은 자동차, 가전제품, 금융, 통신, 유통 등 다양한 업계에서도 관찰된다. '시장에 대한 기업의 우위'가 약화되었다는 주장과는 어긋난 결과다. 확실히 대기업에 의한 과점화와, 하나의 기업 조직에 의존하지 않고 복수의 조직에 참여하는 개인의 등장은 모순으로 여겨질 수도 있다. 하지만 그렇지 않다. 대기업에 의한 과점화와 기업에 의존하지 않는 개인의 대두라는 트렌드는 현재 진행되고 있는 양극화의 양극단으로 보아야 하는 현상이다.

각종 조사 결과 기업에 소속되지 않은 프리랜서가 증가하고 있다. 일본 후생노동성이 발표한 〈프리랜서 백서〉에 따르면, 현재 일본에는 1000만 명 남짓한 프리랜서가 있고, 그 수는 증가 추세라고 한다. 미국은 이런 현상이 더욱 진행되어, 현재 프리랜서의 수가 5000만 명 남짓이며, 머지않은 미래에 총노동력의 절반이 프리랜서일 것이라는 예측도 나왔다.[4] 즉 대기업에 의한 과점화와 프리랜서로 대표되는 '스몰 플레이어small player'의 대두라는 두 가지 추세가 동시에 일어나고 있는 것이다.

이 책에서는 이미 '도움이 되는' 상품 시장에서 상위 기업에 의한 과점이 진행되는 한편, '의미가 있는' 상품 시장에서는 글로벌 니치에 의한 다양화가 진행된다고 설명했는데, 이 현상 또한 양극화의 표출이라고 할 수 있다.

애초에 대기업에 의한 과점과 프리랜서의 증가는 모순되지 않는다. 애플, 구글, 아마존 등의 지배적 기업이 제공하는 플랫폼 덕분에 조직에 소속되지 않은 프리랜서가 어떤 비즈니스를 탄생시켰다면 이는 거대 기업에 의한 과점화와 프리랜서의 증가가 동시에 일어난 것이라고 봐야 한다.

이 책을 집필하고 있는 2019년 현재, 유튜버는 초등학생이 동경하는 직업 가운데 상위 순위를 차지하고 있다. 그런데 이 직업 역시 유튜브라는 거대한 플랫폼이 있기에 존재한다는 측면을 간과할 수 없다. 결국 문제가 되는 것은 대기업도 1인 프리랜서도 아닌, '어중간하게 규모가 큰' 조직이나 개인이 아닐까.

이익률과 규모의 V자 곡선

'이익률과 규모의 V자 곡선'으로 이 문제를 살펴보자. 세로축에 이익률, 가로축에 매출액을 표시하고 기업의 수익성과 규모를 표로 나타내보면 대부분의 업계에서 V자 곡선 분포도가 형성된다.

이 V자 곡선에 메가 트렌드가 어떻게 작용하는지를 생각해보자. 원래 규모의 이익으로 경쟁하던 거대 기업들은 글로벌화 이후 다른 거대 기업들과 최후의 전쟁, 즉 아마겟돈을 벌이고 극소수의 승자와 대량의 패자로 나뉘게 된다.

규모를 무기로 경쟁하는 기업은 필연적으로 지리적인 확대를 추구하게 되므로 글로벌 경쟁의 아마겟돈은 피할 수 없는 숙명적인 싸움이다. 어중간한 규모의 기업은 이 경쟁의 파도에 휩쓸려 사라지는 운명을 맞이하게 된다.

그러면 개인 프리랜서나 소규모 조직 같은 스몰 플레이어는 어떻게 될까? 이미 살펴본 대로, 앞으로는 규모 면에서의 약점이 점점 줄어들어 더욱 넓은 지역에서 깊게 공감하는 고객을 찾아내는 것이 가능하기 때문에 더욱 초점을 좁히고 예리한 무기를 갖추어야 한다. 이런 과정에서 강한 공감을 얻지 못하는, 즉 예리한 무기를 갖추지 못하는 어중간한 개인이나 조직 역시 사라질 것이다.

다양한 업계에서 이미 나타났던 V자 곡선은 글로벌화와 기술 플랫폼의 진화에 따라 더욱 깊은 V자 곡선으로 변화할 것이다. 이 현상을 일면적으로 보면 대규모 기업이 점점 커지기 때문에 과점화 진행으로 해석되기도 한다. 이것이 다양한 업계에서 상위 기업의 과점 현상이 일어나는 이유다. 반면, 니치 플레이어는 점점 세분화·다양화되어, 시장은 거대 조직과 프리랜서 중심의 프로젝트형 조직으로 양극화될 것이다.

바벨 전략으로 인생의 보험을!

이 양극 가운데 우리는 어느 쪽을 선택해야 할까. 정답은 '양쪽 모두'다. 이것이 바로 '바벨 전략barbell strategy'이다. 앞서 언급한 사상가 나심 니콜라스 탈레브가 저서 《안티프래질》에서 명명한 바벨 전략은 극단적으로 리스크가 다른 두 가지 직업을 동시에 갖는 것을 뜻한다. 탈레브는 이 전략을 '90퍼센트는 회계사, 10퍼센트는 록스타의 삶'이라는 예로 설명했다. 잘 이해되지 않을지 모르겠다. 간단히 말하자면, 이익이 발생할 가능성인 업사이드 리스크upside risk와 손실을 입을 가능성인 다운사이드 리스크downside risk의 비대칭성이 있는 직업을 조합하라는 것이다.

예를 들어, 록 뮤지션으로 활동하는 데는 그다지 큰 투자가 필요 없다. 기껏해야 자비로 앨범을 내는 정도이며 앨범이 팔리지 않아도 잃는 것은 앨범 제작비 정도다. 즉 다운사이드 리스크가 매우 적다. 반면에 어떤 계기로 앨범이 잘 팔리면 막대한 돈과 명예를 얻는다. 즉 업사이드 리스크가 매우 크다. 이는 업사이드와 다운사이드에서 리스크의 비대칭성이 있다는 의미다. 어느 정도 안정된 직업을 확보해두고서, 어딘가에는 대박을 터뜨릴 가능성이 있는 업사이드 리스크를 인생에 설정해두자는 발상이 탈레브가 말하는 바벨 전략이다.

이렇게 사는 방법도 있느냐고 놀랄지도 모르지만, 그다지 드문 이야기는 아니다. 유례없는 업적을 남긴 사람들의 경력을 되짚어보면 바벨 전략을 사용한 경우를 얼마든지 찾아볼 수 있다.

전형적인 예가 아인슈타인이다. 새삼 설명할 필요도 없는 20세기 최고의 물리학자인 아인슈타인은 논문 〈광양자 가설〉(빛이 입자로 이루어져 있다는 가설 - 옮긴이)을 계기로 노벨상을 수상하게 되었다. 그런데 이 논문은 아인슈타인이 스위스 베른의 특허청에서 심사관으로 일하면서 여가 시간에 집필한 것이었다. 아인슈타인은 특허청 공무원이라는, 리스크가 극히 적은 일을 하는 동시에 과학 논문을 써서 노벨상을 수상한 것이다.

논문 집필은 다운사이드 리스크가 거의 없는 일이다. 설사 실패한다 해도 잃는 것은 시간과 논문 종잇값 정도일 것이다. 하지만 업사이드 리스크는 무한하다. 이 논문 덕분에 아인슈타인은 세계적인 명성을 얻었으니 전형적인 바벨 전략의 성공 사례라고 할 수 있다.

1장에서 세계가 점점 뷰카화, 즉 변동적이고 불확실하며 복잡하고 모호한 상황으로 치닫고 있다고 설명했었다. 통상적으로 불확실성이란 부정적인 요소로서 기피되는 경향이 있지만, 사실 불확실성에는 다운사이드 리스크뿐만 아니라 업사이드 리스크도 존재한다. 즉 인생에서 불확실성을 쫓아낸다면 '대박' 날 가능성마저도 배제하는 것이다.

한 가지 직업에만 전념한다면 그 일에 다운사이드 리스크가 파도처럼 밀려올 때, 생활은 파탄날 것이다. 그러므로 리스크 유형이 다른 여러 일자리를 갖는 것이 바람직한 전략이라고 할 수 있다.

이는 전혀 새로운 생각이 아니다. 예로부터 기업 전략의 영역에서 널리 쓰인 '포트폴리오'라는 개념과 통하기 때문이다. 기업의 포트폴리오는 안정적으로 현금을 만들어내는 '오늘의 사업'을 펼치면서 미래에 대박을 터뜨릴지도 모르는 여러 가지 '내일의 사업'에 착수하는 형태를 갖추어야 한다. 당연한 말이라고? 그렇다면 이를 개인의 경력에도 똑같이 적용해보는 것이 어떨까? 이미 설명했듯이, 인간의 수명은 거의 100세에 이른 반면에 기업의 수명은 점점 짧아지고 있다. 게다가 기업의 라이프사이클 곡선도 예전처럼 완만하게 종말을 맞이하기보다는 마치 돌연사라도 하듯이 하루아침에 끝나는 경우가 증가하고 있다. 이런 시대에 여전히 '한 길'이라든가 '열심히'라는 가치관으로 직업을 선택하는 올드타입은 굉장히 큰 리스크를 짊어질 수밖에 없다.

이런 시대에 뉴타입은 리스크가 다른 유형의 일자리로 포트폴리오를 구성함으로써 다양한 조직을 넘나들며 안정성과 업사이드 리스크를 양립시킨다.

- 경제학자 로널드 코스는 왜 대부분의 경제활동이 시장에 의한 거래가 아니라, 관료적인 대기업의 관리와 통제하에서 이루어지는지를 연구했다. 그 결과 기업이 시장보다 정보 유통 비용이 낮고 더욱 효율적으로 경제활동을 움직이기 때문이라는 결론을 내렸다.

- 오늘날 정보 유통 비용은 급속하게 낮아지고 있는 데다 노동시장에서 기업에 소속되지 않은 프리랜서의 단점은 상대적으로 줄어들고 있다. 조직에 소속되어 일하는 삶에는 리스크가 더욱 커지고 이익은 계속 줄어든다.

- 미래에는 대기업에 의한 시장의 과점화 그리고 개인으로 대표되는 소규모 조직의 다양화·난립이라는 양극화가 진행될 것이다. 이때 어느 형태로 일할지가 중요한 선택 요소가 되는데, 가장 리스크가 적은 방법은 양쪽에 모두 자신의 자리를 확보해두는 바벨 전략이다.

13

| 노력과 성과 |

자신의 가치가
높아지는 곳에서 노력한다

올드타입

지금 있는 곳에서
열심히 노력한다

뉴타입

이길 수 있는 곳에서
최선을 다한다

인터뷰어: 성공한 아티스트로서, 비결은 무엇인가요?

앤디 워홀[5]: 해야 할 때 해야 할 자리에 있는 것이겠지요.

노력하면 꿈은 이루어진다는 오해

고난 속에서도 꾸준히 성실하게 노력하면 언젠가 반드시 보상받을 거라고 생각하는 사람이 많다. 세상은 공정해야 하며 실제로 그렇다고 믿는 사람들이다. 이런 세계관을 사회심리학에서는 '공정한 세상 가설 just-world hypothesis'이라고 부른다. 공정한 세상 가설을 처음 제창한 것은 정의감에 관한 연구로 선구적 업적을 남긴 심리학자 멜빈 러너 Melvin Lerner다.

러너에 의하면 공정한 세상 가설을 믿는 사람은, 열심히 노력하는 사람이 보상받고 그렇지 않은 사람은 벌을 받는다고 생각한다. 물론 이런 세계관을 믿고 노력한다면 그 나름대로 바람직한 일이기는 하지만, 그런 사고가 지나치게 강하면 오히려 폐해가 발생할 수도 있다.

주의해야 할 것은 공정한 세상 가설에 사로잡힌 사람이 무의식중에 분출하는 극단적인 주장이다. 노력하면 반드시 꿈은 이루어지며, 만약 꿈이 이루어지지 않는다면 그것은 노력이 부족해서라는 그들의 주장은 노력 원리주의라고도 할 수 있다.

물론 물건을 만들어내는 일이 그대로 가치의 창출로 직결되는 시대라면 노력을 거듭함으로써 성과를 높일 수도 있을 것이다. 하지만 지금까지 몇 번이고 강조했듯이, 현재 세상에는 물건이 과도하게 넘쳐나서 본래의 '가치'에 대한 정의를 내리기조차 어려워졌다. 이런 시대에 노력하면 꿈은 이루어진다는 가치관에 고지식하게 집착하는 올드타입은 상당히 높은 리스크를 안을 수밖에 없다.

1만 시간의 법칙에 숨은 오류

순진하게도 노력은 반드시 보상받는다는 주장을 하는 사람들이 주로 내세우는 근거 가운데 하나가 '1만 시간의 법칙'이다. 세계적인 경영사상가 말콤 글래드웰이 저서 《아웃라이어》에서 제창한 법칙으로, 주요 골자는 다음과 같다.

- 큰 성공을 이룬 음악가나 스포츠 선수는 모두 1만 시간을 훈련에 쏟아부었다.
- 1만 시간보다 단시간 내에 세계적인 수준에 도달한 사람은 없으며, 1만 시간을 훈련에 쏟고도 세계적 수준이 되지 못한 사람 또한 없다.

1만 시간 동안 연습을 거듭하면 누구라도 최고가 될 수 있다는 말이다. 그렇다면 어떤 근거로 그런 대담한 주장을 하는지 살펴보자. 글래드웰은 다음 세 가지를 근거로 삼았다.

- 세계 최고의 바이올리니스트는 모두 어린 시절에 1만 시간을 연습에 쏟아부었다.

- 빌 게이츠는 학생 시절에 1만 시간을 프로그래밍에 쏟았다.
- 비틀스는 데뷔 전에 1만 시간을 무대에서 연주했다.

형식논리학을 조금이라도 아는 사람이라면 이쯤에서 알아차렸을 것이다. 위의 사실에서 글래드웰이 주장하듯이 '1만 시간 연습하면 최고가 될 수 있다'는 명제를 이끌어낼 수 없다는 사실을 말이다. 이는 글래드웰의 《아웃라이어》만이 아니라 '재능보다 노력이 중요하다'고 주장하는 수많은 책에 공통적으로 나와 있는 오류다.

미국 작가 데이비드 솅크는 《우리 안의 천재성》에서 대표적인 천재 음악가 모차르트가 실제로는 유소년기부터 집중적인 훈련을 받으며 노력을 거듭해왔다는 사실을 논거로 들어, 역시 재능보다 노력이라고 결론을 맺는다. 하지만 이는 논리 전개에서 흔히 발생하는 초보적인 실수로, 실은 전혀 명제를 증명하는 근거가 되지 못한다.

우선 '참명제'는 다음과 같다.

- **명제1**: 천재 모차르트는 노력했다.

이 명제에 반대되는 명제로서 명제2를 도출했다고 하자.

- **명제2**: 노력하면 모차르트 같은 천재가 될 수 있다.

이는 어린아이가 흔히 저지르는 실수인 '반대명제'다.

- **명제1**: 천재 모차르트는 노력했다.

위의 참명제에서 이끌어낼 수 있는 명제는 아래와 같은 '대우명제'다.

- **명제3**: 노력 없이는 모차르트 같은 천재가 될 수 없다.

'노력하면 모차르트 같은 천재가 될 수 있다'는 명제가 아니다. 그렇다면 노력이 전혀 의미가 없느냐고? 물론 그렇지는 않다.

프린스턴대학교 브룩 맥나마라 교수 연구팀은 '자각적 훈련'에 관한 88건의 연구를 메타 분석해서 '연습이 기량에 미치는 영향은 기술이나 능력의 분야에 따라 다르며, 기능 습득에 필요한 시간은 정해져 있지 않다'는 극히 타당한 결론을 제시했다.[6] 이 논문에는 분야별로 '연습량이 많고 적음에 따른 성과의 차이를 설명해줄 척도'가 소개되어 있다.

- 컴퓨터게임 : 26퍼센트
- 악기　　　 : 21퍼센트
- 스포츠　　 : 18퍼센트
- 교육　　　 : 4퍼센트
- 지적 전문직: 1퍼센트

글래드웰은 바이올리니스트에 관한 연구에서 '1만 시간의 법칙'을 이끌어냈다. 그런데 맥나마라 연구팀의 발표를 살펴보면 확실히 악기 연주는 연습량이 성과에 미치는 영향이 큰 분야라는 것을 알 수 있다. 하지만 우리 대부분이 관여하고 있는 지적 전문직의 경우 노력의 양과 성과가 거의 관계없어 보인다.

이 자료를 보면 글래드웰이 주장하는 '1만 시간의 법칙'이 사람들을 잘못된 인식으로 이끄는 얼마나 위험한 주장인지를 알 수 있다. 노력은 보상받는다는 주장에는 일종의 세계관이 반영되어 있어서 확실히 마음을 사로잡는 매력이 있다. 하지만 그것은 바람일 뿐이고 현실 세계는 그렇지 않다는 사실을 직시하지 않으면 인생을 의미 있고 풍요롭게 살아가기 어려울지 모른다.

'노력의 층'을 바꾸지 않는 한 노력은 무의미하다

'노력'에 의미가 없는 것이 아니라 핵심은 '노력의 층을 쌓아 올리는' 일이다. 노력에는 층 layer이 있다. 직장에서 남들보다 배로 노력하는데도 좀처럼 성과가 나타나지 않는다면, 그것은 노력이 부족해서가 아니라 그 일이 필요로 하는 자질과 본인의 자질이 맞지 않아서일 가능성이 있다.

이때 그 자리에서 한결같이 애쓰는 '레이어1의 노력'을 계속할 수도 있고, '적성이 맞지 않는다'는 사실을 진지하게 받아들여 자신에게 어떤 직업이 맞는지를 고민하고 다양한 정보를 모아서 다음 직업을 찾는 '레이어2의 노력'을 시작할 수도 있다.

직장에서 '레이어2의 노력'을 하는 사람은 현실에서 '도망친' 것으로 여겨질지 모르지만, 결코 그렇지 않다. 오히려 자신에게 주어진 역할과 자리를 비판 없이 받아들이고 오로지 손쉬운 노력만을 계속하는 레이어1이야말로 '안일한 노력 속으로 도망쳤다'고 말할 수 있다.

층이 다른 두 가지 노력 중에 앞으로 더욱 요구되는 것은 레이어2의 노력이다. 1장에서 설명한 대로, 현재 우리의 경력은 느리게 쌓여가는 한편, 세상의 변화는 어지러울 정도로 빠르게 이루어지기 때문에 자신과 직업의 관계성은 예전보다 훨씬 단기간에 변화를 겪게 된다.

이때 레이어1의 노력에만 의존해서 상황을 타개하려고 하는 올드타입의 행동양식을 버리지 못한다면 도저히 성과가 나오지 않는 곳에서 쓸모없는 노력을 계속하게 될 수도 있다. 이제는 환경 변화에 유연하게 대처하면서 자신의 가치가 상대적으로 높아지는 곳으로 끊임없이 위치를 변화시키는 뉴타입의 사고와 행동양식이 필요하다.

새로운 포지셔닝으로 노벨상을 수상하다

2012년 노벨생리의학상을 수상한 야마나카 신야山中伸弥 교수는 자신의 일을 새롭게 포지셔닝함으로써 자신의 가치를 극대화하는 뉴타입의 방식을 실천했다. 그 결과 큰 성과를 얻게 되었다.

야마나카 교수는 정형외과 의사를 목표 삼아 1987년부터 정형외과 수련의로 근무했지만 수술을 그리 잘하지 못했다고 한다. 그는 의사가 '자신에게 맞지 않는' 직업임을 깨닫고 2년 후에 기초의학을 공부하기 위해 새로 약리학 연구과에 입학했다.

이후 전통적인 약리학에도 강한 좌절감을 느꼈지만 연구에 몰두하다 녹아웃 마우스knockout mouse(유전자의 기능을 추정하기 위해 특정 유전자를 활성화시킨 쥐)에 대해 알고는 여기에 새로운 돌파구가 있다는 것을 직감했다.

그 후 박사 학위를 받고 미국 캘리포니아대학교 글래드스톤 연구소에서 분자생물학을 기초부터 공부하면서 어떤 세포로도 분화하는 배아줄기세포에 강한 관심을 갖게 되었다. 귀국 후에 오사카시립대학교 의학부 조수로 들어가 배아줄기세포에 관한 연구를 기초부터 시작했다. 수정란에서 추출해 배양한 살아 있는 배자胚子가 아닌, 피부 등의 체세포에서 배아줄기세포와 똑같은 세포를 만드는 연구로, 아직 아무도 시도한 적이 없는 최초의 도전이었다.

가능할지 불가능할지는 알 수 없었다. 하지만 만약 가능하다면 수정란을 사용할 경우의 윤리적 문제와 면역거부반응 문제를 모두 해결할 수 있었다. 만약 불가능하다면 과학자가 되기를 깨끗이 단념하고 동네 의사로 일하겠다는 각오를, 조교수로 취임했을 때 했다고 한다. 마침내 이 연구는 유도만능줄기세포iPS(induced Pluripotent Stem Cell)의 발견으로 이어져 야마나카 교수에게 노벨상을 안겨주었다.

야마나카 교수의 경력은 우리에게 다양한 시사점을 던져준다. 그가 처음 목표로 했던 직업은 정형외과 의사였다. 그런데 이 일이 자신에게 맞지 않는다고 판단하고 2년 후에는 다른 직업으로 방향을 돌렸다. 기간이 꽤 짧게 느껴질지 모르겠다. 하지만 의사로서 어느 영역에 포지셔닝할지를 선택할 수 있는 기간은 길지 않다. 그렇게 생각하면 2년 만에 포기하는 결단도 대단한 용기일 수 있다.

그렇게 약리학의 세계로 들어선 야마나카 교수는 여기서도 좌절하게 되지만 이때 나중의 연구로 이어질 중대한 힌트를 얻는다. 좌절해서 도망칠 때도 뭔가를 최대한 얻어낸 다음 다른 영역에서 활용했던 것이다. 그렇게 영역을 넘나들었기에 지식과 경험의 다양성이 증가하고 그런 무형 자산이 결국 독창적인 지적 성과의 창출로 연결되었다.

야마나카 교수의 커리어는 현실을 회피하는 경향이 있는 뉴타입의 행동양식, 즉 오로지 한 곳에서만 노력하는 것이 아니라 다음 장소로 포지셔닝을 시도하여 자신이 가장 빛날 만한 자리를 찾는 행동양식이 어떤 성과를 가져다주는지를 제시한다.

- 노력하면 반드시 보상받는다는 명제는 오해이며, 실제로는 개인의 적성이나 환경 그리고 노력에 따라 얻을 수 있는 이익에 큰 차이가 있다.

- 무작정 노력한다고 해서 보상받는 것은 아니다. 중요한 것은 노력의 방향과 자신의 적성이 맞아야 한다는 점과, 그 노력이 기량의 향상으로 이어지는 올바른 방식의 노력이어야 한다는 점이다. 이 두 가지가 충족되지 않으면 노력은 헛수고로 끝날 가능성이 크다.

- 우리가 자주 듣는 '1만 시간의 법칙', 즉 어떤 영역에서든 1만 시간 동안 훈련하면 세계적인 수준이 될 수 있다는 주장이 틀린 것은 아니지만, 어떤 분야에서나 성립하는 보편적인 정론인 것은 아니다. 훈련의 양과 기량의 향상 간의 연관성은 분야에 따라 다르다는 것이 연구 결과 밝혀졌다.

- 성장의 밑거름이 되는 요소는 '체험의 질'과 '직업 환경'이라고 알려져 있다. 체험의 질과 직업 환경을 개선하려면 자신에게 딱 맞는 '자리'를 얻기 위한 포지셔닝을 꾀해야 한다. 무작정 노력을 쏟아붓는 올드타입은 계속 같은 곳에 머무는 반면 뉴타입은 진정한 자신의 자리를 찾아 포지셔닝을 새로이 함으로써 성장을 가속화한다.

14

하고 싶은 일을 할 수 있는
자리를 찾는다

올드타입

남의 명령에 따라
일한다

뉴타입

자신의 호기심에 따라
자발적으로 일한다

일이 즐거우면 인생은 낙원이다!
일이 괴로우면 인생은 지옥이다!
- 막심 고리키

왜 대기업은 인터넷 비즈니스에 실패했을까

검색 엔진, 이커머스, 동영상 공유 사이트 등 현재 인터넷상에서 수많은 사람이 이용하고 있는 서비스의 대부분은 30년 전에는 존재하지 않았던 새로운 기업들에 의해 제공되고 있다.

사람들은 이 상황을 당연하게 받아들이지만, 곰곰이 생각해보면 이상하지 않은가? 왜 당시의 대기업은 막대한 부를 창출해내는 인터넷 비즈니스의 대표 주자가 되지 못했을까?

너무 직설적인 표현이기는 하지만, 결국 '능력이 없었기 때문'이다. 이미 잊어버린 사람도 많겠지만 당시 대기업은 검색 엔진에도, 전자상거래에도 도전했다. 그러나 참패하고 말았다.

대표적인 사례로, IBM은 1996년에 대대적인 홍보와 함께 '월드애비뉴World Avenue'라는 온라인 서비스를 개시했으나 막대한 손실을 입고 1997년에 철수했다.

1990년대 후반 많은 전문가들이 좀처럼 흑자를 내지 못했던 아마존의 미래를 매우 비관적으로 예측한 것도 IBM의 실패 때문이었다. '그 대단한 IBM도 실패했는데 자금도 인재도, 게다가 기술마저도 뒤떨어진 아마존이 성공할 리가 없지!' 라고 생각했던 것이다. 그러나 오늘날 우리는 대기업이 시도한 인터넷 비즈니스의 대부분이 실패로 끝났다는 사실을 알고 있다.

그 밖에도 사례를 찾아보면, 일본에서 최초로 검색 엔진 서비스를 시작한 회사는 야후도 라이코스도 아닌, NTT(일본전신전화)였다. NTT는 1995년에 NTT 디렉토리NTT Directory라고 이름 붙인 로봇형 검색 서비스를 개시했다. 1996년에 서비스를 시작한 야후재팬Yahoo Japan보다 시기적으로는 앞섰지만 기업 가치를 수만 배로 높인 야후재팬에 비해 NTT의 검색 서비스는 큰 상업적 가치를 창출해내지 못했다.

한편 일본 경제산업성은 2007년에 '정보 대大항해 프로젝트 컨소시엄'을 발족하고 구글을 능가하는 검색 엔진을 만들겠다는 장대한 포부를 밝혔다. 50개 사 정도의 민간 기업을 끌어들이고 300억 엔의 국가 예산을 투입하여 3년 안에 글로벌 수준에 맞먹는 검색 엔진을 개발하겠다는 원대한 계획이었지만, 아쉽게도 약 150억 엔의 자금이 투입된 뒤 중단되고 말았다.

엘리트가 벤처기업가를 뛰어넘지 못하는 이유

혁신의 역사를 되돌아보면 '명령을 받는 것에 익숙한 엘리트'와 '호기심으로 의욕이 충만한 창업가'의 대결 구도를 종종 볼 수 있다. 그리고 대부분의 경우 인적 자원, 물적 자원, 경제적 자원이 더 풍족한 전자가 패하고 말았다.

이유가 무엇일까? 물론 다양한 요인이 작용한다. 필자가 소속된 콘페리그룹이 지금까지 실시한 연구에서 한 가지 확실하게 확인한 것은

'동기부여' 상황이 다르다는 점이다. 동기부여와 관련해 매우 상징적인 사례가 있다. 바로 남극점에 먼저 닿기 위한 아문센과 스콧의 경쟁이다.

20세기 초반에 영토 확장을 지향하던 여러 제국주의 국가에게는 어느 나라가 극점에 가장 먼저 도착하느냐가 상당히 중요한 관심사였다. 그런 시대에 노르웨이의 탐험가 로알 아문센Roald Amundsen은 극점에 최초로 발을 디디겠다는 꿈을 갖고 일생의 모든 활동을 꿈의 실현에 집중했다. 아래에 소개하는 일화를 읽으면 아마 '미쳤다'는 생각이 들지도 모르겠다.

- 어릴 때부터 극점의 추위에 견딜 수 있는 체력을 단련하기 위해 추운 겨울에도 방 안의 창문을 모두 열어놓고 얇은 옷을 입은 채 잠을 잤다.
- 과거의 탐험 사례를 분석하고 선장과 탐험 대장의 불화가 최대의 실패 요인임을 파악했다. 그래서 동일 인물이 선장과 탐험 대장을 겸하면 실패의 최대 요인을 피할 수 있을 것이라고 생각해 탐험가가 되기 전에 선장 자격증을 땄다.
- 개썰매, 스키, 캠프 등 극지에서 필요한 각종 기술과 지식을 갖추기 위해 어릴 때부터 적극적으로 현장 훈련을 통해 경험을 쌓고 학습했다.

한편, 아문센과 경쟁한 영국의 해군 소령 로버트 스콧Robert Scott은 엘리트 군인 가문에서 태어나 역시 군대에서 출세를 꿈꾸었다. 그러다 보니 당연히 스콧에게는 극점에 대해 아문센이 품었던 것과 같은 동경이 없었다. 그는 말하자면 군의 명령을 받은 선봉장으로서 제국주의가 정복하지 못한, 마지막까지 남아 있던 남극대륙으로 향한 것에 지나지 않았다. 따라서 극지 원정에 필요한 훈련과 지식, 그리고 과거 탐험가들의 경험에 관해서는 문외한이었다.

이 경쟁은 '압도적인 차이'로 아문센의 승리로 끝났다. 아문센 원정대는 개썰매를 이용해 하루에 50킬로미터를 나아가는 맹렬한 속도로 순식간에 극점에 도달했다. 당연히 한 사람의 희생자도 나오지 않았을뿐더러 대원들의 건강 상태는 굉장히 양호했다.

반면에 스콧 원정대는 주요 이동 수단으로 야심차게 준비한 동력 썰매와 말이 생각과 달리 전혀 도움이 되지 않자, 결국에는 개를 태운 무게 240킬로그램의 썰매를 사람이 끄는, 이해하기 힘든 상황이 벌어졌으며 마침내 식량과 연료가 떨어지는 최악의 상태에 빠졌다.

대체 무엇이 잘못이었을까? 스콧의 패인을 두고 다양한 분석이 이루어졌지만, 필자가 아문센과 스콧의 경쟁에서 주목한 점은 두 사람이 남극을 향해 길을 나선 동기, 즉 모티베이션이다.

'남극점 정복'이라는 같은 목표를 추구하면서도 두 사람은 완전히 다른 동기에 의해 움직였다. 스콧이 남극에 도전한 동기는 아마도 해군에서 부여한 미션을 완수해 높은 평가를 얻고 출세를 하는 것이었을

그림14 | 남극대륙을 이동하는 아문센 원정대　　　　　© Nasjonalbiblioteket

것이다. 반면 아문센의 동기는 남극점에 최초로 도착함으로써 탐험가로 이름을 알리고 싶다는 바람뿐이었을 것이다. 다시 말해 스콧이 '상사의 명령을 완수해서 좋은 평가를 받고 싶다'는 인정 욕구에 의해 움직였다면, 아문센은 극히 자발적인 동기에 의해 움직였다.

　상사의 명령에 따라 움직이는 엘리트와 자발적인 동기에 따라 움직이는 아마추어라는 구도는 인터넷의 여명기부터 자주 목격된 경쟁 구도이며, 대부분의 경우 자발적 동기로 움직인 아마추어에게 상사의 지시로 움직인 엘리트가 참패했다.

아마추어가 프로를 이기는 이유

앞서 기업이 보유하고 있는 경영 자원 가운데 가장 가변성이 높은 것이 바로 '사람'이라고 설명했다. 같은 잠재 능력을 지닌 두 사람이라도 자발적 동기로 일하는 뉴타입이 상사의 명령에 따라 움직이는 올드타입보다 높은 성과를 낼 가능성이 크다.

이 책에서는 이미 사람의 능력을 변화시키는 '의미의 중요성'에 관해 고찰해봤는데, 자발적 동기를 갖고 있는 뉴타입은 스스로 일의 '의미'를 형성할 수 있는 인재다. 그렇다면 이런 사실은 우리에게 어떤 행동을 촉발시킬까? 경영의 관점과 개인의 입장, 이 두 가지 시점으로 살펴보자.

우선 경영의 관점에서는, 지금까지처럼 실적과 충성도에 따라 직위를 부여하는 방식이 위험하다는 통찰을 얻을 수 있다. 대개 기업은 그때까지 높은 실적을 올린 핵심 인력을 대규모의 혁신적 프로젝트에 투입하는 경우가 많다. 하지만 이렇게 높은 성과를 지속적으로 올린 우수 직원이 반드시 자발적 동기로 일한다고는 볼 수 없다. 현재 기업에서 인재 배치는 직무의 중요성과 능력을 선형 관계로 인식해 중요도가 높은 임무일수록 뛰어난 능력을 갖춘 인재를 배치하는 단순한 사고가 주류를 이루고 있다.

하지만 미국의 심리학자 데이비드 맥크릴랜드David McClelland나 콘페리그룹이 지금까지 실시한 연구 결과를 살펴보면 임무와 능력의 관계는 그렇게 단순하지 않고 능력의 배후에 있는 '동기'가 성과에 크게 영향을 미쳤으며 동기에 따라 능력을 발휘할 일의 종류가 바뀐다는 사실을 알 수 있다.

이어 개인의 입장에서 생각해보면, 뉴타입이 자발적 동기에 따라 일할 자리를 찾는다면, 올드타입은 상사의 명령을 성실히 수행하는 것에 주력한다. 하지만 결과는 이미 확인한 대로 자발적 동기에 따라 일하는 뉴타입과 상사의 명령에 따라 일하는 올드타입이 경쟁하면 반드시 올드타입이 패배한다.

결과를 이미 알고 있는 사람에게 아문센과 스콧의 입장 가운데 어느 한쪽을 선택하라고 하면 아마도 스콧의 입장을 선택하는 사람은 없을 것이다. 아문센은 원래 좋아하던 탐험을 진심으로 즐기면서 미션을 수행하고 무사히 생환해 탐험가로서 명성을 얻은 반면, 스콧은 전혀 관심이 없었던 탐험 과제를 상관의 명령이라는 이유만으로 받아들이고 고문과도 같은 고생을 거듭하다가 결국 부하 대원 전원과 함께 죽음을 맞았기 때문이다. 탐험대에서 최후까지 살아남았던 스콧은 '안타깝게도 더는 쓸 수 없다'는 글을 마지막 일기로 남겼다. 얼마나 안타까운 일인가.

그렇다면 오늘날 얼마나 많은 사람이 자신의 자발적인 동기에 딱 맞는 '자리'에서 일하고 있는지를 한번 생각해보자. 아마도 굉장히 많은 사람이 스콧과 같은 입장에 놓여 있지 않을까. 상사의 명령이라는 이유만으로 떠맡은 일을, 아무런 의욕 없이 실행하는 올드타입은 자발적인 의욕에 넘쳐서 자유자재로 높은 이동성을 발휘하는 뉴타입에게 밀리고 허둥댈 것이 분명하다. 이런 상황에 얽매여 일하다가는 언젠가 그도 스콧과 같은 사회적 결말에 다다를 가능성이 높다.

- 인터넷 여명기부터 기술, 자금, 인적 자원에서 우위를 차지하고 있는 대기업이 상대적으로 열악한 환경에 놓여 있는 스타트업과의 경쟁에서 패하고 있다.

- 대기업이 패배한 최대 요인은 동기부여의 결여에 있다. 아무리 자원이 풍부하고 유리한 조건이라고 해도 자발적인 동기로 움직이는 리더와 상사의 명령에 따라 움직이는 리더는 실적에서 상당히 큰 차이를 보이며, 이런 성과 차이가 불리한 조건을 보완해 약자를 승자로 이끈다.

- 동기부여가 최대의 경쟁 요인이라고 한다면 개인이든 조직이든 성과를 높이기 위해서는 동기를 끌어올리는 관리가 필요하다. 어떤 일에 자발적인 동기가 솟아나는지를 알아내 그 자리에 자신을 포지셔닝하는 것이 무엇보다 중요하다.

- 상사의 명령에 따라 자발적인 동기를 억누르고 열심히 일하는 올드타입은 결국 자신이 하고 싶은 일만을 하기로 선언하고 자유롭게 활동하는 뉴타입에게 뒤처지게 된다.

15

프로와 아마추어의 의견을
동등하게 대한다

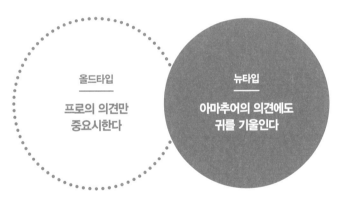

올드타입

프로의 의견만
중요시한다

뉴타입

아마추어의 의견에도
귀를 기울인다

영혼 없는 전문인, 감정 없는 향락인, 이 무가치한 인간들은
그들이 인류가 지금껏 도달하지 못한 단계에 올랐다고 공상한다.[7]

막스 베버[8]

전문가들은 왜 추락하고 있는가

뷰카 현상이 점점 더 두드러지는 시대에는 축적된 지식과 경험이 급속도로 진부해지기 마련이다. 이는 오랜 세월에 걸쳐 전문적인 지식과 경험을 축적해온 사람, 즉 '전문가'의 지위가 떨어진다는 의미다. 전문가는 오랜 시간 특정 영역에서 활동함으로써 해당 영역에 대한 깊고 넓은 지식과 경험을 보유한 사람이라고 인정받아왔다. 하지만 이런 사고를 바탕으로 비판 없이 전문가의 의견과 지시에 따르는 것은 전형적인 올드타입의 방식이다.

왜 이렇게 단언하는 걸까. 오늘날 전문가들의 성과가 '비전문가'의 성과에 비해 상대적으로 저조하다는 사실을 보여주는 사례가 속속 증가하고 있기 때문이다.

하버드 경영대학원에서 게놈을 연구하고 있는 카림 라카니 Karim R. Lakhani 연구팀은 백혈구의 게놈 배열을 해석하는 알고리즘을 향상시키기 위해 크라우드 소싱을 이용했다. 그 결과, 면역유전학과는 관계없는 비전문가에게서 많은 답변을 얻었으며 그중 몇몇 답변은 기존의 알고리즘을 훨씬 능가하는 정확도와 속도를 보였다.[9]

이 밖에도 최근 몇 년 사이에 전문가들이 골머리를 앓았던 난제를 비전문가가 해결한 사례가 수없이 보고되었다.

우리는 지난 5년 동안 미항공우주국, 의과대학원, 유명 기업들을 위해

700회 이상 공개 경연을 열었다. 그 가운데서 군중을 모으지 못한 경우, 즉 아무도 문제에 도전하려고 하지 않았던 것은 단 한 번뿐이었다. 그 외의 경연에서는 기존의 방식과 적어도 대등하거나 오히려 훨씬 좋은 결과를 얻었다.

| 앤드루 맥아피 · 에릭 브린욜프슨, 《머신 플랫폼 크라우드》 |

자금, 인재, 기기 등을 충분히 보유하고 있는 미항공우주국이나 대기업은 그들의 전문 영역에서 최고의 문제 해결 능력을 갖추고 있을 것이다. 그런데 그들 전문가가 해결하지 못한 문제를 어떻게 비전문가들이 손쉽게 해결할 수 있었을까.

아마추어가 활약할 수 있는 구조적 요인

비전문가의 문제 해결 능력이 전문가를 능가하는 이유에 대해서는 세 가지 가설을 생각해볼 수 있다.

첫 번째 가설은, 원래 전문가의 능력이 우리의 생각만큼 대단하지 않다는 것이다. 그런 말도 안 되는 소리가 어디 있느냐고 반문할지 모르지만 다양한 연구 결과가 이 가설을 뒷받침하고 있다.

1984년에 경제지 〈이코노미스트〉는 향후 10년의 경세성장률, 인플레이션율, 환율, 유가 등의 기본적인 경제 수치를 다양한 위치에 있는

16인에게 예측하게 했다. 그들은 전 재무장관 네 명, 다국적기업의 경영자 네 명, 옥스퍼드대학교 경제학 전공자 네 명, 환경미화원 네 명으로 구성되었다. 10년 후에 검증한 결과는 한결같이 참담했지만 굳이 우열을 가리자면 공동 1위는 환경미화원과 기업 경영자였고 꼴찌는 전 재무장관이었다.

UC버클리 하스경영대학원의 필립 테틀록 교수는 '전문가는 정말로 능력이 있는 걸까?'라는 의문에 관해 더욱 대규모의 검증을 실시했다. 그는 대학교, 정부, 싱크탱크, 미디어에서 활약하는 저명한 전문가 284명에게서 경제와 사회에 관한 미래 예측을 2만 7450건이나 수집하고 그 결과를 검증했다. 역시 '참담한' 결과가 나왔다. 테틀록 교수는 '전문가라고 불리는 사람들의 예측은 다트를 던지는 침팬지보다도 못하다'고 신랄하게 말했다.

더 지적하자면, 현재 세상에서 존재감을 드러내고 있는 기업의 대다수는 최근 20년 사이에 창업되었다. 그들은 '초보자'로서 사업을 시작해, 지금의 존재감을 발휘할 정도로 발전한 것이다. 그렇다면 전문가가 포진해 있던 기존의 대기업들은 대체 무엇을 했던 것일까. 결과부터 말하면 아무것도 하지 못했다.

왜 이런 일이 일어났을까. 우선 애초에 전문가의 능력을 평가하기란 극히 어렵다는 문제가 있다. 특히 최고의 전문가일수록 영역이 세분화되어 지식을 업데이트하기가 쉽지 않다. 게다가 최고의 전문가를 평가하려면 더 높은 수준의 전문가가 있어야 하지만 그런 인물은 극히 드물기 때문에 결과적으로 '평가가 없는' 상태가 여러 분야에서 발생하게 된다.

두 번째 가설은 뷰카화로 인해 인식과 경험이 낡은 것이 되어가는 속도가 점점 빨라지고 있다는 점이다. 앞서 말한 면역유전학의 세계에서는 10년도 지나지 않아 기술 트렌드가 크게 변화했다. 이는 미디어 테크놀로지, 인공지능이나 머신러닝, 에너지 분야 등에서도 마찬가지다.

이렇듯 변화가 심한 영역에서는 조직 내 핵심 인재의 지식과 경험을 계속 업데이트해야 하지만 뷰카화 현상으로 인해 변화의 방향을 예측하기가 어렵다 보니 미리 학습하기는 좀처럼 불가능하다.

반면에 비전문가 집단으로 구성된 크라우드는 방대한 인원이 소속되어 있어서 최신 지식을 갖고 있는 사람이 어딘가에 있기 마련이다. 그래서 기업과는 달리 인재의 지식과 경험이 진부해지는 일은 기본적으로 일어나지 않는다. 이 가설이 옳다면 조직의 핵심 부문에 최첨단 지식을 지닌 인재를 배치할 의미가 있는지를 새로이 고민해봐야 한다.

지질학자인 다윈은 어떻게 진화론을 착안했을까

세 번째 가설은, 비전문가이기에 더욱 혁신적인 아이디어를 떠올릴 수 있다는 것이다. 이는 과거의 위대한 발견과 발명이 대개 비전문가에 의해 이루어졌다는 사실을 생각하면 이해하기 쉽다.

찰스 다윈이 대표적인 예다. 다윈은 진화론에서 자연선택설을 주장한 것으로 유명하기 때문에 대개 생물학자로 인식되고 있지만 평생 자신을 지질학자라고 칭했다. 즉 인류에게 가장 큰 영향을 끼친 생물학상의 가설은 전문가인 생물학자가 아니라 비전문가인 지질학자에 의해 세워졌던 것이다. 이 사실은 '전문가와 비전문가'의 관계에 대해 매우 중요한 시사점을 제시한다.

애초에 왜 전문적인 생물학자가 아닌 비전문가인 다윈이 이런 가설을 세울 수 있었을까? '그가 전문적인 생물학자가 아니었기 때문'이다. 다윈은 자신이 자연선택설을 착안하는 데는 두 가지 저서가 중요한 역할을 했다고 술회했다.

하나는 영국의 지질학자 찰스 라이엘의 저서 《지질학원론Principles of Geology》이었다. 다윈은 이 책에서 '지층은 소소한 작용을 오랜 기간 축적하여 변화한다'는 문장을 읽고 동식물에도 같은 원리가 적용되는 것이 아닐까 생각하게 되었다.

그리고 다른 하나는 영국의 유명한 경제학자 토머스 맬서스가 저술한 《인구론》이었다. 이 책은 '식량 생산은 산술급수적으로 증가하지만 인구는 기하급수적으로 증가하기 때문에 인구 증가는 필연적으로 식량 부족 문제를 가져올 것'이라고 예언한 '맬서스의 함정Malthus Trap' 이론이 실린 저서다. 다윈은 이 책을 읽고는 식량 부족은 어떤 동물에게든 항상 발생하는 문제이기 때문에 환경에 적응하고 변화하는 일이 종의 존속에 매우 중요할 거라는 가설을 얻었다. 그리하여 그가 생각해 낸 두 가지 가설이 마침내 '자연선택설'이라는 이론으로 결실을 맺게 된다. 다윈 자신의 전문 분야는 물론, 그에게 영감을 주었던 저서들도 모두 생물학과는 무관했다는 점에 주목할 만하다.

전문가의 아집이 참신한 아이디어를 막는다

지금까지의 고찰을 되짚어보면 전문가에게 과도하게 의존하는 현상은 과제 설정 능력 혹은 문제 해결 능력을 현저하게 떨어뜨릴 위험이 있다. 이런 위험이 가장 좋지 않은 형태로 나타난 사례가 일본 도카이도신칸센 개발이었다.

도카이도신칸센 개발은 시속 200킬로미터 이상의 속도로 도쿄와 오사카를 세 시간 만에 연결하는 초고속열차를 개발하여, 항공 산업에 대항하겠다는 야심찬 프로젝트였다. 그런데 철도 엔지니어들은 이 프로젝트에 강력하게 반대했다. 그들은 당시 빈번하게 발생하던 열차 탈선 사고의 원인이 '레일의 변형에 있다'고 지적하고, 이 문제가 해결되지 않는 한은 시속 200킬로미터로 달리는 열차를 개발하는 것은 원리적으로 불가능하다고 주장했다.

한편, 도카이도신칸센 개발에는 태평양전쟁에서 해군 전투기 등의 연구개발에 참여했던 기술자들이 투입되었다. 열차 개발에는 문외한

인 그들은 항공기의 날개가 공진을 일으켜서 파괴되는 플러터 flutter 문제를 해결한 경험을 바탕으로 열차의 탈선이 진동 때문에 발생하며 이는 진동을 제어함으로써 극복할 수 있다고 누차 강조했지만 철도 기술자들은 귀를 기울이려고도 하지 않았다.

오늘날 도카이도신칸센은 매년 1억 명이 넘는 승객을 실어 나르며, 전 세계적으로 초고속철도의 시초가 되었다. 만약 당시에 전문가인 철도 기술자들의 주장이 받아들여져서 프로젝트가 중단되었다면 틀림없이 오늘날의 세상 또한 어느 정도 달라졌을 것이다.

조직 내 역량과 크라우드를 어떻게 조합할까

뷰카화가 급속히 진행되는 세계에서는 조직 내의 핵심 역량인 전문가와 조직 외의 크라우드에 속한 비전문가를 어떻게 조화시키느냐가 기업의 가치 창출 능력을 크게 좌우한다.

앞에서 이미 '희소한 문제와 과잉된 해결책'에 관해 고찰하고 오픈 이노베이션의 침체가 문제의 희소화로 인해 발생한다고 지적했다. 이는 틀림없이 핵심 역량과 크라우드의 역할 분담에 관한 문제다. 즉 '문제 설정'이야말로 핵심 역량의 역할이며 '해결책 책정'이 크라우드의 역할이라는 뜻이다.

아무리 지식과 경험이 풍부한 조직이라도 회사의 '핵심 역량(내부)'과

'크라우드(외부)'를 비교해보면, 축적된 지식량과 경험량 면에서 '내부'가 '외부'를 이길 수는 없다. 그렇다면 왜 지금까지 조직은 핵심 역량인 전문가에게 혁신을 의존해온 것일까? 이유는 정말 단순하다. 지금까지의 기술과 사회구조에서는 외부의 크라우드와 정보를 주고받는 데 막대한 비용이 들었기 때문이다.

하지만 정보 유통의 한계비용이 원칙적으로 제로가 된 사회에서는 핵심 역량에 문제 해결을 의존하는 올드타입은 경쟁력이 크게 떨어진다.

미항공우주국도 이를 직접 체험한 조직이다. 미항공우주국은 오랫동안 태양 플레어solar flare, 즉 태양 표면에서 일어나는 각종 폭발현상의 예측 정확도를 높이기 위해 엄청나게 노력했다. 태양 플레어와 함께 고에너지 입자가 발산되는 태양 프로톤 현상SPE(Solar Proton Event)이 발생하면 방사선 수위가 우주 공간에 나가 있는 각종 기기나 사람에게 해를 끼칠 수 있기 때문이다. 미항공우주국은 35년간 고투했지만 여전히 SPE의 발생, 방사량, 기간을 비교적 정확하게 예측하는 방법을 찾아내지 못했다.[10]

결국 미항공우주국은 내부에서 해결책을 모색하는 대신, 그때까지 축적한 SPE 관련 데이터를 '이노센티브InnoCentive'에 게재하기로 했다. '이노센티브'는 연구개발상의 과제를 안고 있는 기업이 널리 인터넷상에서 해결책을 모집하는 일종의 크라우드 소싱 플랫폼이다.

결국 문제 해결의 돌파구를 열어준 것은 우주물리학에 관해 지식도 경험도 없던, 은퇴한 무선기사 브루스 크래진Bruce Cragin이었다. 크래진의 아이디어 덕분에 여덟 시간 전이라면 85퍼센트의 확률로, 24시간 전이어도 75퍼센트의 확률로 SPE의 발생을 예측할 수 있게 되었다.

이 일화는 전문가만으로 구성된 내부의 핵심 인력에 문제 해결을 의존하려는 올드타입보다, 초보자를 포함한 비전문가의 의견을 전문가의 의견과 차별 없이 받아들이는 뉴타입이 더 뛰어난 문제 해결 능력을 발휘할 수 있다는 사실을 분명히 보여준다.

- 뷰카화하는 세계에서 과거에 축적한 경험과 지식의 가치가 급속히 하락하면 '전문가'가 지닌 가치 또한 감소한다.

- 오늘날에는 오픈 이노베이션을 추진함으로써 오랫동안 전문가가 해결하지 못한 문제를 비전문가가 해결하는 사례가 증가하고 있다.

- 과거의 혁신은 대부분 '비전문가'에 의해 이루어졌으며, '전문가'가 오히려 혁신을 저해하는 요인이 되기도 한다.

- 특히 현재와 같이 뷰카 현상에 의해 전문가의 가치가 상대적으로 저하되는 시대에 여전히 맹목적으로 전문가만을 신뢰하는 올드타입은 새로운 혁신의 싹을 잘라버릴 가능성이 있다.

- 이런 시대에는 전문가의 의견과 비전문가의 의견을 차별 없이 받아들여 중립을 취하거나 양측의 의견을 동등하게 다루는 뉴타입의 사고와 행동양식이 바람직하다.

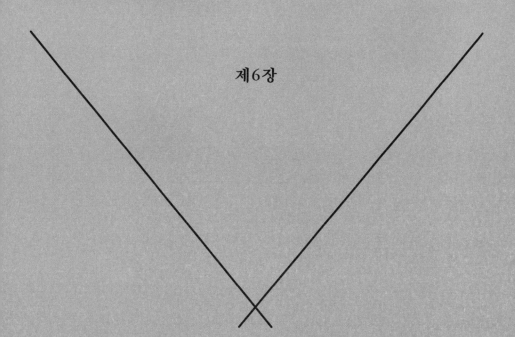

제 6 장

뉴타입의 비즈니스 전략은 무엇인가

| 공유와 탈출을 두려워 말라 |

16

| 커리어 |

방대하게 시도하고
잘된 것만 남긴다

올드타입

치밀하게 계획한 후,
끈기 있게
실행한다

뉴타입

일단 시도하고,
실패하면
다시 시도한다

인생을 낭비하지 않고서는 인생을 발견할 수 없다.
미국의 작가이자 비행사인 앤 모로 린드버그 Anne Morrow Lindbergh

현자란 인생을 즐길 줄 아는 사람

17세기 네덜란드 헤이그에서 활약한 철학자 스피노자는 사람이든 물건이든 '본래의 자신다운 모습으로 있으려는 힘'을 코나투스conatus라고 불렀다. 코나투스는 원래 라틴어로 '노력, 충동, 경향, 성향'이라는 뜻이다. 스피노자는 사람의 본질이 그의 외모나 직함이 아니라 코나투스에 의해 규정된다고 믿었다. 당연히 코나투스는 다양하며 개인마다 다르다. 우리는 '좋다' 또는 '나쁘다'라는 평가를 사회에서 규정된 절대적 척도로서 이용하고 있다. 하지만 스피노자에 따르면, 그런 평가는 상대적일 뿐이라서 주위의 배경이나 상황에 따라 달라진다. 그렇다면 어떻게 평가해야 할까. 한마디로 그 사람의 코나투스를 높이면 '좋은' 것이고 그 사람의 코나투스를 훼손하면 '나쁜' 것이다.[1]

스피노자는 세상에 존재하는 모든 것은 그 자체가 좋거나 나쁜 것이 아니라 그 사람의 코나투스와의 조합에 따라 좋고 나쁨이 결정된다고 주장했다. 만일 당신이 자연 속에 있을 때 활력이 솟아난다면 자연은 당신의 코나투스에 '좋은' 것이다. 반면에 고독을 못 견디는 사람이 자연 속으로 들어가 소외감을 느낀다면 자연은 그의 코나투스에 '나쁜' 것이다.

현자에 관한 스피노자의 생각도 이런 사고의 연장선상에 있다. 스피노자에 의하면 현자란 자신의 코나투스가 무엇에 의해 높아지고 무엇에 의해 부정적인 영향을 받는지를 파악해 결과적으로 인생을 행복하게 사는 방법을 터득한 사람이다.

여러 가지 물건을 최대한 즐기는(이라고 말해도 싫증날 때까지는 아니다. 왜냐하면 싫증난다면 즐기는 것이 아니므로) 일은 현자에게 어울린다. 분명 적당히 섭취한 맛있는 음식이나 음료에 의해, 게다가 향기로운 냄새, 싱싱한 식물의 싱그러운 아름다움, 장신구, 음악, 운동경기, 연극에 의해, 그 밖에도 타인에게 해를 끼치지 않고 각자 할 수 있는 일에 의해 스스로 상쾌하게 기운을 내는 행동은 현자에게 어울린다.

| 스피노자, 《에티카》 |

코나투스를 높이려면 우선 시도하라

17세기 철학자인 스피노자를 여기서 소개하는 이유는 오늘날 그의 주장이 새삼 중요해졌기 때문이다. 우리는 변화가 극심한 시대에 살고 있으며, 우리를 둘러싼 일들과 우리 개인의 관계는 항상 새로운 것으로 대체되어간다. 이런 시대에 무엇이 좋고 나쁜지를 세간의 보편적인 판단에 의지할 수는 없다.

우리가 현자로서 인생을 만족스럽게 누리려면 결국 다양한 일을 시도해보면서 어떤 일이 자신의 코나투스를 높이는지, 또는 훼손하는지를 경험으로 알아나가야 한다. 이런 '시도'는 스피노자의 철학에서 매우 중요한 핵심 요소다. 우리의 코나투스는 저마다 특별하기 때문에 어떤 일이 자신의 코나투스에 어떻게 작용하는지를 살펴보고 자신에게 맞는 '좋고 나쁨'의 판단 기준을 갖추어나가야 한다고 스피노자는 설파했다.

이에 대치되는 개념이 겉모습이나 지위에 따라 어떤 사람의 좋고 나쁨을 단정 짓는 사고방식이다. 본래의 자신으로 있으려는 힘인 코나투스에 대비되는, 겉모습이나 지위 등의 형상形相을 그리스어로 에이도스eidos라고 한다.

예를 들면, 성별도 하나의 에이도스다. 하지만 당신은 여자니까 이것을 좋아할 거라든지, 당신은 남자니까 이렇게 해야 한다는 식의 편견은 코나투스를 무시한 강요라고 할 수 있다. 이렇게 강요받은 사고가 실제로 그 사람의 코나투스를 높여주는 좋은 것인지 아닌지는 알수 없다. 우리는 외모나 지위라는 에이도스를 근거로 '나는 이러이러해야 한다', '나는 이렇게 해야 한다'라고 생각하기 쉽다. 하지만 이렇게 에이도스에 근거한 자기인식은 종종 코나투스를 훼손해서 그 사람이 자신답게 살아갈 힘을 저해하는 요인으로 작용한다.

오늘날처럼 변화가 극심하고 '좋고 나쁨'에 대한 관념이 폭력적으로 타인에게 영향을 미치는 시대일수록 우리는 더욱더 자신의 코나투스를 높여줄 일을 다양하게 시도해야 한다.

성공의 80퍼센트는 우연의 산물

무엇이 자신의 코나투스를 높일지는 결국 시도해보지 않고서는 알 수 없다는 것이 스피노자의 결론이었다. 이런 결론을 커리어 관련 연구들이 뒷받침하고 있다. 대표적인 것이 스탠퍼드대학교의 교육학·심리학 교수 존 크럼볼츠John D. Krumboltz의 연구다.

성공한 사람은 어떻게 커리어 전략을 짜고 어떻게 실행했을까? 존 크럼볼츠는 이것에 관해 최초로 본격적인 연구를 실시했다. 그는 미국의 사업가와 직장인 수백 명을 대상으로 설문조사를 실시하여 성공한 사람들의 커리어 형성에 계기가 되었던 일의 약 80퍼센트가 '우연'에서 시작되었다는 사실을 밝혀냈다.

그렇다고 그들이 커리어를 형성하기 위한 계획을 세우지 않았던 것은 아니다. 다만 당초의 계획이 틀어지면서 다양한 우연이 겹쳐서 결과적으로는 '성공한 사람'으로 인정받게 되었다. 크럼볼츠는 이 조사 결과를 토대로 커리어는 우발적으로 생성되는 만큼 중장기적 목표를 설정하는 방식은 오히려 위험하며, '좋은 우연'을 끌어당기기 위한 계획과 습관에 노력을 집중해야 한다고 주장했다. 그리고 이를 '계획된 우발성 이론Planned Happenstance Theory'으로 정리했다. 크럼볼츠에 따르면 우리의 커리어는 용의주도하게 계획할 수 있는 것이 아니라 예측할 수 없는 우발적인 일에 의해 결정된다.

그렇다면 커리어 형성으로 이어질 만한 '좋은 우연'을 불러일으키기 위해서는 어떤 요건이 필요할까? 우선 계획된 우발성 이론의 제창자인 크럼볼츠의 주장을 열거해보겠다.

- **호기심**: 자신의 전문 분야뿐만이 아니라 다양한 분야로 시야를 넓히면 커리어를 위한 기회가 증가한다.
- **끈기**: 처음에는 잘되지 않더라도 끈기 있게 지속하면 우연한 일이나 만남이 생겨 새로운 국면을 맞을 가능성이 커진다.
- **유연성**: 상황은 항상 변화한다. 한번 결정한 일이라도 상황에 따라 유연하게 대응해야 기회를 붙잡을 수 있다.
- **위험 감수**: 모르는 일에 도전하면 실패나 차질이 생기는 것은 당연하다. 적극적으로 위험을 감수함으로써 기회를 얻을 수 있다.

크럼볼츠의 주장을 스피노자의 사상과 겹쳐서 생각해보면, 우리에게 중요한 것은 자신의 에이도스에 따라 좋아하는 것만 고르는 것이 아니라, 어떤 대상에든 자신의 코나투스를 높일 기회가 잠재해 있을지 모른다는 생각으로 마음을 열고 기회를 수용하는 것이다. 이런 사고야말로 특히 변화가 심하고 직업의 종류가 계속 바뀌어가는 현대에 요구되는 뉴타입의 방식이다.

반면에 올드타입은 계획에 집착한다. 장기 계획을 치밀하게 세우고 이를 고지식하게 실행하려다가 뜻밖에 다가온 기회를 앞에 두고도 자신을 닫아버리는 것이 올드타입의 행동 습성이다. 이런 태도로 살아간다면 자신의 코나투스를 높여줄 일을 발견할 기회가 당연히 줄어들고 스피노자가 정의한 '인생을 즐기는 현자'로 가는 길은 점점 멀어질 것이다.

수없이 시도해서 성공한 것만 남기다

자꾸 시도함으로써 '이길 수 있는 자신의 자리'를 찾는 전략은 기업에도 적용된다. '성공한 사람의 커리어는 우연이 가져다준 기회에 의해 도약한다'는 크럼볼츠의 주장은 기업의 성장에도 적용 가능한 테제these(정립)다. 현대사회에서 이 테제의 힘을 가장 알기 쉽게 보여주는 기업이 아마존이다.

아마존은 최근 GAFA라고 불리는 '승자 기업들'의 선두주자이며, '성공'이라는 이미지의 대명사이기도 하다. 그런데 이 회사의 성장이 '시도하는 힘'에서 나온다고 하면 놀랄지도 모르겠다. 사실 아마존은 '시행과 철수'의 달인이기도 하다. 아마존은 상장 이후 70건이 넘는 신규 사업을 시작했지만 그중 약 3분의 1은 실패해서 재빨리 철수했다.

대개 신규 사업을 구상할 때는 면밀한 계획을 세우고 대대적으로 자원을 투입해 성공을 노리는 것이 정석이라고 생각한다. 하지만 아마존의 성공은 이런 예정조화의 결과로 획득한 것이 아니라 수많은 '시행착오' 끝에 얻은 결과물이다. 이런 성향은 전통적인 기업에서도 관찰된다. 지속적인 혁신으로 유명한 3M의 모토 중에는 '시작하자, 최대한 빨리!'라는 것이 있다. 또한 미국의 경영 컨설턴트인 짐 콜린스는 《성공하는 기업들의 8가지 습관》에서 성공적인 회사들의 남다른 공통점은 '수많은 계획을 시도해보고 성공한 것을 남긴다'는 점이라고 분석했다. 의외라고 여겨질지도 모르지만, 이는 '생명이 진화하는 메커니즘'을 경영에 적용한 것이다.

잘 알려진 바와 같이, 생명의 진화는 자연도태라는 메커니즘에 의해 구동되었다. 자연도태는 '우발적으로 발생하는 자연변이'를 기점으로 한다. 유전자의 복제에 어떤 오류가 발생해 새로운 형질이 생겨나고 이 형질이 '우연히' 환경에 적합하다면 새로운 형질을 지닌 개체가 자손을 남길 확률이 높아진다. 이 과정이 계속 반복되면서 환경에 더욱 적합한 형질을 지닌 종이 살아남게 되는데, 이때 새로운 형질의 획득은 기본적으로 '우연'이라는 점에 유념해야 한다. 따라서 우연한 변화가 일어나는 횟수가 많으면 많을수록 진화의 계기도 역시 증가한다고 볼 수 있다.

3M 같은 전통적인 기업에서도 이미 '일단 시도해본다'는 접근 방식이 얼마나 강력한지를 증명한 만큼, 이 접근법은 앞으로 더욱 강력하고 신속해질 가능성이 있다. 이유는 매우 단순하다. 시도에 드는 비용이 점점 낮아지기 때문이다.

제레미 리프킨은 《한계비용 제로 사회》에서 모든 물건과 서비스의 가격이 떨어짐에 따라 지금까지는 어느 정도의 자본을 투입하지 않으면 '시도'조차 할 수 없었던 도전의 문턱이 현저히 낮아졌다고 주장했다. 한계비용이 낮아지고 시도를 위한 비용이 점점 떨어지면 '전략적인 계획'보다 '의도된 우발성'이 더 좋은 성과로 이어질 가능성이 높아진다.

철저한 계획은 왜 성공률을 낮출까

크럼볼츠의 연구 결과는 계획의 수립과 달성에 온힘을 기울이는 행동양식이 일반적으로는 긍정적인 평가를 받고 있지만 실제로는 오히려 성공을 멀리 밀어내는 요인이 된다는 사실을 시사한다. 특히 현재와 같이 앞날을 예측하기 어려운 시대에 철저한 계획에 의존하는 방식은 올드타입이라고 할 수 있다. 반면에 뉴타입은 우선 시도하고 결과를 검토해서 수정하는 역동적인 접근법을 취한다.

프로젝트의 성패를 논할 때도 마찬가지다. 1990년대 초반 스탠퍼드대학교 경영대학원의 캐슬린 M. 아이젠하트Kathleen M. Eisenhardt 교수와 리더십 분야의 세계적인 전문가 베넘 타브리치Behnam Tabrizi는 연간 매출액이 5000만 달러를 넘는 미국, 유럽, 아시아의 36개 컴퓨터 제조 회사를 대상으로 그들이 새로 시작한 72건의 제품 개발 프로젝트를 조사했다. 그리고 가장 혁신적인 성과를 이끌어낸 팀은 계획 단계에 들인 시간이 적고 실행 단계에는 많은 시간을 쏟은 팀이라는 결과를 발표했다.

요컨대 계획을 세부 사항까지 치밀하게 세우기 전에 곧바로 프로젝트를 시작한 팀일수록 큰 성과를 창출했던 것이다. 반면에 일반적인 인식과는 달리, 사전에 시간을 들여 철저히 계획을 세운 팀일수록 프로젝트 진행이 늦고 성과도 적었다.

그렇다고 즉흥적으로 실행한 팀에 '계획이 없었던' 것은 아니다. 이들 팀은 계획을 실행해나가면서 계획을 세웠다. 우리는 보통 '계획 수립'과 '계획 실행'을 다른 업무라고 생각하고, 마치 레고 블록을 쌓듯이 순차적으로 둘을 연결해야 하는 것으로 인식한다.

하지만 즉흥형 팀은 '계획 수립'과 '계획 실행'을 동시에 진행하면서 그때그때 발생하는 문제나 새로 나타난 시장 기회에 맞게 계획을 수정해나갔다. 바꿔 말하면, 프로젝트의 진행 과정 자체가 계획을 세우는 프로세스가 된 것이다. 그래서 즉흥형 팀이 시장에서 성공할 확률이 더 높았다.

'엑시트 타이밍'이 비즈니스 성공의 열쇠

이때 한 가지 기억할 점은, 시도하기 위해서는 포기할 줄도 알아야 한다는 것이다. 오늘날 기업에는 신규 사업 착수가 중대한 경영 과제이지만 실제로는 목표한 대로 되지 않는 경우가 비일비재하다. 물론 여기에는 다양한 이유가 있을 것이다. 하지만 필자가 당부하고 싶은 것은, 무언가를 실행하기 위해서는 무언가를 그만둬야 한다는 사실이다. 사람이든 기업 조직이든 시간과 자원에는 한계가 있다. 당연히 무언가를 시도하려면 그에 필요한 자원을 배분해야 하는데, 기존의 방식대로 자원을 배분한다면 계획이 뜻대로 진행되지 않는다.

이때도 아마존의 사례를 참고하면 좋겠다. 앞서 언급했듯이 아마존은 단기간에 수많은 신규 사업에 착수했다. 이렇게 많은 사업을 시도할 수 있었던 것은 그들이 '엑시트(철수)'를 판단하는 데도 상당히 신속했기 때문이다. 전형적인 예가 2014년에 1100억 원 이상의 자금을 투입했던 스마트폰 사업이다. CEO인 제프 베저스의 진두 지휘하에 신규 사업에 뛰어들었지만 결국은 후발 주자로서의 약점을 극복하지 못하고 단 1년 만에 철수했다. 이익을 내지 못하는 사업에 미련을 버리지 못하다가 결국 막다른 골목에 이르러서야 어쩔 수 없이 헐값에 사업을 매각하는 기업과, 아마존의 신속한 사업 철수 결정을 비교해보면 실은 '엑시트 타이밍'이 신규 사업의 성패를 가르는 것이 아닐까 하는 생각마저 든다.

국제적인 경영 전략 컨설팅 그룹인 베인앤드컴퍼니 Bain & Company가 정리한 아마존의 철수 사업 목록(그림15)을 살펴보면 역시나 아마존은 '많이 시도해보되, 뜻대로 되지 않으면 바로 철수한다'는 사업 방식을 되풀이하면서 현재의 강력한 사업 포트폴리오를 구축해왔다는 사실을 알 수 있다.

그림15 | 아마존의 철수 사업 목록

시작 연도	종료 연도	사업명
1999	2000	아마존 옥션
1999	2007	Z숍
2004	2008	검색 엔진 A9
2006	2013	애스크빌AskVille(Q&A 사이트)
2006	2015	암복스Ambox(텔레비전 방송 · 영화 다시 보기 · 다운로드)
2007	2012	엔들리스닷컴Endless.com(구두와 핸드백 전문 사이트)
2007	2014	아마존 웹페이Amazon WebPay(P2P 송금)
2009	2012	페이프레이즈PayPhrase(암호에 의한 결제)
2010	2016	웹스토어Web Store(인터넷숍 창업 지원 서비스)
2011	2016	마이 해빗My Habit(회원제 타임 세일)
2011	2015	아마존 로컬Amazon Local(지역별 쿠폰 공동 구입 사이트)
2011	2015	테스트 드라이브Test Drive(앱 구입 전 시용 사이트)
2012	2015	뮤직 임포터Music Importer(음원 업로드 서비스)
2014	2015	파이어폰Fire Phone(3D 스마트폰)
2014	2015	아마존 엘리먼츠Amazon Elements(PB상품 기저귀)
2014	2015	아마존 로컬 레지스터Amazon Local Register(모바일 결제)
2014	2015	아마존 월릿Amazon Wallet(지불 결제 서비스)
2015	2015	아마존 데스티네이션Amazon Destinations(숙박 예약)

| 나루케 마코토, 《아마존의 야망》, ⓒ베인앤드컴퍼니 |

대다수의 기업은 왜 제대로 시도하지 못하는 것일까. 흔히 듣는 이유는 '리스크가 두려워서'다. 그러니까 위험을 무릅쓰고 과감히 도전하지 않는 이유는 사업 철수에 서툴러서라는 말이다. 한번 시작한 이상 좀처럼 그만둘 수 없다면 당연히 '시작'은 거대한 위험 확률을 동반한다. 시작에 드는 비용이 높아질수록 '그만둘 수 없다'는 심리가 강해지기 때문이다.

이는 개인의 커리어에서도 마찬가지다. 사람들은 변화가 많은 시대일수록 도전이 중요하다는 말에 대부분 동의한다. 하지만 실제로는 좀처럼 새로운 일에 도전하지 못하고 기존 방식을 고수하면서 헛되이 시간을 보내는 사람이 많다. 이유는 단순하다. 그들은 시작하지 못하는 게 아니라 그만두지 못하는 것이다.

사람이 갖고 있는 자원에는 한계가 있다. 그런 한정된 자원으로 계속 새로운 일을 시도하려면 이미 해오던 일 중에서 더는 발전의 여지가 없는 일을 선별해 그만둘 줄도 알아야 한다.

- 철학자 스피노자는 무엇이 '좋고', 무엇이 '나쁜지'는 각자의 코나투스(자신 다운 자신으로 계속 있으려는 에너지)에 의해 결정된다고 주장했다. 자신의 코나투스를 높이는 '좋은 일'은 외형을 보고 정할 수 없으며, 결국에는 많은 일을 시도하고 겪으면서 경험을 통해 파악할 수밖에 없다.

- 현대의 커리어 연구도 스피노자의 주장을 뒷받침한다. 스탠퍼드대학교 존 크럼볼츠 교수는 비즈니스에서 성공한 사람들을 연구한 결과 그중 80퍼센트는 우연한 기회가 결정적 역할을 했다고 발표했다.

- 대개 계획을 철저히 세우고 실행하는 것이 좋은 방법이라고 여겨지지만, 미래를 예측하기 어려운 현대사회에서 이런 행동양식은 올드타입이다.

- 이런 세계에서 더욱 자신답고 만족스러운 인생을 살고 싶다면 자신에게 다가온 기회를 단지 도움이 될지 아닐지로 구분해서는 안 된다. 모든 가능성을 열어두고 적극적으로 시도해봄으로써 자신의 코나투스를 높일 기회인지 아닌지를 직접 확인하는 뉴타입의 사고가 요구된다.

- 뉴타입의 행동양식을 실천하려면 '그만두는' 선택 또한 필요하다. 그만두는 것을 대개 부정적으로 여기지만 자원이 한정되어 있는 이상 무언가를 시작하기 위해서는 다른 무언가를 그만두어야 한다.

17

| 엑시트 |

인생의 풍요로움은 탈출을 잘하느냐에 달려 있다

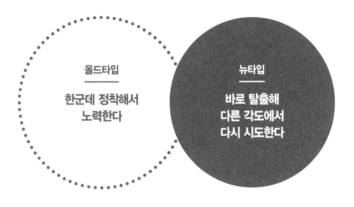

올드타입

한군데 정착해서
노력한다

뉴타입

바로 탈출해
다른 각도에서
다시 시도한다

자신의 능력을 알고 자신이 해낼 수 없다고 판단되면 재빨리 그만두는 것이 지혜다.
자신의 한계를 알지 못하고 무작정 노력하는 것은 자신의 잘못이다.

요시다 겐코, 《쓰레즈레구사》

통증은 왜 존재하는가

'통증'이라는 감각을 좋아하는 사람은 아마 없을 것이다. 그런데도 우리 인간을 비롯한 영장류는 이 감각을 갖고 있다. 이유가 무엇일까?

생물은 진화의 상당히 이른 단계에서부터 통증이라는 감각을 갖게 되었다고 한다.[3] 이는 생물의 진화 과정에서 통증이 개체의 생존과 번식에 유리하게 작용했다는 의미다. 뒤집어 생각해보면, 통증의 감각에 둔해진다는 것은 그만큼 생물의 생존과 번식에 리스크를 초래한다는 뜻이다.

일반적으로 일본에서는 '통증'으로 대표되는 부정적인 감각과 감정을 참고 인내하는 것이 미덕이라고 생각하는 경향이 있다. 심각한 사고가 잇따라 일어나고 있는데도 왠지 전혀 폐지될 기미가 없는 초등학교의 組체조(조를 이룬 여러 명이 몸으로 다양한 형태를 만드는 체조—옮긴이)에 관한 지침서를 얼마 전에 읽은 적이 있다. 큼직한 글씨로 "아프기는 모두 마찬가지이기 때문에 약한 소리를 해서는 안 된다"는, 말도 안 되는 내용이 쓰여 있었다.[4] 이런 말을 아무렇지도 않게 하는 사람은 생물이 왜 진화 과정에서 통증 감각을 갖게 되었는지를 이번 기회에 진지하게 생각해보기 바란다.

세상에는 통증을 느끼지 않는 사람이 있다. 이는 통증을 잘 참는다는 의미가 아니라 질환으로서 통각 신경을 갖고 있지 않다는 뜻이다. 그리고 무척 가엾게도 이런 질환을 가진 사람은 오래 살지 못하는 것으로 알려져 있다. 그들은 보통 사람이라면 아프다고 느낄 만한 자극에도 전혀 느낌이 없어서 화상 또는 골절을 당하거나 심지어 탈구가 되어도 자각하지 못한다. 그래서 그들에게는 무엇이 위험한지를 '지식'으로 알려주고, 만약 어딘가에 부딪치기라도 하면 상처가 나지 않았는지 반드시 확인하게 해야 한다. 하지만 아무리 그래도 장수를 바라기는 어렵다고 한다.

이는 매우 흥미로운 사실이다. 우리는 우리의 경력이나 인간관계에 관해 '무엇이 위험한지', '어떻게 하면 좋은지' 같은 추상적인 지식을 얻기 위해 막대한 돈을 지불한다. 하지만 이런 지식 자체를 습득하기보다는 판단이 필요한 순간, 즉 '지금 여기'에서 자신의 감각이 어떻게 반응하는지를 민감하게 알아채는 능력이 훨씬 더 중요하다고 할 수 있다.

전략상 '탈출'은 가장 효과적인 전략

위기에 직면한 동물은 그 순간 '싸우거나 도망친다'. 인간은 어떨까? 대부분의 경우, '꾹 참거나 어떻게든 노력한다'. 그렇다면 인간과 똑같이 행동하는 동물이 없는 이유는 무엇일까? 대답은 아주 단순하다. 이런 선택을 했던 동물은 절멸했기 때문이다. 즉 위기 시에 꾹 참거나 노력하는 것은 개체의 생존에는 매우 불리한 '나쁜 선택지'다.

우리는 어릴 때부터 '도망치면 안 된다'고 배워왔다. 하지만 가장 광범위하게 이용되어온 동물의 생존 전략이 인간 세상에서는 엄격하게 규제된다는 것은 말이 안 된다.

우리는 왜 도망치는 것을 부정적으로 여기는 것일까? 이런 규범이 사회적으로 도태되지 않고 아직까지 잔존한다는 것은, '도망치지 않는다'는 규범에 사회 시스템을 효율적으로 기능하게 하는 합리성이 있었다는 뜻이다.

사실 '도망치지 않는다'는 규범이 잔존하는 데는 두 가지 이유가 있다. 첫째는 도망치는 사람, 그러니까 탈출하는 사람이 생기면 자신의 선택에 자신감을 잃게 되기 때문이다. 이직 상황을 생각해보라. 입사 동기 가운데 누군가가 이직을 하면 '나는 이대로 있어도 괜찮을까?' 하는 일말의 불안감에 사로잡히게 된다. 이 불안을 없애기 위해 탈출을 금기시하는 것이다.

둘째는 탈출하는 사람이 나오면 다른 사람의 부담이 커지기 때문이다. 공동체를 유지하려면 무언가 업무가 필요하다. 이 업무를 공동체의 구성원들에게 분담시키는데, 이때 탈출하는 사람이 나오면 다른 사람이 그의 일까지 도맡아야 한다. 공동체의 구성원에게는 큰 부담이 되는 상황이다. 그래서 '탈출해서는 안 된다'는 규범을 마련한 것이다.

어딘가에서 탈출하면 거기서 자신이 맡았던 역할이 다른 누군가에게 전가되는 것은 분명하다. 그 사실 때문에 탈출하지 않고 꾹 참으며 노력하는 사람이 많다. 그 결과 몸과 마음이 망가진다면 모든 것을 잃게 된다. 능숙하게 탈출하는 것은 싸우는 데도 매우 중요한 능력이다. 이를 가장 단적으로 보여주는 사례가 전투에서의 후퇴다. 이를테면 위·진·남북조 시대에 편찬된 유명한 병법서인《병법 36계》의 마지막 부분에는 '도저히 안 되면 도망가는 게 상책'이라고 쓰여 있다. 유명한 《손자병법》에도 승산이 없을 때는 손실을 최소화하기 위해 신속히 후퇴하는 전략이 옳다는 내용이 나온다.

반면, 좀처럼 후퇴하지 못해 국가를 멸망 직전으로 내몰았던 사람들도 있다. 바로 구일본군의 엘리트 군인들이었다. 태평양전쟁의 전사자는 약 300만 명으로 추산되는데, 대부분의 사망자가 마지막 1년간 발생했다. 민간인 희생자가 많이 나왔던 도쿄대공습은 물론, 히로시마와 나가사키의 원폭 투하는 모두 1945년 3월 이후의 일이었다. 1942년 미군과의 미드웨이 해전 당시 일본이 주력 항공모함 네 척을 잃은 시점에 평화협정을 맺었더라면 그렇게까지 큰 희생은 나오지 않았을 것이다. 이 역시 '탈출'을 제대로 하지 못해서 일어난 비극이라고 할 수 있다.

파라노이아와 스키조프레니아

특히 현대와 같이 앞날을 예측하기 어려운 뷰카화된 사회에서는 인생의 어느 시점이든 '탈출'이라는 선택지를 취해야만 하는 상황이 찾아올 것이다.

사상가이자 평론가인 아사다 아키라는 저서 《도주론》에서 프랑스 사상가 질 들뢰즈와 펠릭스 과타리의 공저 《안티 오이디푸스》에 사용된 '파라노이아 paranoia(편집증)'와 '스키조프레니아 schizophrenia(분열증)'라는 개념을 활용해서 불확실성이 높은 세상에서 '탈출한다'는 선택지를 갖고 있어야 하는 이유를 다음과 같이 설명했다.

가장 기본적인 파라노이아형의 행동은 '정주定住'하는 것이다. 가정을 이루고 그곳을 중심으로 영토의 확대를 꾀하는 동시에 재산을 많이 축적한다. 아내를 성적으로 독점하고 태어난 아이들의 의욕을 부추기면서 일가의 번영을 위해 애쓴다. 이 게임은 도중에 그만두면 지는 것이다. 그만두지도, 멈추지도 못하고 어쩔 수 없이 파라노이아형이 되고 만다. 병이라고 하면 병이지만, 근대 문명은 틀림없이 이런 편집증적 추진력에 힘입어 여기까지 성장해온 것이다. 그리고 성장이 계속되는 한, 힘들기는 해도 나름대로 안정되게 살 수 있다. 그런데 사태가 급변하기라도 하면 파라노이아형은 나약하기 그지없다. 자칫하면, 성채에 틀어박혀서 전력을 다한 끝에 결국 목숨을 바치는 일도 생길 수 있다.

이때 '정주하는 사람' 대신에 '탈출하는 사람'이 등장한다. 그는 무슨 일이 생기면 도망친다. 버티지 못하고 일단 도망치는 것이다. 그러려면 몸이 가벼워야 한다. 집이라는 거점을 두지 않고 줄곧 경계선에 머문다. 재산을 모으거나 가장으로서 처자식에게 군림할 수는 없으니, 그때마다 마침 그 자리에 있는 것을 이용하고 자손도 적당히 뿌려둔 다음 모든 것을 운에 맡긴다. 의지할 수 있는 것은 사태의 변화를 인식하는 센스, 우연에 대한 직감뿐이다. 그렇다면 이것은 틀림없이 스키조프레니아형이라 할 만하다.

| 아사다 아키라, 《도주론》 |

아사다 아키라의 지적에는 두 가지 핵심적인 사실이 들어 있다. 하나는 파라노이아형이 환경 변화에 약하다는 점이다. 앞서 설명했듯이, 오늘날 기업이나 사업의 수명은 점점 짧아지고 있다. 이 상황을 개인의 정체성 형성과 관련지어보면 어떨까? 직업은 정체성을 형성하는 가장 중요한 요소이므로 하나의 정체성에 얽매인다는 것은 하나의 직업에 얽매인다는 뜻이나 마찬가지다. 개인과 사회의 상황을 종합해보면 정체성에 집착하는 것은 위험하다는 결론을 얻을 수 있다.

일본의 기업인이자 작가인 호리에 다카후미는 저서 《다동력》에서 꾸준히 노력해야 하는 시대는 끝났다면서 싫증이 나면 바로 그만두라고 조언한다. 이 말 또한 이 시대에는 파라노이아보다 스키조프레니아가 낫다는 의미다.

우리는 '일관성 있고' '흔들리지 않는' '외길 10년'과 같은 말을 무조건 높이 평가하는 경향이 있다. 하지만 그런 가치관에 사로잡혀서 자신의 정체성을 편집증적으로 고집하는 것은 자살 행위나 다름없다.

도망치는 용기의 필요성

아사다 아키라가 지적한 두 번째 핵심적인 사실은 탈출한다는 점이다. 아사다 아키라는 파라노이아형을 정주하는 사람, 스키조프레니아형을 탈출하는 사람이라고 정의했다. 정주하는 사람에 대비되게 이주하는 사람이나 이동하는 사람이라고 정의하는 대신, '도망치는 사람'이라는 정의를 사용했다. 이 지적은 매우 예리하다. 탈출한다는 것은 명확한 행선지가 정해져 있지는 않지만 어쨌든 이곳에서 벗어난다는 의미다. 이렇게 일단 움직이자는 마음자세가 스키조프레니아형 인간의 특징이다.

우리는 인생을 살면서 자신의 직업과 일을 선택할 때는 자신이 무엇을 하고 싶은지, 무엇을 잘하는지를 생각하라는 말을 자주 듣는다. 하지만 필자가 이미 졸저 《직업 선택의 예술과 과학仕事選びのアートとサイエンス》에서 밝혔듯이, 이런 말은 대개 무의미하다. 일이란 실제로 해보지 않고는 재미있는지, 잘하는지 결코 알 수 없다. 어떤 일을 하고 싶은지를 생각하며 우물쭈물 망설이다가는 우연찮게 찾아온 기회마저 놓칠 우려가 있다.

목적지가 정해져 있지 않더라도 아무래도 위험할 것 같다는 판단이 서면 재빨리 도망치는 것이 뉴타입의 방식이다. 도망을 망설이기보다 더욱 시선을 고정하고 귀를 기울여 주위에서 어떤 일이 일어나고 있는지를 확인해야 한다.

앞서 아사다 아키라는 "의지할 수 있는 것은 사태의 변화를 인식하는 센스, 우연에 대한 직감뿐"이라고 했었다. 이는 필자가 《세계의 리더들은 왜 직감을 단련하는가》에서 '축적형 이론 사고보다 대담한 직감이 중요하다'고 지적한 것과 같은 맥락이다.

주위에서 아직 괜찮다고 안심시키더라도 스스로 위험하다는 느낌이 들면 바로 탈출하라. 이때 중요한 것은 위험하다고 느끼는 안테나의 감도와 탈출할 결단을 내릴 수 있는 용기다. 사람들은 으레 착각하곤 하지만 사실 용기가 없어서가 아니라 용기가 있어서 탈출할 수 있는 것이다.

'엑시트'가 활발할수록 사회는 건전해진다

지금까지는 '탈출'이라는 선택지가 개인에게 가져다주는 이점을 고찰해보았다. 여기에 더해 탈출이 사회 체제도 개선시킨다는 사실을 간단히 짚어보고자 한다.

3장에서 '의미'의 문제를 다룰 때 현재 선진국에서는 '쓸모없는 일자리의 만연'이 문제라고 설명했었다. 사실 이 문제에 대한 최선의 대응책이 탈출하는 사람을 늘리는 것이라고 말하면 의외라고 느껴질지 모르겠다.

의미 없는 엉터리 일자리가 늘어나고 그대로 잔존한다는 것은 결국 노동시장이 제 기능을 하지 못한다는 뜻이다. 쓸모없는 일로부터 사람들이 점점 탈출해버린다면 엉터리 일자리밖에 만들어내지 못하는 경영자나 관리자들은 설 자리가 없어져 노동시장에서 배제될 것이다. 결국 많은 사람이 계속 탈출하면 사회 전체의 건전성이 높아진다. 사회 전체적으로 보더라도 '엑시트'는 매우 전략적이며 건강함을 유지할 수 있는 수단이 된다.

- 통증은 부정적인 감각이기는 하지만 생물이 진화 과정에서 이 부정적인 감각을 획득하여 형질로서 계속 유전시켜온 이유는 통증을 느끼는 감각이 생존에 매우 중요하기 때문이다.

- 동물은 위기에 직면하면 맞서 싸우든지 혹은 도망친다. 우리는 대개 도망치는 행위를 부정적으로 인식하는 경향이 있지만 오늘날처럼 불안정하고 사업의 단명화가 두드러진 시대에는 능숙하게 탈출하느냐 아니냐가 풍요로운 인생을 좌우하는 매우 중대한 요인이다.

- 이런 상황에서 변함없이 한자리에 머물면서 꾸준히 노력하는 자세가 최고라고 여기는 올드타입은 자신의 인생을 파탄 낼 위험성이 크다.

- 뉴타입은 이동성이 높다. 그래서 같은 자리에 머물며, 노력을 계속해야 한다는 고루한 도덕관념에 얽매이지 않고 직감과 미의식에 따라 자유롭게 움직인다.

- 개인의 이동성이 높아지고 '탈출'이 쉬워지면 노동시장의 유동성도 늘어나 무의미한 엉터리 일자리는 남지 않게 된다. 또한 방약무인한 행동을 되풀이하는 올드타입의 권력자도 더 이상 자리를 유지할 수 없다.

18

| 공유와 증여 |

공유하고 나누는 사람의
최종 이익이 커진다

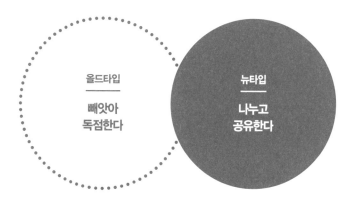

올드타입

빼앗아
독점한다

뉴타입

나누고
공유한다

"서로를 죽이는 게 뉴타입은 아니잖아요."
라라아 슨[5]

공유는 선인가 악인가

캐런 카츠Karen Katz의 유명한 그림책《함께 나누어 써요 I Can Share》는 물건을 '독점'하고 싶어 하는 어린아이들에게 '공유'의 즐거움과 중요성을 알려준다. 이 책은 다음과 같이 소개되어 있다.

유아에게 '공유'는 이해하기 어려운 개념이다. 하지만 이 그림책을 보고 '공유'가 즐거운 일이라는 것을 배울 수 있다.

For toddlers, sharing can be a hard concept to grasp, but with the help of this book, they'll learn that sharing can also be fun![6]

이 그림책을 읽어도 결국 '공유'라는 개념을 이해하지 못했는지 혹은 유아기에 받는 교육은 부모의 기대만큼 효과적이지 않은지, 특히 미국에서는 오랫동안 '공유'라는 개념이 자본주의의 적수였던 공산주의자의 도그마dogma(독단적인 신념이나 믿음 – 옮긴이)로 인식되어왔다.

빌 게이츠는 일찍이 리눅스Linux로 대표되는 무료 소프트웨어free software를 옹호하는 사람들에게 온갖 욕설을 퍼부었다. 빌 게이츠는 프리 소프트웨어를 신봉하는 사람은 '현대의 새로운 공산주의자'이며, 아메리칸드림을 지탱하고 있는 '시장을 독점하고 싶다'는 열망에 찬물을 끼얹는 악한 존재라고 비난했다.[7] 게이츠의 말대로라면 아메리칸드림을 이룬 사람은 욕심이 많고 관용이 없으며 타인과의 공존을 허용하지 않는 인물이다. 그런데 이런 인물이 되는 것이 정말로 '국가를 상징하는 꿈'이라고 한다면 상당히 비천한 꿈이 아닐 수 없다.

하지만 다행히도 2019년 현재 에어비앤비 Airbnb로 대표되는 공유 경제 플랫폼 기업들은 거대한 시가총액을 자랑하고 있으며, 창업자 역시 아메리칸드림을 이룬 사람으로 인정받고 있다는 사실을 생각하면 빌 게이츠가 이야기했던 '꿈'은 분명 올드타입이었다고 할 수 있다.

현재도 독점이 공유보다 경제적인 가치가 크다는 올드타입의 도그마를 신봉하는 사람이 여전히 많다. 당연한 일이다. 오랫동안 비즈니스는 숙명적으로 독점을 지향해야만 한다고 인식되었기 때문이다.

경영 전략의 최고 권위자이자 하버드 경영대학원 교수인 마이클 포터가 집필한 전략론의 고전 《마이클 포터의 경쟁 전략》을 읽어보면 잘 알 수 있다. 포터의 전략론은 기본적으로 산업조직론에 기초하고 있으며, 모두 '어떻게 하면 시장을 독점할까'라는 큰 질문에 나무줄기와 가지 그리고 잎의 구조를 이루듯이 답변을 제시하고 있다.

이는 마이클 포터가 경영학이 아니라 경제학으로 박사 학위를 받았다는 사실과 깊은 관련이 있다. 한마디로, 포터는 경제학이 기피하는 독점을 경영학으로 뒤집어 바람직한 상황으로 바꾼 것이다.

경제학에서는 사회 후생의 최대화를 추구한다. 간략히 말하면, 시장에서 건전한 경쟁이 이루어져서 누구나 좋은 물건을 싸게 사고, 특정 기업이 독점적으로 큰 이익을 얻는 일이 없는 사회를 '좋은 사회'라고 규정하고는 이를 방해하는 요인을 배제한다. 즉 어떻게 해야 한 회사가 시장을 독점하고 신규 진입이 일어나지 않는 상황을 피할 수 있을지를 고민하는 것이다. 하지만 시장에 참가하는 기업의 입장에서는 한 회사가 시장을 독점하고 큰 이익을 얻으면서도 신규 진입이 전혀 일어나지 않는다면 그야말로 이상적인 상황이다.

경쟁 전략론의 대표적인 고전이 원래는 독점을 피하기 위한 산업조직론을 토대로 집필되었다는 사실은 독점이 기업들에게 얼마나 매혹적으로 느껴졌는지를 역설적으로 보여준다.

그런데 앞서 서술한 대로, 이제 독점과 부가 연결되지 않는 세상이 등장했다. 개인이 무상으로 참여하는 위키피디아가 영리 사업으로 운영되어온 거의 모든 백과사전을 몰락으로 내몰고 있으며, 이미지와 음악 자료를 저작권자의 허락 없이 합리적으로 활용하기 위한 플랫폼인 크리에이티브 커먼즈Creative Commons가 14억 건이 넘는 콘텐츠를 확보하고 있다.[8] 이런 사실에 입각해보면, 이제 우리는 독점을 지향하여 부를 극대화하려는 올드타입의 도그마를 쇄신해야 한다. 공공연히 독점을 추구하지 말고 오히려 적극적으로 타인과 성과를 공유함으로써 전체적인 부의 확장을 추구하는 뉴타입의 행동양식으로 전환해야 하는 것이다.

공유가 손해라는 환상

오늘날 공유 경제의 유행은 지금까지 자본주의 세계에서 절대 선으로서 숭배되어온 독점과 소유의 개념을 뒤흔들고 있다. 경영학에서 경쟁 전략론의 기저를 이루는 물음이 '어떻게 해야 시장을 독점할 수 있을까'라면 이를 바탕으로 한 크고 작은 비즈니스 전략들은 모두 지금의 공유 경제 패러다임과 근본적으로 어긋나는 셈이다. 이제 우리는 소유와 독점의 개념을 어떻게 인식해야 할까?

중세부터 수백 년간 우리에게는 소유라는 개념이 없었다. 이를테면 오랜 세월 영국의 농경 생활은 공유지commons를 중심으로 이루어졌고 봉건 영주는 자신의 토지를 농민에게 빌려주어 생활을 영위했다.

봉건시대의 농업은 오늘날 우리가 코뮌commune, 즉 공동체라고 부르는 사회구조 안에서 이루어졌다. 농민들은 모두의 토지를 개방 경작지나 공동 목초지 삼아 공동으로 경작했다. 그런데 이 행복한 시대는 몇 가지 요인으로 인해 그리 오래가지 못하고 종말을 맞았다. 대체 무슨 일이 일어난 것일까.

아마도 이 물음에 가장 유명한 답변을 제시한 사람은 개럿 하딘Garrett Hardin일 것이다. 1968년 캘리포니아대학교 산타바버라캠퍼스의 생태학 교수였던 하딘은 과학 전문지 〈사이언스〉에 '공유지의 비극'이라는 제목의 논문을 실었다. 여기에 누구나 이용할 수 있는 목초지가 있다고 하자. 소의 주인인 개개인은 최대한 많은 소를 목초지에 방목해야 이익을 최대화할 수 있다. 하지만 다른 소의 주인들도 모두 같은 생각을 갖고 최대한 많은 소를 방목한다면 목초지는 단기간에 황폐해질 것이다.

소 주인들은 머지않아 목초지가 황폐해질 것을 알면 그전에 최대한의 이익을 얻으려 할 것이고 경쟁은 더욱 심화된다. 하딘은 이렇게 설명했다.

여기에 비극이 있다. 각자가 자신의 소를 끝없이 늘려야 하는 체제에 속해 있는데, 그 체제에는 한계가 있다. 자유를 믿는 사회에서 각자 최대한의 이익을 추구하면 그 앞에는 파멸이 기다리고 있을 뿐이다. 공유지의 자유는 모두에게 파멸을 불러온다.[9]

그렇다면 우리는 어떻게 해야 할까. 하딘은 '중앙집권화한 정부가 엄격하게 공유지를 통제할 수밖에 없다'고 결론지었다. 이는 말할 것도 없이 전체주의로 통하는 발상이기에 하딘 자신도 '이런 선택지를 생각하는 일도 역시 두렵다'는 불길한 문장으로 논문을 끝맺었다.

하딘의 글을 읽고 미묘한 위화감을 느낀 사람도 있을 것이다. 당신이 소 주인이었다고 해도 최대한 많은 소를 목초지에 방목하려고 했을까?

아마도 대부분은 다른 소 주인과 비슷한 수의 소를 방목해야 한다고 생각할 것이다. 이기적인 행동을 하는 소 주인은 머지않아 공동체에서 소외될 것이라는 사실을 알기 때문이다.

이런 점을 자세히 파고들어 하딘의 의견에 결정적인 반론을 제기한이가 경제학자 엘리너 오스트롬이다.[10] 오스트롬은 1000년이 넘는 공유지의 역사를 망라하면서, 과거에 일어났던 공유지의 성공과 실패의 요인을 분석하고 미래의 공유지를 성공시킬 해법을 제안했다. 그리고 그 공로를 인정받아 2009년에 여성 최초로 노벨경제학상을 수상했다. 오스트롬의 주장을 간략히 요약하면 다음과 같다.

'동물을 방목하는 목초지, 어장, 관개 시설, 삼림 등 공유 자원을 관리할 때 개인은 자신이 힘든 상황에 놓여도 대개는 공동체의 이익을 개인적인 이익보다 우선시하며, 또한 단기적인 상황의 개선보다는 장기적인 공유 자원의 보존을 우선시한다.'

그런 의미에서 본래 공유지는 올드타입이 아니라 뉴타입의 사고방식에 의해 뒷받침되어왔던 것이다.

하딘이 자신의 인간관에 기초해 비현실적인 사고와 실험으로 공유지의 비극을 고안했다면, 오스트롬은 세상의 공유지를 인류학자처럼 답사한 뒤에 관찰 결과와 사실에 근거해서 반론을 제기했다는 점에 결정적인 차이가 있다.

이 조사를 토대로 오스트롬은 공유지가 매우 뛰어난 통치조직이며, 이 책의 1장에서 언급한 메가 트렌드에 따라 변화하는 세상에서 인류가 직면한 환경, 경제, 사회 등의 모든 문제에 해결책이 되어줄 거라는 사실을 의심의 여지가 없을 만큼 명백하게 제시했다.

오스트롬의 주장은 모든 공유지가 개인의 이득을 최대화하려는 올드타입으로 인해 파멸할 운명이라는 하딘의 주장을 부정할 뿐만 아니라, 개인은 시장에서 자신의 이득을 최대화하려 한다는 미시경제학의

'인간관'에도 커다란 의문을 던진다.

자본주의 체제는 18세기에 성립되어 겨우 200년간 지속되었음에도 벌써 제도의 목적과 사회의 현실이 어긋나 스스로 무너지고 있는 반면, 공유지는 원시시대 이래 수천 년간 이어져오고 있다. 이런 맥락에서 어쩌면 우리는 하딘과 같은 인간관을 주장한 계몽주의 철학자나 보수적인 경제학자에게 지나치게 휘둘려온 것일지도 모른다.

마라톤 같은 인생에서는 공유와 증여가 성공 요인

앞서 설명한 대로 올드타입은 독점을 목표로 하는 반면 뉴타입은 공유를 추구한다. 공유를 목표로 하려면 우선 자신이 갖고 있는 것을 내놓는 행위, 즉 기브 앤 테이크give & take에서 기브가 필요하다. 하지만 이 주장에 많은 사람이 심한 반감을 느낄 것이다. 아무런 대가도 기대할 수 없는 단계에서 주는 것은 '손해'를 보는 행위라고 생각하기 때문이다. 과연 그럴까?

펜실베이니아대학교 와튼스쿨의 조직심리학자 애덤 그랜트Adam Grant 교수가 대규모 조사를 실시하여 '자신의 이익보다 다른 사람을 먼저 생각하는 사람=기버 giver'와 '자신이 준 것보다 더 많은 이익을 챙기려는 사람=테이커 taker'를 비교해본 결과, 중장기적으로 큰 성공을 거둔 사람들 가운데는 압도적으로 기버가 많았다.[11] 한편, 테이커는 단기적으로 좋은 성과를 올렸지만 중장기적으로는 기버보다 뒤떨어졌다. 100미터 달리기에서는 테이커가 유리하지만 마라톤에서는 기버가 유리한 셈이다.

1장에서 설명한 대로 평생에 걸친 우리의 경력은 장기적으로 발전하는 경향이 있기 때문에 점점 더 '마라톤화'되어간다. 다른 사람에게 빼앗고 독점하는 올드타입인 테이커보다 다른 사람에게 나눠주고 공유하는 뉴타입인 기버가 더욱 유리해지는 사회가 다가오고 있는 것이다.

좀 더 깊이 살펴보면, 많은 사람이 조직의 경계와 상관없이 일하게 되고, 개인에 대한 평가나 신용 같은 사회적 자본이 블록체인 기술 등에 의해 공공 공간에 축적되어 다른 사람들과 공유된다. 당연히 다른 사람에게서 빼앗으려는 테이커도 같은 방법으로 평가를 받고 결국 네트워크 내에서의 가치가 크게 떨어질 것이다.

미시간대학교 사회학 교수인 웨인 베이커Wayne Baker 연구팀의 연구가 흥미로운 시사점을 던져준다. 이 연구에서는 조직에 소속된 사람들에게 서로의 관계를 '에너지를 몹시 빼앗긴다'부터 '에너지를 많이 받는다'까지 총 다섯 단계로 평가해달라고 했다. 이 결과에 따라 작성한 지표는 흡사 은하계를 쏙 빼닮았다.[12]

테이커는 블랙홀처럼 주변 사람들의 에너지를 빨아들인 반면에 기버는 마치 태양처럼 주변 사람들에게 에너지를 불어넣었다. 기버는 성과를 독점하지 않고 적극적으로 타인을 응원하며 동료를 위한 기회를 만들어냈다. 이런 세계에서 단기적인 독점을 추구하고 타인에게서

뭔가를 빼앗으려고 하는 테이커의 행동양식은 올드타입이라고 말할
수밖에 없다. 반면에 뉴타입은 먼저 나눠주고 자신이 가진 것을 타인
과 공유한다.

- 한때 비즈니스 세계에서는 독점이 선이고 공유는 공산주의에 물든 악의 도그마로 인식되었다. 하지만 오늘날에는 다양한 영역에서 공유에 기초한 비즈니스가 큰 부를 창출하고 있다.

- 애덤 그랜트의 연구에 따르면, 테이커는 단기적인 이익을 얻는 반면, 기버는 중장기적으로 테이커보다 큰 이익을 얻었다.

- 이는 인생에서 직업을 갖는 기간이 길어지고, 또한 다양한 조직에서 평판이라는 사회적 자본을 축적해야 하는 현대사회에서는 테이커보다 기버가 최종적으로 얻을 수 있는 이익이 더 커진다는 사실을 시사한다.

- 역사를 돌아봐도 단기적인 이득을 지향하고 독점을 추구한 나폴레옹이나 히틀러의 번영은 단기간에 끝난 반면, 세력 균형에 의한 공존과 번영을 지향한 영국은 훨씬 오랜 세월 번영을 구가했다.

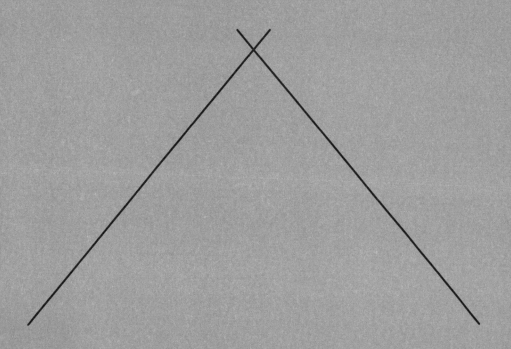

제 7 장

뉴타입의 학습력은 어떻게 다른가

| 철지난 지식의 패턴을 리셋하라 |

19

| 기초교양 |

상식을 상대화하여
양질의 질문을 만든다

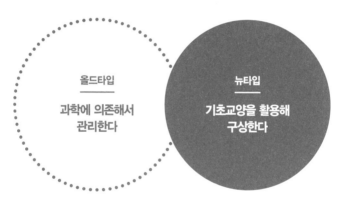

올드타입
——
과학에 의존해서
관리한다

뉴타입
——
기초교양을 활용해
구상한다

"아, 바보인가요. 바보에도 여러 부류가 있는데
약삭빠른 녀석은 바보 중에서도 별로 탐탁지 않은 부류지요."[1]
토마스 만[2]

기초교양으로 구상력을 높여라

2장에서 문제의 희소화와 혁신의 정체를 다루면서 이 두 가지 현상이 구상력의 감퇴라는 같은 원인에서 비롯된다는 사실을 지적했었다. 구상력을 높이기 위해서는 무엇이 필요할까? 바로 '기초교양'이다.

과학은 주어진 문제를 해결할 때 극히 예리한 도구가 되지만 문제 자체를 만들어내지는 못한다. 앞서 언급한 대로 문제를 만들어내려면 전제가 되는 이상적인 모습을 구상해야 하는데, 이 이상적인 모습은 개인의 전인격적인 세계관이나 미의식에 따라 규정되기 때문이다.

사람은 어떻게 살아가야 하는지, 사회가 어떤 모습이어야 하는지를 규정하는 것은 과학의 역할이 아니다. 이런 일에는 반드시 교양에 기초한 인문학적 사고가 필요하다.

필자는 《세계의 리더들은 왜 직감을 단련하는가》에서 올드타입이 의지하는, 과학에 편중된 관리법이 윤리관의 저하나 차별성의 상실 등 다양한 문제를 일으키는 원흉이라는 사실을 지적하고, 앞으로 활약할 뉴타입은 미의식과 직감 같은 예술적인 측면을 중시해야 한다고 강조했다. 다행히 이 지적은 특히 경영자를 중심으로 한 많은 사람에게 큰 반향을 불러일으켜서 '경영에서 과학과 예술의 리밸런스rebalance'라는 문제가 다양하게 논의되었다.

이렇게까지 과학 편중 현상이 심화된 계기는 2008년 〈월스트리트저널〉에 실린 연봉 조사기관 페이스케일Payscale의 조사 결과였다.

페이스케일이 전 세계적으로 연봉을 조사한 결과,[3] 이공계인 STEM (Science=과학, Technology=기술, Engineering=공학, Mathematics=수학) 학위를 취득한 학생이 대체로 급여 수준이 높았다고 한다.

대졸 신입사원의 '연봉 중앙값median'를 살펴보면, 최고는 매사추세츠공과대학교MIT와 캘리포니아공과대학교 졸업생이 받는 7만 2000 달러였다. 참고로 이 두 대학교는 경력직 초임 중앙값에서도 각각 3위와 6위에 올라 있다.

이 기사와 더불어 최근 몇 년 사이에 인공지능이나 빅데이터의 발달에 위협을 느끼고 '앞으로 일자리를 잃지 않을 분야는 STEM'이라고 생각하는 사람이 크게 늘었다. 하지만 지금까지 이 책을 읽었다면 중앙값을 비교한 다음 '높은 보수를 받고 싶다면 STEM을 선택하라'고 결론 내리는 것은 다소 극단적이라고 느끼는 사람도 있을 것이다.

맞는 말이다. 사실 페이스케일의 데이터를 다른 관점에서 확인해보면 전혀 다른 상황을 알 수 있다. 가령 미국 전체에서 경력직으로 채용된 사람들 가운데 중앙값이 아니라 '가장 높은 연봉을 받는 상위 10퍼센트(이 조사에서는 30만 달러 이상)'로 대상을 좁히면 매사추세츠공과대학교는 간신히 11위에 머물며, 1위부터 10위까지는 교양 학부가 강한 예일대학교와 다트머스대학교 등이 차지했다.

이런 학교별 통계와 더불어 전공별 통계에서도 같은 경향이 나타난다. 경력직 채용자의 전공별 연봉 순위를 평균해보면, 전반적으로 컴퓨터과학이나 화학공학이 상위에 올라 있고, 상위 20위에 오른 학과

가운데는 기초교양 관련 학과가 좀처럼 눈에 띄지 않는다.

그런데 미국 전체에서 가장 성공한 인물, 즉 연봉이 상위 10퍼센트에 드는 사람들의 전공 분야를 살펴보면 정치학, 철학, 연극, 역사 같은 기초교양 계열 학과가 확연히 두드러진다.

요컨대, STEM 학위를 취득하면 취업 시에 '평균 이상'의 수입을 받을 가능성은 확실히 높다. 취직할 때, 즉 조직의 구성원으로 채용되는 시기에는 다른 구성원보다 높은 보수를 받을 가능성이 높은 것이다. 그러나 눈에 띄는 고수입자, 다시 말해 경영을 책임지거나 독자적으로 지적 활동 또는 창작 활동을 통해 사회에 큰 영향을 주는 리더들 중에는 기초교양 계열의 학위를 갖고 있는 사람의 비율이 높다. 이는 최근 10여 년 동안, 교육계나 정치계에서 줄기차게 주장해온 것과는 상당히 다른 사실이라서 당혹감을 느낄 수도 있다. 하지만 곰곰이 생각해 보면 당연한 일이다.

필자는 앞에서 '도움이 된다'와 '의미가 있다'의 두 가지 효용 가운데 물건이나 편의성의 과잉 현상이 나타나고 있는 선진국에서는 도움이 되는 일이나 상품보다 의미가 있는 일이나 상품이 큰 가치를 인정받고 있다는 점을 강조했다. 다시 확인하자면, '도움이 된다'는 축을 따라 가치를 높이는 일은 과학의 역할인 반면, '의미가 있다'는 축을 따라 가치를 높이는 일은 예술의 몫이다. 현재 사회에서 큰 가치를 만들어내는 것은 도움이 되기보다는 의미가 있는 일이므로, 미국 전체에서 최고의 수입을 올리는 사람들 가운데 기초교양 계열의 학위를 소지한 사람이 많은 것은 당연한 현상이다.

리더는 문제를 설정하는 사람

문제 설정과 문제 해결이라는 두 가지 역할을 조직에 적용해보자. 누구나 바로 알 수 있듯이, 조직의 상층부로 올라갈수록 업무의 중심은 '문제 설정' 쪽으로 옮겨가고 조직의 하층부로 갈수록 업무의 비중은 '문제 해결' 쪽으로 기울어진다. 경영 과제, 즉 어젠다를 설정하는 일은 경영자의 몫이고, 이 어젠다를 직접 실행하는 것은 중간관리자이하 직원들의 역할이기 때문이다.

이렇게 생각하면 조직의 상층부에 요구되는 리터러시 literacy(본래는 문해력을 가리키지만 정보와 지식의 본질을 이해하고 변화하는 사회에 대처하는 능력으로 그 개념이 확대되었다 – 옮긴이)와 조직의 하층부에 요구되는 리터러시에 어떤 차이가 있는지를 쉽게 파악할 수 있다. 문제 설정을 담당하는 조직의 상층부 사람들에게는 과제를 설정하기 위한 리터러시로서 기초교양이 요구된다. 반면에 문제 해결을 담당하는 조직의 하층부 사람들에게는 과제를 해결하기 위한 리터러시로서 과학이 필요하다.

그리고 실제로 이런 요구에 적합하게 인재가 배치된다면 앞서 소개한 페이스케일사의 통계 결과, 즉 '구성원 가운데 상대적으로 높은 보수를 받는 사람은 STEM 학위를 보유하고 있지만 전체적으로 가장 높은 보수를 받는 조직과 사회의 리더들 중에는 기초교양 계열의 학위를 보유한 사람이 많다'는 결과가 나오는 것이 당연하다.

하지만 최근 많은 기업에서는 역할 분담이 원활하게 진행되지 않고 있다. 특히 MBA로 대표되는 '수치 분석'을 중시하는 경향이 강해진 최근 10여 년 동안 많은 기업에서 경영자가 미래를 구상하는 가장 중요한 임무를 밀어두고 문제 해결에만 매달리는 비효율적인 상황이 연출되고 있다.

이런 상황은 결국 인문학적 소양이 부족한 경영자와 그들의 손발이 되어 수치 분석에만 열을 올리는 MBA 출신이나 통계 리터러시를 가진 이공계 졸업자들의 합작품이라고 볼 수 있다.

지금까지 입시공부로 대표되는 '정답 찾기'를 통해 출세해온 경영자는 자신의 오감을 최대한 가동시켜서 사회와 미래를 전체적으로 파악하는 지적 과제를 두려워하는 한편, 눈앞에서 일어나는 일을 단순화한 모델로서 게임처럼 인식하고 추상화된 단편적인 데이터를 이용해 의사결정을 함으로써 단지 '경영을 하고 있는 듯한 기분을 느끼려는' 경향이 있다. 이런 상태에 빠지면 경영자는 고립되어 사회와 고객 그리고 직원들과의 접점을 잃기 때문에 문제나 상황을 파악하기 위해 타인이 건넨 단순한 분석 데이터에 의존하게 된다.

이때 기다린 것처럼 나타나는 것이 경영 관련 컨설팅 회사로 대표되는 과학 중시자들이다. 그들은 수치와 분석으로 세계를 파악할 수 있다면서 데이터 분석 보고서와 고액의 청구서를 고립된 경영자에게 건넨다. 이렇게 해서 교양이 부족한 경영자와 과학을 중시하는 참모들이 '구상 없는 생산성 향상'을 계속 요구하면 직원들의 철학과 동기는 파괴되어 컴플라이언스compliance(사회규범이나 법령 또는 윤리를 준수하는 일 — 옮긴이) 위반이 빈번해진다.

하지만 앞서 말했듯이 정답의 범용화가 진행되고 도움이 되는 상품 시장에 최후의 전쟁이 임박한 현재, 과학에만 의존하는 올드타입의 경영자는 완전히 시대에 뒤처지게 된다.

이 책에서는 문제를 설정하는 뉴타입과 문제를 해결하는 올드타입을 계속 대비시켜왔는데, 이는 기초교양을 활용하는 뉴타입과 과학에만 의존하는 올드타입의 대비로 연결된다.

눈앞의 상식을 의심하는 기술

지금까지 올드타입은 과학에 의거해 눈에 보이는 문제의 해결에만 매진하는 반면 뉴타입은 기초교양에 중점을 두고 미래를 구상한다고 설명했었다. 그러면 기초교양이 왜 미래 구상에 도움이 되는 걸까? 결론부터 말하면, 기초교양은 우리가 당연하다고 느끼는 일을 상대화해서 문제를 부각시키는 데 무척 뛰어나기 때문이다.

이 문제를 살펴보기 전에 한 가지 묻고 싶다. 왜 금리는 플러스인가? 아마도 대부분은, 돈을 빌리는 사람은 빌려주는 사람이 잃은 기회만큼의 비용을 부담해야 하기 때문이라고 대답할 것이다. 확실히 현대를 살아가는 우리에게 '금리는 플러스'라는 말이 상식이다.

하지만 이는 현대에만 통용되는 상식이다. 중세 유럽이나 고대 이집트에서는 마이너스 금리의 경제 시스템이 오랫동안 채택되었다. 마이너스 금리 사회에서는 현금을 갖고 있으면 손해이므로 오랫동안 가치를 생성하는 물건과 최대한 빨리 교환하는 것이 좋았다.

그렇다면 가장 오랜 기간에 걸쳐 가치를 생성해내는 것은 무엇일까? 바로 종교 시설과 공용 인프라다. 이런 사고방식을 토대로 투자가 추진된 사업이 나일강 관개사업과 중세 유럽의 대성당 건축이었다. 나일강 관개사업은 비옥한 나일강 일대의 경작으로 이어져 이집트 문명을 뒷받침했고, 대성당 건축은 전 세계에서 순례자를 모아 유럽 전체의 경제 활성화와 도로 인프라 정비로 이어졌다.

우리가 당연하다고 여기는 수많은 상식은 사실상 '지금 여기'에서밖에 통용되지 않는, 시간과 공간이 극히 제한된 습관에 지나지 않는다.

또한 기초교양을 사회인이 익혀야 할 교양이라고 가볍게 인식하는 사람이 있는데, 매우 안타까운 일이다. 사실 기초교양liberal arts은 자유로워지기 위한 기술이다. 여기서 말하는 자유는 무엇일까? 원래 이 말은 신약성서의 요한복음 8장 32절 '진리가 너희를 자유롭게 할 것'이라는 예수의 말에서 유래했다.

진리眞理는 '참된 이치'를 뜻한다. 시간이 지나고 장소가 바뀌어도 변하지 않는 보편적이고 영속적인 이치가 진리이며, 그 진리를 앎으로써 사람은 그때 그곳에서만 통용되는 편협한 사고로부터 자유로워진다. 그 편협한 사고의 틀, 그것이 바로 '금리는 플러스' 같은 고정관념이다.

눈앞의 세계에서 상식으로 통용되어 아무도 의문을 품지 않는 전제와 틀을 일단 한 발 물러난 다음 상대화해서 바라보는 일, 혹은 묻고 의심하는 기술이 기초교양의 진수다.

그렇다고 해서 당연시하던 모든 일을 사사건건 의심한다면 일상생활을 제대로 영위할 수 없다. 신호등에서 왜 초록색불이 보행을 지시하고 빨간색불이 정지를 가리키는지, 헤어질 때는 왜 머리가 아니라 손을 흔드는지를 하나하나 깊이 생각하다가는 일상생활이 엉망진창이 된다. 바로 여기에 우리가 흔히 접하는 '상식을 의심하라'는 진부한 메시지의 맹점이 있다. 즉 상식을 의심하는 일에는 상당한 비용이 든다. 반면에 눈앞의 상식에 관해 묻고 의심하는 것을 단념한다면 미래를 구상할 수 없게 된다.

결론적으로 이 패러독스를 푸는 열쇠는 한 가지밖에 없다. 사람들이 흔히 말하듯이 끊임없이 상식을 의심하는 태도가 아니라, 그냥 넘어가도 좋은 상식과 의심해야 할 상식을 판단하는 혜안을 갖추는 것이다. 그리고 이런 혜안을 길러주는 요소가 바로 교양이다.

기초교양이라는 렌즈를 통해 세상을 상대화하고 보편성이 더욱 낮은 부분을 부각시키는 것이다. 스티브 잡스는 캘리그래피의 아름다움을 알고 있었기에 '컴퓨터 서체는 왜 이렇게 안 예쁘지?'라는 의문을 떠올렸고, 체 게바라는 플라톤이 제시한 이상 국가를 알고 있었기에

'쿠바의 상황은 왜 이다지도 비참한 걸까?'라는 의문을 품을 수 있었다. 눈앞에서 일어나는 세상의 모든 일을 당연시하여 단념하지 말고 비교하여 상대화하자. 그렇게 해서 보편성이 부재한 상식들을 의심해보자. 기초교양은 그런 상식을 비추는 렌즈로서 가장 선명한 해상도를 갖추고 있다.

교양, 전문화된 사회에서 영역을 가로지르는 무기

기초교양은 전문 영역의 분단화가 진행되는 현대사회에서 각각의 영역을 서로 연결해 전체성을 회복시키는 무기도 된다.

기술은 필연적으로 전문화를 요구합니다. (중략) 교양이라는 개념을 과학적 지식의 전문화specialization와 대립시켜보면 성패가 확실히 보입니다. 명백히 교양 측의 패배지요. 하지만 교양이란 전문 영역 사이를 움직일 때, 즉 경계를 넘나들crossover 때 자유롭고 유연한 정신 운동을 가능하게 합니다. 전문화가 진행될수록 경계를 초월해 일할 수 있는 정신적 능력이 중요해집니다. 그 능력을 키워주는 유일한 요소가 교양이지요. 그러므로 과학적인 지식과 기술, 교육이 발달할수록 교양이 필요한 것입니다.

| 가토 슈이치 외, 《교양, 모든 것의 시작》 |

가토 슈이치는 전문 영역을 자유롭게 넘나들기 위해서는 교양이 필요하다고 지적한다. 바로 뉴타입에게 필요한 요건이다.

올드타입은 익숙하고 편한 영역에 안주하며 전문가의 권위를 방패 삼아 안일하게 자존심을 지키려는 반면, 뉴타입은 여러 전문 영역을 넘나들며 각각의 영역에 틀어박혀 있는 올드타입의 전문가를 공통의 목적을 위해 움직인다.

직장에서 '나는 이 일의 전문가가 아니다'라는 지나친 겸손 때문에 뭔가 이상하다고 생각하면서도 해당 분야의 전문가에게 솔직한 의견을 내지 못했던 경험이 아마 누구에게나 있을 것이다. 하지만 이런 겸손과 배려가 세상의 진보를 크게 저해한다는 사실을 우리는 절대 잊어서는 안 된다.

앞서 소개했듯이, 도카이도신칸센을 개발할 때 철도 엔지니어들이 오랫동안 해결하지 못했던 차체의 진동 문제를 해결한 것은 그 분야의 문외한이었던 항공 엔지니어들이었다. 이때 항공 엔지니어가 자신은 철도 전문가가 아니라며 아이디어를 제안하지 않았다면 어떻게 되었을까.

세계를 발전시킨 수많은 아이디어는 대개 비전문가에게서 나왔다. 미국의 과학사가인 토머스 쿤은 그의 저서 《과학혁명의 구조》에서 '패러다임 전환paradigm shift'이라는 새로운 개념을 창안해냈다. 그러면서 패러다임 전환은 대개 '해당 영역에 들어온 지 얼마 되지 않았거나 매우 젊은' 사람에 의해 이루어진다고 강조했다.

전문 영역을 자유롭게 횡단하며 해박한 지식이 없는 문제에 관해서도 전체적인 관점에서 생각해야 할 것을 생각하고, 말해야 할 것을 말하기 위한 기본 무기가 바로 기초교양이다.

- 구상력을 높이려면 기초교양이 필요하다. 과학은 주어진 문제를 해결할 때는 매우 예리한 도구이지만 처음에 질문을 설정할 때는 큰 역할을 하지 못한다.

- 조직의 상층부는 문제 설정을 담당하고 조직의 하층부는 문제 해결을 담당한다는 사실을 생각하면 미국 페이스케일사의 조사 결과는 당연한 것이라고 할 수 있다. 하지만 최근 10여 년간 이 관계가 붕괴되어 기업 조직의 상층부가 문제 해결에 매달리는 상황이 수없이 발생하고 있다.

- 이런 상황에 빠지면 조직에서 비전이나 존재 의식은 사라지고 경영은 오로지 핵심성과지표와 생산성만 추구하게 된다. 그러면 직원들의 심신이 피폐해지고 도덕은 해이해지며 컴플라이언스 위반이 속출한다.

- 기초교양을 배우면 자신의 내면에 시간 축과 공간 축을 마련하고 눈앞에 있는 상식을 상대화하는 리터러시를 갖출 수 있다. 누구나 당연하게 여기는 상식에 대한 의심이야말로 아무도 알아차리지 못한 새로운 문제 제기로 이어진다.

20

| 깨달음 |

타인을 자신을 바꾸는 계기로 삼는다

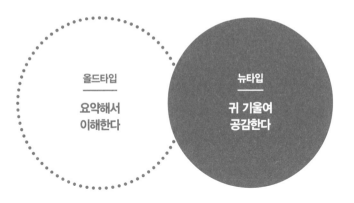

올드타입
———
요약해서
이해한다

뉴타입
———
귀 기울여
공감한다

이른바 머리가 좋은 사람은 발 빠른 나그네와 같다.
다른 사람보다 앞서 남이 아직 가지 않은 곳에 다다르는 대신에,
길가나 샛길에 있는 중요한 풍경을 보지 못하고 지나칠 염려가 있다.[4]
데라다 도라히코[5]

쉽게 이해하면 새로운 발견을 놓친다

세계가 점점 애매하고 복잡하며 예측 불가능해질수록 '이해한다'는 감각도 흔들리게 된다. 우리는 과거의 경험에 기초한 패턴 인식 능력을 통해 눈앞의 현실을 정리하고 이해한다. 하지만 점점 뷰카화되어 가는 세상에서 갑작스럽게 상황을 단순화하려고 들면 이미 변해버린 현실에 과거의 패턴을 적용하고는, 본래는 '이해하지 못했을' 문제를 마치 '모두 이해한' 듯이 느끼게 되므로 자칫 현실에 맞지 않게 잘못 대응할 가능성이 있다.

특히 20세기 후반에는 요소환원적(요소로 분해해 이해함으로써 전체를 이해하는 사고법－옮긴이)으로 일을 단순화해서 요령 있게 대처하는 올드타입의 행동양식이 유능함의 증거로 여겨졌기 때문에 우수한 인재로 인정받은 사람일수록 이런 실수를 범하기 쉬웠다. 극심한 변화가 계속되는 세상에서 과거에 학습한 패턴을 적용하고는 '아, 그거? 잘 알지'라고 생각하는 습성은 자칫 오류를 불러일으킨다.

올드타입이 '이미 안다'고 말하고 싶어 하는 이유는, 그래야 높은 평가를 받는다는 사실을 경험적으로 알고 있기 때문이다. 현대사회에서는 '잘 알아듣는다' 또는 '이해력이 좋다'는 것을 무조건 예찬하는 경향이 있기 때문에 올드타입은 이를 편견으로서 이용한다.

특히 이런 유형이 많은 분야가 바로 필자가 오랜 세월 몸담고 있는 컨설팅 업계다. 이 업계 사람들에게는 몇 가지 특유의 언어 습관이 있다. 그중에서도 대표적인 것은 "요컨대 ○○라는 뜻이죠?"다. 컨설턴트는 어떤 일이나 상황을 일반화하여 특정 형태로 인식한 다음 "머리가 좋으시네요"라고 칭찬받는 것을 좋아한다. 그래서 다른 사람의 말을 듣고 나서 이야기를 '정리'하고 싶은 욕구를 좀처럼 억누르지 못한다.

하지만 상대가 말하는 요점을 추려내고 일반화해서 바로 정리하는 올드타입의 행동양식은 현대와 같이 환경 변화가 빠른 상황에서는 두 가지 관점에서 문제점을 드러낸다.

우선, 어떤 사람이 여러 가지 예를 들어가며 한참 설명했다고 하자. 그런데 마지막에 상대에게서 "결국 ○○라는 뜻이죠?"라는 말을 듣는다면 마치 소화불량이라도 걸린 것처럼 불편하고 뭔가 중요한 것을 빠뜨린 느낌이 들 것이다.

우리가 일상적으로 사용하는 '언어'는 매우 엉성한 의사소통 도구다. 따라서 우리는 원칙적으로 자신이 이해하고 있는 내용을 100퍼센트 언어로 전달할 수 없다. 즉 언어로 이루어지는 의사소통에서는 항상 '중요한 뭔가'가 누락될 가능성이 있다.

20세기에 활동한 헝가리 출신의 물리학자이자 사회학자인 마이클 폴라니[6]는 '우리는 자신이 말할 수 있는 것보다 훨씬 많은 것을 알고 있다'고 했다. 오늘날에는 이렇게 말할 수 있는 것 이상의 지식을 '암묵지 tacit knowledge'라고 부른다. 암묵지는 언어를 통한 의사소통에는 항상 '누락'이 발생한다는 점을 상기시키는 개념이다.

진정으로 이해한다는 것은

"요컨대 OO라는 뜻이죠?"라고 정리해버리는 것은 말하는 사람뿐만 아니라 듣는 사람에게도 문제가 된다. 이런 표현은 과거에 형성된 패턴에 맞춰서 이해했다는 의미를 담고 있으므로, 새로운 시점을 얻거나 세계관을 넓힐 기회를 제한해버린다. 변화가 심한 현대에 이런 행동양식은 학습을 저해하는 올드타입의 패러다임이다.

우리는 무의식적으로 마음속에 '멘탈 모델mental model'을 형성한다. 멘탈 모델은 한 사람 한 사람이 마음속에 갖고 있는 '세계를 보는 창'을 뜻한다. 현실이라는 바깥세상에서 오감을 통해 인식한 정보는 멘탈 모델을 거쳐 이해할 수 있는 형태로 걸러지고 왜곡되어 받아들여진다.

"결국 OO라는 뜻이죠?"라고 마무리하는 화법은 상대에게 들은 이야기를 자신이 갖고 있는 멘탈 모델에 맞춰서 이해했다는 의미를 지닐 뿐이다. 하지만 그런 식으로만 듣는다면 결코 자신이 변화할 기회를 잡을 수 없다.

MIT의 오토 샤머Otto Scharmer 교수가 제안한 'U이론'은 얼마나 깊이 있게 듣느냐에 따라 의사소통을 네 단계로 나눈다.

1단계: 자신의 시점에서 생각한다.

새로운 정보를 자신이 과거부터 지녀온 사고 틀에 입력한다. 미래가 과거의 연장선상에 있다면 효과를 보겠지만, 그렇지 않은 경우 상황은 파멸에 이를 정도로 악화된다.

2단계: 시점이 자신과 주변의 경계에 있다.

사실을 객관적으로 인식할 수 있다. 미래가 과거의 연장선상에 있는 경우에는 효율적이지만 그렇지 않은 경우에는 본질적인 문제에 도달하지 못하고 그때그때 즉흥적으로 대처하게 된다.

3단계: 자신의 외부에 시점이 있다.

고객의 감정을 고객이 일상에서 사용하는 언어로 표현할 수 있을 만큼 고객과 일체화한다. 고객과 비즈니스상의 관계 이상의 관계를 구축할 수 있다.

4단계: 자유로운 시점

본질에 감각이 닿는다. 이론의 축적이 아니라 지금까지의 체험과 지식을 전부 연결할 수 있는 지각 능력이 생긴다.

"결국 ○○라는 뜻이죠?"라고 정리하는 것은 네 단계 의사소통의 가장 낮은 단계인 '1단계, 다운로딩'에 불과하다. 이렇게 듣는 사람은 기존 틀에서 벗어날 기회를 얻을 수 없다. 상대와 더욱 깊이 있는 의사소통을 통해 깨달음을 얻고 창조적인 발견과 생성을 이끌어내려면 '결국 ○○다'라는 식으로 축소해서 인식하거나 자신이 알고 있는 과거의 데이터에 꿰어 맞추지 않도록 경계해야 한다. 만약 "결국 ○○라는 뜻이죠?"라고 요약하고 싶어진다면 그렇게 말하는 순간 새로운 깨달음과 발견의 기회를 잃을 수 있다는 사실을 떠올리자.

쉽게 이해한다는 것은 과거의 지식과 경험 등으로 유추한다는 정도의 의미밖에 없다. 정말로 자신이 달라지고 성장하려면 '다 이해한다'고 안이하게 생각하지 말고 상대의 말을 경청하여 공감하는 자세를 가져야 한다.

타자는 깨달음의 계기다

변화의 계기가 되는 것은 '알지 못하는' 상황이다. 20세기에 활약한 프랑스 철학자 에마뉘엘 레비나스Emmanuel Levinas는 이 모른다는 인식을 '타자他者'라는 개념으로 정립하고 평생 고찰했다.

레비나스의 '타자'는 '자신 이외의 사람'이 아니라 '소통이 안 되는 사람, 이해할 수 없는 사람'을 뜻한다. '타자'가 왜 중요한가라는 물음에, 레비나스는 '타자는 깨달음의 계기'이기 때문이라고 아주 간결하게 답했다.

자신의 시점에서 세상을 이해한다 해도 그것은 타자가 이해하는 세상과는 다르다. 이때 타자의 견해를 "네 생각은 틀렸어"라며 부정할 수도 있다. 실제로 인류에게 일어난 대부분의 비극은 자신만 옳고 타자는 틀렸다고 단정한 데서 비롯되었다. 이때 자신과 세상을 보는 관점이 다른 타자를 배움과 깨달음의 계기로 삼는다면 우리는 지금까지와는 다른 관점에서 새로운 가치관을 얻을 수 있다.

인터넷의 등장으로 세계가 좁아졌다고들 한다. 예전에는 외국과 우편물을 주고받기까지 몇 개월이 걸렸지만 이제는 '보내기' 버튼만 누르면 순식간에 이메일로 전달된다. 확실히 물리적인 세계는 좁아졌다. 하지만 우리의 정신적 세계도 축소되었을까?

자신과 비슷한 교육을 받고 자신과 비슷한 정치 성향과 경제 수준을 지닌 사람들하고만 교류하면서, 서로의 의견과 행동에 대해 '좋아요!'를 신나게 누르며 만족하는 올드타입의 행동양식은 우리의 정신세계를, '서로 이해하는 사람들'만으로 구성된 폐쇄된 공간으로 만든다. 그러고는 우리의 정신세계 바깥에 있는, '서로 이해하지 못하는 사람들'을 단절하거나 또는 애초에 '존재하지 않는 것'으로 간주할 가능성이 있다. 다시 말해, 인터넷이 등장함으로써 오히려 우리는 고립되고 분산화될 염려가 높아졌다.

민주주의는 자신과 입장이나 정치적 성향이 다른 사람이 있다는 사실을 인식하고 받아들일 때 비로소 성립한다. 만약 인터넷의 영향으로 자신과 비슷한 사람들끼리만 점점 뭉쳐서 고립된 사회로 변해간다면 틀림없이 민주주의의 위기가 초래될 것이다.

인터넷이 민주주의를 견고하게 다진다고 안이하게 생각하는 사람이 많다. 하지만 인터넷이라는 새로운 기술이 올드타입의 행동양식과 결합되면 오히려 민주주의의 근간을 위태롭게 한다. 안타깝게도 이는 이미 미국과 유럽 그리고 한국과 일본에서 상당히 진행된 현실이다. 만약 이런 추세가 계속된다면 우리의 민주주의는 인터넷이 등장하기 이전보다 훨씬 더 도태될 것이다.

이제 가치관이 점점 다양해지는 가운데, 대부분의 사람은 평생 여러 개의 조직이나 공동체와 관계를 맺으며 살아갈 수밖에 없게 되었다. 이런 시대에 자신과 가치관이 같은, '서로 이해하는 사람'들끼리만 의사소통을 반복하면서 그 바깥에 있는 사람들은 서로를 이해하지 못하는 사이라고 차단해버린다면 인생에서 얻을 값진 배움의 계기를 빼앗길 수밖에 없다.

우리는 급하게 '안다'고 나서지도 말고 배타적으로 '알지 못한다'고 차단해서도 안 된다. 이제 다른 사람의 목소리에 귀를 기울이고 공감할 줄 아는 뉴타입의 행동양식이 요구되는 시대가 되었다.

- 급격한 변화가 진행되는 뷰카화된 세계에서 과거에 습득한 패턴 인식 능력을 적용해 무조건 '다 안다'는 식으로 올드타입의 사고양식을 고집하다가는 시대의 큰 변화를 놓칠 가능성이 있다.

- 이런 세상에서는 자신의 틀 안에 입력된 정보를 적용해서 모든 것을 이해하려는 올드타입의 가벼운 청취 자세를 버려야 한다. 그리고 틀에 얽매이지 않고 전체로서 자신과 상대를 지각하며 진지하게 경청하는 뉴타입의 자세로 바꿔가야 한다.

- 평생 여러 조직과 공동체 속에서 살아가야만 하는 현대에 '이해하지 못하는 사람'을 배제하고 '서로 이해하는 사람들'하고만 함께 살아간다면 귀중한 배움의 기회를 놓치게 될 것이다.

- '알지 못하는' 것을 알지 못한다고 배제하는 행동 또한 올드타입이다. 그렇게 알지 못하는 것을 배제하면, 세상은 서로 이해하는 사람만으로 구성된 섬우주島宇宙화 된다.

- 뉴타입은 모든 것을 아는 것처럼 느끼거나, 알지 못한다고 배제하지 않는다. 대신 타자의 목소리에 귀 기울이고 공감함으로써 새로운 깨달음의 계기를 만들고 그렇게 배운 지혜를 통해 계속 성장해나간다.

21

| 언런 |

고생해가며 익힌
지식의 패턴을 버린다

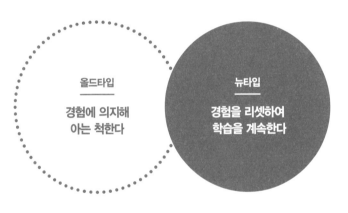

올드타입

경험에 의지해
아는 척한다

뉴타입

경험을 리셋하여
학습을 계속한다

고령의 노인은 자신이 살아온 오랜 세월을 증명하는 증거로서
단지 나이 외에 아무것도 갖고 있지 않은 경우가 많다.[7]

세네카[8]

과거의 지식이 족쇄가 되다

지금까지는 '경험이 많은가 적은가'를 한 사람의 우수성을 정의하는 중요한 척도로 이용해왔다. 하지만 이제 경험의 유무 또는 다소가 곧 유능함을 증명하는 지표가 되지 않는 시대가 다가오고 있다. 풍부한 경험을 지니고 그 경험에 의존하려는 사람은 올드타입으로서 머지않아 가치를 잃을 것이다. 반면에 경험에 의존하지 않고 새로운 상황 속에서 계속 학습하는 인재는 뉴타입으로서 높이 평가받을 것이다. 이른바 언런unlearn(과거의 지식과 습관을 모두 잊고 새롭게 시작한다는 의미 — 옮긴이)이 인재 요건으로 부상한다는 의미다.

왜 이런 현상이 일어날까? 환경의 변화에 따라 경험의 가치가 재설정되기 때문이다. 경험이 풍부해질수록 개인의 성과가 오르는 것은 경험에 의해 패턴 인식 능력이 향상되기 때문이다. 하지만 경험한 적이 없는 상황에 부딪쳤을 경우에는 처음부터 정보를 모으고 논리적으로 조합하거나 아니면 나름의 직감으로 시행착오를 거치며 대처하려고 한다. 물론 그 결과는 잘될 수도 있고 잘되지 않을 수도 있다. 그리고 이런 경험을 오랫동안 축적해나가면 언젠가는 과거에 경험한 일과 비슷한 상황에 직면하게 된다. 이때 이미 경험이 있는 사람은 경험이 없는 사람보다 더욱 현명하게 문제를 해결할 확률이 높다.

그의 내면에는 이런 상황에 어떻게 대처해야 일이 해결되는지 혹은 실패하는지, 패턴 인식이 형성되어 있기 때문이다. 이런 패턴 인식을 많이 가지고 있을수록 다양한 상황에서 적확하게 대응하는 능력이 높아진다.

그 전형적인 예가 경영학이다. 극단적으로 말하면 경영학은 경영에 관한 상황과 대처의 패턴을 수없이 유사하게 경험하기 위한 학문이다. 그렇기에 MBA 학위는 '경영상의 다양한 상황과 문제에 대응하는 패턴 인식 능력'을 보증하는 증표이므로 노동시장에서 높은 평가를 받았던 것이다. 하지만 급속한 환경 변화가 일어나면 이런 패턴 인식 능력은 가치가 감소한다. 아니, 오히려 족쇄처럼 개인의 적응력을 파괴할 수도 있다.

이를테면, 예전에 일본에서는 토지라는 자산을 담보 삼아 자금을 조달함으로써 레버리지 효과를 노리고 공격적으로 사업을 확장하는 것이 하나의 성공 패턴이었다. 토지 가격은 제2차 세계대전 이후 단 한 번도 하락한 적이 없기 때문에 토지는 가장 안정적이고 이율이 높은 투자처로 인식되어왔다. 따라서 수많은 기업이 대차대조표를 안정시키기 위해 고정자산으로서 토지에 투자하고 이를 담보 삼아 상대적으로 위험 부담이 높은 사업에 진출해왔다.

하지만 1990년대 초반 버블 경기가 종말을 맞이하자 이런 성공 전략을 채택한 조직은 악몽과도 같은 상황을 맞게 되었다. 끝없이 상승하는 토지 가격이라는 전제가 무너지자 그때까지의 경험이 받쳐주던 전략의 승리 패턴이 오히려 그들의 의사결정을 철저하게 그르치는 요인이 되어버린 것이다.

지능과 연령의 놀라운 관계

뷰카화되는 세계에서 '경험의 무가치화'가 진행되면 조직 내에서 경험자의 발언권이나 영향력은 약해질 수밖에 없다. 그 결과, 조직에서 이상적인 의사결정의 모습 또한 변화할 것이다.

눈앞에 당면한 문제를 해결하려는 경우 세 가지 접근법이 있다.

- **랜덤** random: 직감으로 해답을 구해 의사결정을 한다.
- **휴리스틱** heuristic: 경험치에 근거해 꽤 괜찮은 해답을 찾아 의사결정을 한다.
- **옵티멀** optimal: 사실과 논리에 의거해 최적의 해답을 찾아 의사결정을 한다.

캐나다 맥길대학교의 경영학 교수인 헨리 민츠버그Henry Mintzberg가 제안한 경영의 3요소 '예술art', '기술craft', '과학science'에 각각 대응시키면 직감을 이용하는 '랜덤'은 '예술', 시간과 노력을 들이지 않고 '그런대로 괜찮은 선'에서 타협하는 '휴리스틱'은 '기술', 그리고 분석과 논리로 최적의 해답을 구하는 '옵티멀'은 '과학'에 해당한다.

이 가운데 과거에 유사한 사례가 있다면 경험에 근거한 휴리스틱이 유효한 접근법일지 모르지만 처음 직면하는 문제라면 이 접근법은 제 기능을 발휘하지 못한다.

그렇다면 예술이나 과학이 효과를 발휘할 차례지만 이 두 가지를 얼마나 효과적으로 구사하느냐는 나이와 그다지 관계가 없다. 오히려 '대담한 직감'이나 '치밀한 분석과 논리'는 전반적으로 젊은 층이 더 뛰어나다. 지성과 나이의 관계에 관해서는 다양한 연구가 이루어졌는데 여기서는 레이먼드 카텔Raymond Cattell의 '유동성 지능'과 '결정성 지능'에 대해 알아보자.

유동성 지능은 추론, 사고, 암기, 계산 등, 말하자면 수험에 사용되는 지능이다. 그러니까 유동성 지능이란 분석과 논리에 기초해 문제를 해결하는 경우에 활용되는 지능인 셈이다. 반면 결정성 지능은 지식, 지혜, 판단력 등 경험을 통해 축적되는 지능을 뜻한다. 즉 경험칙이나 축적한 지식을 토대로 문제를 해결할 경우 활용되는 지능인 것이다.

여기서 주목할 점은, 두 가지 지능이 최대화되는 나이가 크게 다르다는 사실이다. [그림16]에서 보듯이, 유동성 지능은 20세 전후에 정점을 찍고 이후 크게 감퇴한다. 반면에 결정성 지능은 성인이 된 후에도 계속 높아져서 60세 전후에 정점을 찍는다.

예전의 '정상 사회'에서 60세 전후의 노장이 강한 발언권을 지니고 모두에게 존경을 받은 이유가 바로 여기에 있다. 그런 사회에서는 처음 겪는 새로운 문제에는 유동성 지능에 뛰어난 젊은이들이 대응하고, 분석과 논리에 기초한 접근 방식이 통용되지 않는 복잡한 문제에는 과거의 경험으로 지식을 축적한 장년층과 노년층이 대응하는 형태로 역할을 분담하여 조직과 공동체를 유지했던 것이다.

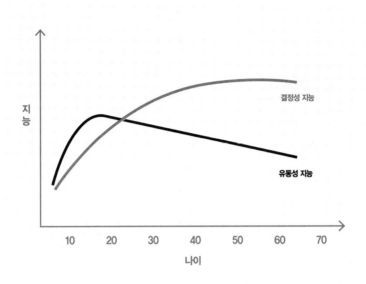

그림16 | 지능과 연령의 상관관계　　　Horn JL, et al. Acta Psychol(Amst). 1967;26(2):107-29.
Baltes PB, et al. American Psychologist, 2000 Jan; 55(1):122-36.

　하지만 이제는 변화의 속도가 빨라지면서 10년만 지나도 환경이 크게 달라지게 되었다. 이런 시대에 지금까지처럼 축적된 경험에만 의존해서는 안 된다. 이는 명백히 올드타입의 행동양식이다.

중요한 것은 '낡은 학습의 리셋'

경험의 가치가 순식간에 상실되는 시대에 경험을 대체하는 중요한 인재 요건이 바로 학습민첩성 learning agility이다. 언런의 자세가 중요해졌다는 의미다. 최근에는 조직 개발이나 인재 육성과 관련된 논의에서 학습민첩성이 비중 있게 거론되는 일이 늘어났지만 여전히 개념을 혼돈하는 경우가 많다.

학습민첩성은 물론 '학습'에 관한 개념이다. 하지만 단지 배우고 익히는 시간이 적게 걸린다는 뜻만이 아니라 그 이상의 의미를 내포하고 있다. 바로 '리셋할 수 있다'는 점이다. 경험을 통해 성과를 높일 수 있는 것은 학습에 의해 패턴 인식 능력이 향상되었기 때문이라고 했었다. 학습민첩성이란 단지 빨리 학습한다는 뜻이 아니라 이미 습득한 패턴을 리셋할 수 있다는 의미이기도 하다.

학습이라고 하면 우리는 무언가를 배우는 일이라고 생각하기 쉽지만 학습민첩성에는 '무언가를 잊어버린다'는 요소가 강하게 포함되어 있다. 새로운 무언가를 학습하기 위해서는 그것과 충돌하는 낡은 무언가를 버려야만 한다. 하지만 인간에게는 좀처럼 쉽지 않은 일이다. 학습에는 스트레스라는 투자가 따라다니기 때문이다.

학습 과정은 구체적인 경험에서 시작된다. 실패든 성공이든 무언가의 구체적인 에피소드가 있어야 비로소 학습 프로세스가 작동한다. 자전거를 배우는 경우 땅바닥에 넘어져보지 않은 사람이 없을 것이고, 스키 역시 눈밭에서 굴러보지 않은 사람이 없을 것이다.

이렇듯 학습은 대부분 '실패'라는 체험을 토대로 하며, 대다수 사람들은 실패, 즉 스트레스라는 대가를 지불한 끝에 패턴 인식 능력을 획득한다. 여기에 '리셋'의 어려움이 숨어 있다.

첫째, 적잖은 대가를 치른 패턴 인식 능력을 놓치고 싶지 않다는 심리적 압력, 전문 용어로는 '매몰 비용 편향sunk cost bias'이 발생한다. 매몰 비용이란 이미 지불했기에 앞으로 어떤 의사결정을 해도 회수할 수 없는 비용을 뜻한다. 절대 되찾지 못할 비용이기 때문에 그냥 잊어버리고 가장 이익이 되는 것을 선택하면 되지만, 대부분의 사람들은 그러지 못하고 이미 대가를 지불한 쪽을 계속 지키려고 한다.

둘째, 같은 스트레스를 다시 맛보고 싶어 하지 않는 회피 충동이 작용한다. 실패를 반복한 끝에 패턴 인식 능력을 획득한 사람에게 '그 패턴은 이미 도움이 되지 않는다'고 말해도 좀처럼 생각을 바꾸기가 어렵다. 사람은 누구나 같은 실패를 되풀이하지 않을까 하는 두려움이 있기 때문이다.

외상 후 스트레스장애Post Traumatic Stress Disorder는 사고를 리셋하기가 어렵다는 것을 단적으로 보여주는 질병이다. PTSD는 생명이 걸린 위험을 체험하거나 목격한 후에 플래시백이나 악몽에 시달리는 증상을 가리킨다. 일종의 학습장애라고 생각할 수도 있다.

과거의 비참한 기억이 지워지지 않는 것은 이미 안전한 상황이 되었는데도 '이제는 안전하다'는 재학습이 이루어지지 않기 때문이다. 이는 기존 기업이 새로운 산업에서 성과를 내지 못하는 이유도 설명해준다. 극심한 환경 변화가 일어나는 상황에서 그때까지의 경험이 리셋되기는커녕 오히려 의사결정이나 행동의 질을 상당히 떨어뜨리는 현상은 특히 디지털 세계에서 많이 볼 수 있다.

디지털 세계의 패권자인 GAFA는 본래 '경험이 적은 신참자'였다는 사실을 잊지 말아야 한다. 그들이 등장하기 전에도 검색 엔진 운영, 도서 판매, 휴대전화 제조 등을 하는 사업자는 이미 많았다. 하지만 그들은 훨씬 많은 경험을 쌓았음에도 대규모의 '디지털 시프트'를 극복하지 못하고 역사의 뒤편으로 사라졌다.

경험과 지식 그리고 인재도 풍부하게 보유하고 있던 그들은 왜 승자가 되지 못했을까? 이유는 정말 단순하다. 그들은 오히려 자신들이 축적한 경험과 지식으로 인해 패자가 되었던 것이다.

이런 시대에 과거의 경험과 지식에 기반해 눈앞의 세계를 이해하려고 하는 올드타입은 급속히 가치를 잃는 반면에, 직면한 상황을 허심탄회하게 관찰하고 학습민첩성을 발휘해 과거에 축적한 경험과 지식을 끊임없이 업데이트하는 뉴타입은 큰 가치를 창출할 것이다.

- 지금까지는 경험의 많고 적음이 어떤 사람의 능력을 정의하는 중요한 척도로 이용되어왔다. 하지만 뷰카화가 진행됨에 따라 '경험의 불량 자산화'가 이루어져 경험에 대한 가치 평가도 크게 바뀌었다.

- 이런 세계에서 경험을 축적하여 거기 의존하는 올드타입은 가치를 잃어가는 반면에, 새로운 환경에서 자신의 경험을 잊고 신속하게 학습하며 언런해 나가는 뉴타입은 큰 가치를 창출할 것이다.

- 의사결정의 유형에는 '랜덤', '휴리스틱', '옵티멀'의 세 종류가 있다. 경험치에 크게 의존하는 휴리스틱은 환경 변화에 따라 상대적으로 가치가 저하될 우려가 있다.

- 지능에는 분석과 논리 등 정보 처리 능력에 기초한 '유동성 지능'과 축적된 경험칙에 기초한 '결정성 지능'의 두 가지가 있다. 환경 변화가 격심한 세계에서는 결정성 지능의 가치가 상대적으로 저하된다.

- 이런 세계에서 경험에만 의존하는 올드타입의 행동양식은 위험성이 크다. 앞으로는 환경 변화에 따라 자신이 배우고 익힌 지식을 업데이트하는 학습 민첩성을 지닌 뉴타입이 활약하게 된다.

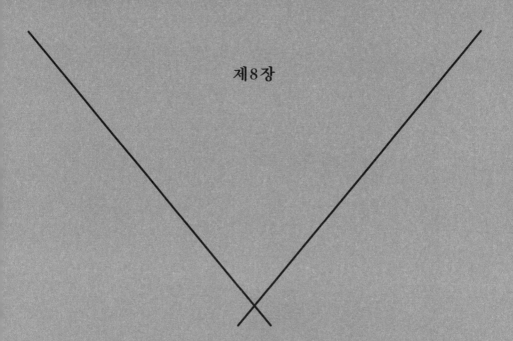

제8장

뉴타입은 어떻게 조직을 운영하는가

| 낡은 권력 대신 새로운 시스템을 구상하라 |

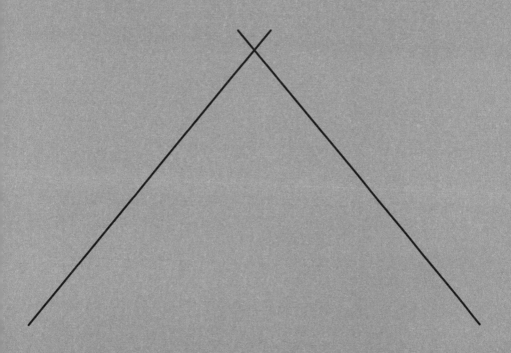

22

| 권력 |

이동성을 높여
쇠퇴한 조직을 없앤다

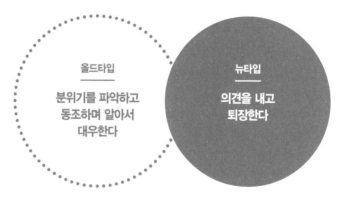

올드타입
분위기를 파악하고
동조하며 알아서
대우한다

뉴타입
의견을 내고
퇴장한다

위협이나 리스크를 보고도 못 본 척하며 대립을 피하고
모두와 사이좋게 지내는 것은 결국 '멸망의 철학'일 뿐이다.[1]
나카니시 데루마사[2]

권력을 쥔 올드타입의 도덕적 붕괴

지금까지는 통상 조직이나 공동체에서 가장 경험이 풍부한 사람들이 중대한 의사결정을 맡아왔다. 하지만 사회가 점점 뷰카화되고 경험이 가치를 잃게 되면 경험이 풍부한 연장자가 의사결정을 맡는 관행이 되는 조직 내에서 의사결정의 품질을 보장해주지 못한다. 아니, 오히려 의사결정의 품질을 파괴적으로 훼손할 가능성이 높다.

특히 오늘날에는 미의식도 철학도 갖추지 못한 연장자, 즉 무능해진 올드타입이 권력을 쥐고 폭주를 멈추지 못하는 상황이 여러 조직에서 일어나고 있다. 당연하지만 이런 연장자들에게 자신이 속한 조직의 방향키를 맡긴다면 자신의 인생 자체가 위기에 처할 것이다. 그러면 어떻게 해야 좋을까?

이때 문제 해결의 가장 중요한 관건은 조직의 중간관리자 아래에 있는 사람들, 소위 '젊은이'라고 불리는 사람들에 의한 '의견'과 '엑시트'다. 사회나 조직에서 실권을 잡고 있는 권력자에게 변화를 요구할 때 의견과 엑시트는 중요한 무기가 된다.

의견이란 이상해 보이는 일에 대해 '이상하다'고 자신의 생각을 표현하는 일이며, 엑시트는 남의 의견에 귀 기울이지 않는 올드타입의 권력자에게서 탈출하는 일종의 출구 전략이다.

가령 구입한 상품에 뭔가 문제가 있다면 클레임이라는 형태로 의견을 말하고, 그래도 해결되지 않으면 더는 구입하지 않는다든지 거래

관계를 끊는 형태로 엑시트한다.

주주도 마찬가지다. 경영진의 경영 방식에 불만이 있으면 주주총회에서 의견을 내고, 그래도 개선되지 않으면 주식을 매도함으로써 엑시트한다.

즉 기업을 둘러싼 이해관계자 가운데서 고객과 주주에게는 '의견'과 '엑시트'를 행사할 수 있는 제도나 법률이 확실히 정비되어 있다. 그러지 않으면 제대로 감시하고 피드백하는 체제가 제 기능을 다하지 못해 사회가 원활히 돌아가지 않기 때문이다.

반면에, 직원들에게는 자신의 의견을 내고 경우에 따라서는 엑시트할 수 있는 체계가 갖추어져 있지 않다. 물론 '의견을 내서는 안 된다'고 명시적으로 정해놓은 회사는 없겠지만 실제로는 반대 의견을 내는 것에 대해 공공연히 탐탁지 않아 하는 리더도 많다. 이런 리더의 비위를 맞추며 뭔가 혜택을 보려는 태도는 전형적인 올드타입이다. 오늘날에는 이런 올드타입이 조직의 도덕성을 차츰차츰 무너뜨리고 있다.

의견을 말해도 개선되지 않는 조직은 떠난다

뉴타입은 이상한 일이 있으면 의견을 내고, 의견이 계속 관철되지 않으면 조직을 떠난다. 이런 행동양식은 분명 일시적으로는 불이익을 가져오기도 하지만 중장기적으로는 이익이 된다는 것을 알고 있기 때문이다.

만약 자신이 소속되어 있는 조직이 자신의 가치관으로는 결코 허용할 수 없는 일을 하려고 한다면 큰 스트레스를 받게 된다. 이 스트레스를 해소하려면 조직이 바뀌든가 아니면 자신을 바꾸는 수밖에 없다. 이때 많은 사람이 자신을 바꾸는 쪽을 선택하게 된다. 그런데 계속 이런 식으로 일을 해결하다 보면 결국 사고력이 감퇴하고 윤리 감각이 마비되어 마침내 자신이 올드타입이 되고 만다.

오늘날 사회에서 일어나는 온갖 불미스러운 사건과 사고는 이렇듯 인격을 망가뜨린 올드타입들에 의한 것이었다. 인격을 망가뜨리면서까지 조직에 매달리고 무사히 은퇴를 한다고 해도 그런 삶이 행복했다고 생각하는 사람은 세상에 단 한 명도 없을 것이다. 단기적인 이익을 얻기 위해 의견도 엑시트도 봉인해온 그들은 결국 돌이킬 수 없는 상황으로 자신의 인생을 몰아넣게 된다.

자신이 소속된 시스템이 기능하지 못하는 상태에 빠지면 자신의 안위도 보장할 수 없다. 의견과 엑시트라는 수단으로 시스템에 압박을 주면 이는 결국 자신의 이득으로 되돌아온다. 그러므로 시스템이 건전하게 기능하고 발전하게 하려면 반드시 적시에 적절한 피드백이 필요하다. 1979년 미국 펜실베이니아주 스리마일섬에서 원자력 발전소 사고가 터졌을 때, 복합적이고 연쇄적인 일련의 상황에 대해 각종 장비가 제때 적절한 피드백을 하지 못하는 바람에 끝내 멜트다운 meltdown(원자로의 냉각 장치가 정지하여 연료인 우라늄이 용해되고 원자로의 노심부가 녹는 중대 사고 – 옮긴이)으로까지 치달았다.

인간도 환경에서 얻은 정보를 처리하고 환경에 작용하는 시스템이기 때문에 이 시스템의 성과를 향상시키려면 피드백이 매우 중요하다. 그리고 의견과 엑시트야말로 가장 알기 쉽고 효과적인 피드백이다.

사소한 의견이 세상을 바꾼다

자신에게는 발언권도 영향력도 없어서 설사 의견을 내더라도 달라질 것은 아무것도 없다고 생각하는 사람이 있을지 모른다. 의견을 내서 조직과 사회를 변혁할 수 있는 사람은 이미 리더십을 발휘하고 있는 경영자나 정치인이며, 자신에게는 그런 일이 불가능하다는, 즉 '세상을 바꾸는 것은 강한 리더십'이라는 것이다. 하지만 이런 생각은 두 가지 이유에서 잘못되었다.

첫째, 역사를 돌아보면, '소소한 리더십이 쌓이고 쌓여서' 세상을 크게 개선시킨 경우가 많았다.[*] 앞서 말한 대로 미국 공민권 운동의 계기는 '버스 보이콧 사건'이었다. 젊은 흑인 여성인 로자 파크스가 버스의 백인 전용 좌석을 비우라는 명령을 따르지 않고 결국 투옥되었던 작은 사건이 거대한 변화의 계기가 되었던 것이다.

당시 로자는 공민권 운동가가 아니라 그저 공장의 생산직 근로자였을 뿐이었다. 또한 백인 전용 좌석에서 일어나지 않았던 것도 혁명을 일으키겠다거나 사회운동을 주도하려는 의도에서가 아니라 그냥 불공정하다는 느낌에서, 자신의 의견을 내고 명령을 거부했을 뿐이었다. 이때 발휘된 것은 작은 리더십에 지나지 않았다. 하지만 그것이 계기가 되어 미국 전역에서 운동이 촉발되었고 세계 역사가 바뀌었다.

과학저술가인 마크 뷰캐넌은 저서 《우발과 패턴》에서 제1차 세계대전의 원인이 되었던 오스트리아 황태자의 암살 사건이 사실은 황태자의 운전기사가 길을 잘못 드는 바람에 벌어졌음을 지적하면서 역사란 권력을 가진 자들의 '큰 리더십'보다는 어딘가에서 매일 일어날 법한 사소한 행위나 발언 같은 '작은 리더십'에 의해 크게 흐름이 바뀐다는, 카오스 이론에 나오는 나비효과 butterfly effect를 언급했다.

로자 파크스의 사례는 개개인의 도덕관이나 가치관에 기초한 의견과 엑시트가 100년 후의 세상을 완전히 다르게 변화시킬 수도 있다는 사실을 보여준다.

작은 힘들을 모을 수 있는 사회로

이번에는 세상을 좋은 방향으로 변화시키는 것은 강한 리더십이라는 생각이 완전히 틀렸다고 말하는 두 번째 이유를 살펴보자.

오늘날에는 로자 파크스가 발휘한 것과 같은 '작은 리더십'을 쌓아 올릴 도구가 점점 더 갖추어지고 있다. 이런 변화를 생생하게 보여준 것이 바로 '미투 운동'이다. 간략히 살펴보면 미투 운동은 성적인 피해를 입고도 침묵하던 여성들이 '나도 피해를 입었다'고 고발했던 전 세계적인 운동이다. 미투 운동의 계기는 할리우드의 거물 프로듀서인 하비 와인스타인Harvey Weinstein이 성폭행 혐의로 고발당한 것이었다. 와인스타인은 피해 여성들에게 고발당할 때까지 그야말로 할리우드의 왕처럼 권력을 쥐고 흔들었다. 그가 제작한 작품은 300회 이상 아카데미상 후보에 올랐고, 그는 아카데미상 수상식에서 30회 이상 연설을 했다.

이렇게 막강한 영향력을 갖고 있던 와인스타인은 자신의 권력을 통해 온갖 부정한 행위를 저지르고 여배우에게 성추행과 '갑질'을 일삼았다. 그런데도 피해를 당한 여성들은 할리우드에서 자신의 지위나 일자리를 잃게 될까봐 참을 수밖에 없었다.

시스템 내부에 거대한 권력을 형성한 와인스타인도, 그에게 아무런 비판이나 비난도 하지 않았던 추종자들도 '권력을 추구하고 그에 의존하는' 전형적인 올드타입의 행동양식을 일삼았던 것이다. 하지만 그들은 결국 작은 힘이 모인 미투 운동의 물결에 패배했다. 와인스타인을 고발하는 뉴스가 보도되고 며칠 후에 여배우 알리사 밀라노Alyssa Milano가 권력형 갑질과 성폭행을 당한 여성들에게 '#MeToo'라는 해시태그를 달아 자신의 피해 상황을 밝히자고 제안했다.

이 제안에 많은 여성이 동조했고 이런 움직임이 전 세계로 확산되었다. 프랑스에서는 가해자의 실명이 거론되어 규탄받았으며, 이탈리아에서는 피해 경험을 고백하는 트위터가 끊이질 않았다. 마침내는 미국 연방의회의 여성 의원들도 남성 의원들의 성희롱을 고백했고 영국에서는 성희롱 의혹이 폭로된 마이클 팰런Michael Fallon 국방장관이 사임했다.

예전에는 그저 참을 수밖에 없었던 약자들이 이제는 기술을 이용해 연결됨으로써 '큰 권력'에 대항할 힘을 갖게 되었다. 우리는 로마시대부터 이어져온 거대 권력이 종말을 맞는 역사적인 순간을 지켜보고 있는 것일 수도 있다. 베네수엘라의 산업부장관을 역임했고 이후 작가로서 세계적인 명성을 얻은 모이제스 나임은 저서 《권력의 종말》에서 우리가 틀림없이 그런 시대를 살아가고 있다고 주장했다.

나임에 따르면, 거대한 권력은 '양적 증가More', '이동Mobility', '의식Mentality'의 3M으로 인해 돌이킬 수 없는 쇠퇴 과정에 들어섰다. 그는 이 세 가지 움직임을 '혁명'이라고 부른다. 각각에 관해 간략히 알아보자.

양적 증가는 주로 물질적 풍요를 의미한다. 잘 알려진 대로 21세기에 들어선 이후 세계의 빈곤층은 감소하는 한편, 중간 계층이 대두하고 있다. 중간 계층이 대두하면 독재 정권은 성립하기 어려워진다. 미국의 저널리스트 토머스 프리드먼은 《렉서스와 올리브나무》에서 맥도널드가 있는 나라끼리는 전쟁을 하지 않는다고 했다. 이는 '맥도널드 매장이 들어갈 정도로 중간 계층이 발흥한 국가에서는 전쟁을 수행할 정도의 권력 집중이 불가능하다는 말이다.

이동은 주로 물리적인 기동성, 즉 얼마나 이동이 쉬운지를 의미한다. 20세기 후반부터 어떤 권력이 지배하는 국가나 공동체로부터 다른 권력이 지배하는 국가나 공동체로 이동할 수 있는 수단과 네트워크가 증가하면서 일종의 '지배 권력의 자연도태' 현상이 발생하고 있고, 결과적으로 특정 영역에서 권력의 실효성이 떨어지고 있다. 가령 핀테크FinTech(금융·정보 기술 융합형 산업 — 옮긴이) 덕분에 이민자나 외국인 노동자의 해외 송금이 쉬워진 현상을 전형적인 예로 들 수 있다. 낮은 수수료와 안전한 송금 서비스는 '이동'을 실현하는 데 반드시 필요하기 때문이다.

마지막으로 의식은 주로 권력에 대한 의식 변화를 의미한다. 이는 미투 운동을 계기로 권력을 갖지 못한 우리도 사회에 영향력을 미칠 수 있다고 믿고 행동에 나서는 사람이 증가하고 있다는 사실에서도 엿볼 수 있다. 예전에는 어떤 사람의 지위와 그의 발언권 및 영향력 사이에 강한 상관관계가 있었다. 하지만 사회구조와 기술의 변화에 따라 지금은 그런 관계에 큰 변화가 일어나고 있다.

오늘날 다양한 기업에서 법규 위반이 속출하고 있다. 이는 '기업의 도덕성 저하'를 보여준다고 생각하기 쉽지만 사실은 그리 단순한 문제가 아니다. 지금까지 은폐되어왔던 수많은 불상사가 이제야 표면화되었다고 생각할 수도 있기 때문이다. 이런 시대에 발언권도, 영향력도 없는 자신이 의견을 내봐야 아무 의미가 없다는 생각에서, 꼭 해야 할 말도 하지 못하고 눈치나 보며 주류에 동조하는 태도는 올드타입의 패러다임이다.

반면에 뉴타입은 자신의 가치관에 비추어 '이상한 일'에는 '이상하다'고 솔직한 목소리를 내고 의견이 받아들여지지 않으면 엑시트함으로써 권력자와 조직에 압력을 가한다.

- 뷰카화된 세상에서는 경험이 무가치해지므로 '경험이 풍부한 연장자'에게 계속 의사결정을 맡긴다면 위험성이 높아질 것이다.

- 이런 시대에 무능력해진 윗사람의 비위를 맞추고 충성을 다해 권력의 혜택을 보려는 올드타입이 증가하면 조직 내 의사결정의 질은 끊임없이 낮아질 것이다. 또한 도덕은 붕괴하고 조직의 성과는 하락하게 된다.

- 조직 내의 의사결정 품질을 높은 수준으로 유지하려면 연장자에게 자신의 의견을 내고, 경우에 따라서는 엑시트까지 불사하는 뉴타입의 사고방식이 필요하다.

- 뉴타입은 조직 밖에서 통용되는 기술과 지식 등의 인적 자본을 축적하는 동시에 평판과 신용 등의 사회적 자본도 축적하여 유동성을 높인다. 뉴타입이 자신의 안위를 지키는 데만 급급해하지 않고 연장자에게 의견을 내고 엑시트할 수 있는 까닭은 이런 인적 자본과 사회적 자본이 뒷받침하는 이동성이 있기 때문이다.

- 뉴타입이 자신의 가치관에 따라 의견을 내는데도 받아들이지 않고 결국 엑시트하는 사람이 늘어나면, 이른바 블랙 기업으로 대표되는 조직은 존속할 수 없게 된다.

23

권위가 아닌
문제 해결로 행동한다

올드타입

상대의 지위나
직함에 따라
행동이 달라진다

뉴타입

상대의 지위나 직함에
관계없이 일관성 있게
행동한다

누가 그렇게 말했는지 따지지 말고
무슨 말을 들었는지에 마음을 써라.

독일의 수도사 토마스 아 켐피스, 《그리스도를 본받아》

경험의 양에 따른 의사결정의 위험성

'경험의 무가치화'는 조직에서 계급제의 붕괴를 초래한다. 우리 대부분이 소속되어 있는 기업 조직은 막스 베버[4]가 정의한 관료형 조직이다. 관료형 조직은 운영 규칙과 의사결정 권한이 이미 정해져 있어서 규칙이 있는 경우에는 부하 직원의 판단하에 대책을 실시하고, 규칙이 없는 예외적인 경우에는 상사의 상담을 받아 판단하는 체제로 운영된다.

따라서 기업 조직에서는 규칙으로 해결되지 않는 예외적인 사안일수록 조직의 상층부에서 의사결정을 내리게 된다. 최종적으로 가장 예외성이 높은 안건은 최고 경영 책임자에게까지 결재가 올라간다.

이 조직 모델에서는 경험이 풍부한 연장자가 조직의 상층부를 차지하고 중요한 의사결정에 대한 권한을 갖게 되며, 상대적으로 경험이 적은 젊은 층은 조직의 하층부에 위치하고 의사결정 권한도 적게 갖는다.

실제의 조직 분석 데이터도 이런 사실을 뒷받침한다. 이를테면 2006년에 데이터 분석 전문가인 아비나시 카우식Avinash Kaushik과 아마존 디렉터였던 로니 코하비Ronny Kohavi는 대부분의 기업에서 주류를 이루는 의사결정 체계를 분석하고 '히포 HiPPO'라는 이름을 붙였다.[5] '히포'는 '가장 급여가 높은 사람의 의견Highest-Paid Person's Opinion'이라는 말의 약자다. 하지만 뷰카화되는 세계에서 경험의 가치는 점점 감소한다. 이런 세계에서 '경험·지식의 양'과 '의사결정 권한'을 밀접하게 연관지어 히포 시스템을 채택하는 올드타입의 의사결정 방식을 고수한다면 위험성이 매우 크다. 상황의 불확실성이 높아질수록 그에 관련된 사람들이 서로 대등한 관계에서 커뮤니케이션을 해야 하기 때문이다. 이를 이해하기 쉽게 보여주는 사례가 항공기의 사고 통계다.

기장의 비행 사고율이 부기장보다 높은 까닭

대개 여객기에서는 기장과 부기장이 직무를 분담해서 비행한다. 물론 일반적으로는 조종 기술이나 상황 판단 능력 면에서 기장이 부기장보다 뛰어나다. 하지만 과거에 발생한 항공기 사고를 조사한 통계를 살펴보면 부기장이 조종할 때보다 기장이 조종할 때 추락 사고가 훨씬 많이 발생했다. 정말 당혹스러운 일이다.

항공기의 조종실은 최소의 조직이라는 점을 떠올리면 이 수수께끼를 풀 수 있다. 조종사 개인의 성과가 아니라 조종실이라는 조직의 성과가 어떤 상태에서 최적화되는지의 관점에서 생각해보자.

조종실 내에서 더욱 질 높은 의사결정을 실행하기 위해서는 서로 상대의 행동과 판단을 확인하고 뭔가 문제가 있다면 이의를 제기해야 한다. 부기장이 조종할 때는 상사인 기장이 부기장의 행동이나 판단에 자연스럽게 이의를 제기한다. 즉 부기장이 조종할 경우 비행기는 한 사람의 '기술'로 움직이고 있지만 실제로 작동하고 있는 '두뇌'는 두 사람의 몫인 셈이다.

하지만 반대 상황에서는 어떨까? 기장이 조종할 때 부하 직원인 부기장은 과연 기장의 행동이나 판단에 대해 거리낌 없이 반대 의견을 말할 수 있을까? 만약 기장과 다른 의견이 있다 해도 솔직히 전하지 못한다면 기술도 두뇌도 한 사람 몫만 활용되고 있을 뿐이다. 이런 식이라면 굳이 조직을 구성하는 의미가 없다.

권력거리지수가 의미하는 것

네덜란드의 심리학자 헤이르트 호프스테더 Geert Hofstede는 IBM의 의뢰로 '부하가 상사에게 반론할 때 느끼는 심리적 저항 강도'를 조사하고 이를 수치화해서 권력거리지수 PDI(Power Distance Index)라는 것을 만들었다.

호프스테더는 원래 네덜란드 림뷔르흐대학교에서 조직인류학과 국제경영론을 연구하는 연구자였다. 1960년대 초반부터 이미 국가 문화와 조직 문화 연구의 제1인자로서 국제적인 명성을 떨치던 그는 1967년부터 1973년까지 6년에 걸쳐 IBM의 연구 프로젝트를 진행했다. 그 결과 IBM의 각국 지사마다 관리자와 부하 직원 간에 이루어지는 업무 진행 방식과 커뮤니케이션 방식이 상당히 다르며, 그 차이점이 지적 생산에 큰 영향을 미친다는 사실을 알아냈다.

그림17 | 선진국의 권력거리지수

국가	PDI	국가	PDI
프랑스 :	68	미국 :	40
홍콩 :	68	네덜란드 :	38
대만 :	60	독일(구 서독) :	35
그리스 :	60	영국 :	35
한국 :	58	스위스 :	34
일본 :	54	덴마크 :	18
이탈리아 :	50		

호프스테더가 조사한 PDI 결과 참고.
http://clearlycultural.com/geert-hofstede-cultural-dimensions/power-distance-index/

호프스테더는 권력의 격차를 '각 국가의 제도와 조직 내에서 권력이 약한 구성원이, 권력이 불평등하게 분포되어 있는 상태를 예측하고 받아들이는 정도'라고 정의했다. 영국처럼 권력 격차가 작은 국가에서는 사람들 사이의 불평등이 최소한으로 억제되고 권한이 분산되는 경향이 강하다. 상사는 의사결정을 내리기 전에 부하의 의견에 귀를 기울이며, 사회 전반에도 특권이나 사회적 지위의 상징이 그다지 눈에 띄지 않는다. 반면에 권력 격차가 큰 국가에서는 사람들 사이의 불평등이 오히려 바람직하게 받아들여지고 권력 약자가 지배자에게 의존하는 경향이 강해서 중앙집권화가 진행된다. 국가별 권력 격차는 직장 내에서 상사와 부하의 관계에도 크게 작용한다. 호프스테더에 의하면 선진국의 권력거리지수는 [그림17]과 같다.

호프스테더는 권력거리지수가 높은 국가에서는 상사에게 반대 의견을 내길 꺼리는 부하 직원을 자주 볼 수 있으며, 부하 직원에게 상사는 다가가기 어려운 존재이므로 얼굴을 맞대고 반대 의견을 말하는 것은 있을 수 없는 일이라고 지적했다.

재난 영화가 알려주는 행동 패턴

이 지수를 워크숍이나 강연에서 소개하면 사실은 다르다며 반론을 내는 사람이 있다. 자신들을 둘러싼 분위기를 지수로 비교하는 것이 좀처럼 피부에 와 닿지 않겠지만, 각국에서 제작되는 재난 영화들은 이런 분위기를 객관적으로 보여준다.

재난 영화에는 많은 걸작이 있다. 그런데 흥미롭게도 대부분이 전대미문의 큰 사건이 일어나고 그 사건이 해결된다는 공통의 줄거리를 갖고 있다. '이럴 때 당신이라면 어떻게 하겠습니까?'라는 사고실험이 장대한 영상으로 제작되어, 문제를 해결하는 각국의 독특한 에토스, 즉 행동 특성을 보여준다.

미국의 재난 영화를 보면 심각한 문제가 발생했을 때 리더십을 발휘하는 것은 중심에 있는 핵심 세력이 아니라 주변에 있는 인물인 경우가 많다. 미국의 영화감독 스티븐 스필버그의 출세작인 〈죠스〉에서 마지막에 죠스를 퇴치하는 것은 마을의 권력자가 아니라 시골 형사다. 마찬가지로 〈다이하드〉에서도 FBI의 테러 전담 부대는 무능한 모습을 보일 뿐, 정작 사건을 해결하는 것은 역시 시골 형사다.

두 영화 모두 '전내미문의 사건이 일어났을 때, 핵심 조직이 능력을 발휘하지 못하고 결국 주변 인물이 사건을 해결한다'는 공통된 줄거리가 골자를 이루고 있다. 여기에는 '핵심 조직에 의존하지 마라, 권력이 없는 네가 스스로 움직여라' 하는 일종의 비판의식이 들어 있다.

하지만 일본에서는 줄거리가 정반대다. 일본의 재난 영화라고 하면 우선 1954년작인 〈고질라〉가 있다. 괴물 고질라를 퇴치하는 세리자와 박사는 정부 관계자의 의뢰를 받는데, 이때 핵심 세력과 리더십을 발휘하는 인물이 직접 접속되는 구조가 드러난다.

그 밖에도 일본의 대표적인 SF작가 고마쓰 사쿄小松左京의 소설 《일본 침몰》(1973년에 출간된 이후 영화와 드라마 등으로도 제작되었다 — 옮긴이)에서는 대지진을 예언한 물리학자와 일본 정부가 함께 국민을 구하는 모습이 그려진다. 여기서도 '리더'와 '핵심'은 굴절되지 않은 일직선 구조로 이어져 있다. 다시 말해 일본의 재난 영화에서는 상층부가 항상 올바르고 유능하며 곤경에 처한 사람들을 돕는 존재로 그려진다.

리더십은 권위에서 생기지 않는다

권력거리지수가 높은 문화권에 관한 호프스테더의 설명을 확인해보자. 호프스테더는 권력거리지수가 큰 국가에서 '사람들 사이의 불평등이 오히려 바람직하게 받아들여지고 권력 약자가 지배자에게 의존하는 경향이 강해서 중앙집권화가 진행된다'고 지적했다.

이런 지적은 〈고질라〉를 비롯한 일본 재난 영화에서 드러나는 할리우드 영화와의 구조적 차이와 더불어, 일본처럼 권력거리지수가 높은 문화권에서는 권력과 대치하는 형태의 리더십이 탄생하기 어렵다는 사실을 시사한다.

우리는 '권위'와 '리더십'을 같은 개념으로 인식한다. 하지만 경험과 지식의 가치가 급속히 감소하는 뷰카화된 세계에서 이런 올드타입의 사고방식을 줄곧 유지한다면 조직은 멸망을 향해 행군을 반복하게 될지도 모른다. 애초에 리더십은 권위에 의해 생겨나는 것이 아니다. 리더십은 문제의식에서 탄생한다.

오늘날의 기업에는, '나에게는 권한이 없으니까'라고 말하는 중간관리자가 상당히 많다. 그렇다면 그들은 권한을 손에 넣으면 뭔가를 시작할까? 그렇지 않을 것이다. 오늘 자신의 판단에 따라 움직이지 않는 사람은 내일 권력을 손에 넣는다 해도 역시 움직이지 않을 것이다.

앞서 언급했듯이, 할리우드 영화에서 리더십을 발휘하는 등장인물은 큰 권한을 갖고 있지 않은, 조직 하층부의 사람들이다. 그들은 자신의 권한을 넘어선, 문제의식이나 위기의식을 느끼고 마음이 움직여서 리더십을 발휘하는 것이다.

이는 역사상 위대한 리더십을 발휘한 사람들, 이를테면 예수나 마틴 루서 킹, 마하트마 간디도 마찬가지였다. 그들은 조직 안에서 권위 있는 지위에 있지 않았다. 다만 자신의 문제의식에 기초해 세계를 향해 귀를 기울이고 눈을 응시하고 계속 손길을 뻗었을 뿐이다. 이런 사고와 자세야말로 미래 시대가 요구하는 뉴타입의 가치관과 행동양식이다.

- 지식과 경험이 급속히 가치를 잃어가는 뷰카화된 세계에서는 상위 직책에 의사결정 권한이 집중되는 기존의 피라미드식 계층 구조가 실질적으로 의미를 상실하고 있다.

- 모이제스 나임이 지적한 대로, 현재는 '권력의 종말'이라는 중요한 시대적 상황에 놓여 있다. 이런 시대에 권력에 의존하거나 권력을 추구하는 것은 시대에 뒤떨어진 올드타입이다.

- 부기장이 항공기를 조종할 때보다 기장이 항공기를 조종할 때 사고율이 높다는 통계 결과는 리더의 판단력이 아무리 좋고 동료의 역량이 아무리 뒤처지더라도 함께 의사결정을 하는 것이 단독으로 의사결정을 하는 것보다 뛰어나다는 사실을 보여준다.

- 헤이르트 호프스테더에 따르면 한국이나 일본은 권력 격차가 서구 선진국들보다 상대적으로 높아, 조직의 하층부에서 상층부로 반대 의견과 제안을 올리기 어려운 조직 문화가 조성되어 있다. 이는 조직의 의사결정 품질을 개선하는 데 큰 걸림돌이다.

- 권위가 항상 올바른 판단을 내리고 상황을 개선해줄 거라고 믿는 올드타입의 사고방식은 상당히 위험하다. 뉴타입은 권위에 의존하는 대신, 스스로 문제의식을 갖고 다른 사람에게도 긍정적인 영향을 준다.

24

시스템에 굴복하지 않고
시나리오를 다시 쓴다

올드타입

시스템에 비판 없이
최적화한다

뉴타입

시스템을 비판하고
수정한다

누군가 내게 구제불능의 몽상가요, 이상주의자라고 한다면,
또는 되지도 않을 일을 꿈꾼다고 한다면 골백번이라도 외치겠다.
그래 맞아, 그렇고말고!

체 게바라[6]

견고해지는 잔혹한 사회 시스템

　현대인은 지금의 사회를 전제로, 어떻게 공리적으로 일해야 게임에서 이길 수 있을까 하는 문제의식에 지나치게 사로잡혀 있다. 사회나 조직의 이상적인 모습에 관해 옳고 그름을 따지지 않고 '세상은 원래 그런 것'이라고 결론 내린 뒤에, 시스템을 개선하는 것이 아니라 자신을 시스템에 최적화해서 게임에 이기는 데만 열중하는 것이다. 그렇게 노력한 끝에 마침내 고액의 수입과 함께 타인의 질투나 선망을 받는 사람이 되기도 한다.

　또한 성공한 사람들을 똑같이 따라하면 자신도 성공할 거라고 생각하는 순진한 사람들이 많아서, 이런 이들의 성공 방식을 따라하려는 일종의 '시장'이 형성되어 있기도 하다.

　하지만 기존 시스템에 아무런 비판 없이 최적화해서 유리한 입장에 서려고 하는 올드타입의 패러다임에는 중대한 문제점이 두 가지 있다.

　첫 번째 문제점은 현재의 사회 시스템에서 성공한 사람들을 계속 모방한다면 현재의 문제 있는 사회 시스템이 점점 견고해져서 개선되기 힘들어진다는 것이다. 현재 미국을 비롯한 선진국에서는 빈부 격차가 심각한 사회문제로 대두하고 있다. 극단적인 부의 편중은 시스템이 제대로 작동하지 못한 결과다. 그런데 이렇게 빈부 격차가 확대되는 잔혹한 상황 속에서 대부분의 사람들은 부유해지기 위해 노력해야겠다고 생각하기 쉽다. 하지만 실제로 그런 노력 덕분에 거액의 수

입을 얻는다면 오히려 빈부 격차가 확대되고 문제는 더욱 크고 강하게 뿌리 내릴 것이다.

오늘날에는 교육을 잘 받은 엘리트들 중에도 '이런 잔혹한 사회에서 어떻게 살아남을까' 하는 얕은 관점으로 지표를 설정하는 사람이 많다. 만약 우리 사회가 잔혹하다면 교육받은 엘리트가 정말로 고민해야 할 과제는 '잔혹한 사회에서 어떻게 이기느냐' 같은 비천한 것이 아니라 '왜 우리 사회는 잔혹한가?', '어떻게 하면 공평한 사회가 될 것인가?' 같은 것이다.

올드타입은 과잉 최적화를 일으킨다

잘못된 시스템에 자신을 최적화시키는 올드타입의 두 번째 문제점은, 시스템이 계속 변화하기 때문에 기존 체제에 지나치게 최적화되면 언젠가 반드시 부적응자가 된다는 점이다. 지금까지는 효과적으로 기능을 발휘하던 투쟁 방식이 어느 날 갑자기 전혀 통하지 않게 될지도 모른다.

그 전형적인 사례가 리먼 브라더스 사태다. 2000년대 초반 명문 경영대학원 졸업생의 약 3분의 1은 '장밋빛 인생'을 꿈꾸며 투자은행의 문을 두드렸다. 하지만 입사 첫해의 인센티브만 수억 원에 이르던 호경기는 돌연 종말을 고했고 세상은 급격히 변화했다. 그전의 '구세계'

에 최적화된 기술과 지식을 쌓아왔던 수많은 사람이 세상에 배신당하고 황무지로 내동댕이쳐졌다. 시스템에 과도하게 최적화하려는 올드타입은 앞으로 여러 영역에서 부적합 문제에 직면할 것이다.

앞서 말했듯이, 시스템이 제 기능을 하지 못하는 경우 사회 전체가 창출해낸 부가 일부 사람에게만 극단적으로 돌아가게 된다. 올드타입은 '가치보다 돈'을 기준으로 직업을 선택하기 때문에 제 기능을 하지 못하는 시스템을 이용해서 '유리한 위치'를 잡으려 한다.

반면에 뉴타입은 '화폐보다 가치'를 추구해 일자리를 선택하고 시스템의 기능부전을 개선하려고 애쓴다. 그리고 뉴타입이 앞장서서 시스템이 개선되면 빈부 격차 문제는 해결되고 결과적으로 올드타입이 차지하고 있던 '유리한 위치'는 증발할 것이다.

그러면 올드타입은 어떻게 될까? 아마도 아무 일도 하지 못할 것이다. 애초에 가치를 창출하는 일을 하지 않았기 때문이다.

왜 자본주의의 탈구축이 필요한가

이렇게 지적하면 뉴타입이 자본주의를 비롯한 사회 시스템을 모두 부정한다고 생각할지도 모른다. 확실히 이 책에서 짚어본 '의미의 고갈'과 '물건의 포화'가 자본주의 시스템과 크게 관련되어 있는 것은 분명하다. 문제의 근본 원인이 자본주의 시스템에 있다는 사고는 마르크스 이래로 쉽게 바뀌지 않고 지속되어온 측면이 있다.

하지만 필자는 자본주의를 전면 부정해도 어쩔 수 없다고 생각한다. 예를 들어 옛날 공산주의 운동은 그런 사고, 즉 쓸모없고 불건전한 자본주의를 '무언가 다른 것으로 치환하는' 것을 목적으로 했지만, 장대한 사회 실험 끝에 결국에는 '잘못된 시스템'을 '더욱 잘못된 시스템'으로 대체하는 것에 지나지 않았다는 사실이 분명해졌다.

이렇게 해당 시스템을 다른 시스템으로 바꿈으로써 문제를 해결하려는 사고방식은 매우 쉽고 간편하기는 하지만 결국에는 문제의 근본 원인을 해결해주지 못한다.

필자는 시스템을 비판 없이 무조건 받아들이는 태도는 바람직하지 않다고 생각하지만 그렇다고 해서 문제의 원인을 모두 시스템 탓으로 돌리고 다른 것으로 바꾸면 모두 해결된다는 사고에도 부정적이다.

현재의 시스템에 몰입해 최적화를 이루는 것이 올드타입이라고 한다면, 현재의 시스템을 전부 부정하고 새로운 것으로 바꾸려는 사람은 뉴타입이라고 생각할지도 모른다.

하지만 그것은 완전히 오해다. 양자가 정반대의 관계에 있다고 여길지 모르지만, 시스템이 주主이고 인간이 종從인 구조가 세계관의 기본 토대를 이루고 있다는 점에서는 다를 바가 없다.

공산주의의 실패는 이런 식의 사고방식, 그러니까 '자본주의라는 시스템이 잘못되었으니 다른 시스템으로 바꾸자'는 사고가 다다른 곳이 결국에는 디스토피아였다는 사실을 증명하고 있다. 1960년대 미국 태평양 연안 지역에서 꽃핀 히피 운동이나 코뮌(프랑스 중세의 주민자치체-옮긴이) 운동에 대해서도 똑같이 말할 수 있다.

이들 운동은 당시 점차 심화되던 물질주의와 욕망에 대한 안티테제antithese로서 인기를 얻었지만 단순히 자본주의에 대한 비난만 했을뿐, 대안을 제시하지는 못했다.

교외에서 열린 록페스티벌에 모여 마리화나를 피우고 사랑과 평화를 노래해봐도 결국 아무것도 바뀌지 않았으며, 금세 운동 자체가 음반과 패션 산업의 형태로 자본주의를 움직이는 강력한 부품이 되어버렸다. 그리고 그 정신의 세례를 받은 창업자(스티브 잡스-옮긴이)가 미국 서부 해안에 세운 기업은 세계 최고의 시가총액을 자랑하며 미국 자본주의의 힘을 전 세계에 보여주었다.

현재 우리가 직면한 상황을 단순히 시스템의 문제로 치부할 수는 없다. 대부분의 사람들은 아직도 '어떤 시스템으로 바꿔야 문제가 해결될까?'만을 이야기하지만 시스템을 아무리 바꾼다고 해도 그 안에서 살아가는 인간이 달라지지 않는 한, 시스템이 평화나 부를 가져다주지는 않을 것이다.

중요한 것은 시스템과 인간의 이상적인 관계를 구축하는 일이다. 시스템만 개선하면 문제가 전부 해결된다는 사고는 전형적인 올드타입의 패러다임이다.

세계의 시나리오를 다시 써야 할 때

20세기 전반에 활약한 독일의 철학자 마르틴 하이데거¯는 '세계 극 장(세계란 일상적인 현존재가 연기하는 연극과 같다는 하이데거의 사상에서 유래한 용어 – 옮긴이)'이라는 개념을 통해 현존재 Dasein(인간이 현Da을 열고 이 현 안에 존재한다는 것을 표현 – 옮긴이), 즉 우리의 본질과 우리가 사회에서 수행하는 역할은 다르다고 주장했다.

무대에서 연기하는 역할을 심리학에서는 페르소나 persona라고 한다. 페르소나는 가면이라는 뜻의 라틴어다. 사람들은 실제의 자신과는 다른 가면을 쓰고 주어진 역할을 연기한다. 영어로 사람을 '퍼슨 person', 인격을 '퍼스널리티 personality'라고 하는데 이 단어들도 원래 페르소나에서 유래했다.

그리고 모든 인간은 세계 극장에서 자신의 역할을 연기하기 위해 세계라는 무대로 내보내졌다. 이를 하이데거는 '기투企投'(Entwurf. 이해의 실존론적 구조를 가리키는 하이데거의 철학 용어 – 옮긴이)라고 불렀다. 그리고 기투된 사람들이 세계 극장에서 맡은 역할에 매몰되어가는 것을 '퇴락 verfallen'이라고 명명했다.

여기서 문제가 되는 것은 현존재와 역할의 구별이다. 사람은 대부분 세계 극장에서 역할을 연기하는 퇴락한 자신과 본래의 자신을 구별하지 못한다. 멋있는 역할을 맡은 사람은 역할이 아니라 자신의 현존재를 '멋있다'고 생각하고, 변변찮은 단역을 맡은 사람은 역할이 아닌 자신의 현존재를 '변변찮다'고 생각한다.

그리고 당연하게도 주연을 맡은 사람은 극소수에 지나지 않는다. 대부분의 사람은 변변찮은 단역을 맡은 서투른 배우로서 세계 극장의 무대에 서게 되므로 갈팡질팡 자신의 역할을 연기한다. 그리고 완전히 그 역할로 변모해 신나게 노래하고 춤추는 주연들에게 질투와 선망이 섞인 복잡한 감정을 갖게 되거나, 반대로 '저렇게 되고 싶지 않아'라는 반감을 갖게 된다.

결국 어느 쪽이든 모두 르상티망ressentiment(타인에게 느끼는 질투와 시기심. 독일의 실존주의 고전 철학자 프리드리히 니체의 대표적 사상 – 옮긴이)에 사로잡혀 정상적인 사고가 불가능해진다는 점에서는 똑같으며, 본질적으로 역할에 탐닉하여 자기만족을 느끼는 올드타입이나 다름없다.

앞서 언급했듯이, 세계 극장에서 상연되는 연극에는 여러 가지 문제가 있다. 이 세계가 건전하고 이상적이라고 여기는 사람은 한 명도 없을 것이다. 즉 세계 극장에서 시나리오는 전혀 쓸모가 없다. 따라서 시나리오를 다시 써야 하는데, 문제는 '누가 다시 쓸 것인가'다.

시나리오를 다시 쓸 수 있는 사람 역시 그리 많지 않기 때문이다. 텔레비전 드라마를 생각해보면 이해가 쉽다. 시나리오에 대해 거리낌 없이 의견을 낼 수 있는 것은 시나리오 작가나 감독 또는 몇몇 원로 배우 정도일 것이다.

하지만 조금 생각해보면, 이 사회에서 활약하고 있는 사람, 즉 인기 배우에게는 시나리오를 바꿀 이유가 없음을 알 수 있다. 그들은 오히려 '왜곡된 시나리오' 덕분에 다양한 이익을 누리고 있기 때문이다. 이는 감독이나 시나리오 작가도 마찬가지다.

한편, 오늘날의 세계 극장에 완전하게 적응하지 못한 사람, 즉 단역을 강요받은 서투른 배우에게는 시나리오를 바꾸고 싶은 이유가 있다. 하지만 그들은 대개 시나리오를 바꾸기보다는 어떻게 하면 자신도 인기 배우가 될지에만 온통 정신을 빼앗긴 채 인기 배우에게 착취당하며 점점 시나리오의 왜곡을 견고히 한다.

결국 시나리오를 다시 쓰려면 무대 위에서 적절하게 행동함으로써 발언권과 영향력을 높이는 동시에 시나리오 자체에 대한 비판적인 시각은 잃지 않는 이중성을 가진 사람에게 의지할 수밖에 없다.[8] 그리고 이런 이중성을 문제 없이 소화할 수 있는 사람[9]이야말로 시스템 개선을 주도할 뉴타입이라고 할 수 있다.

- 현재의 사회 시스템에 적응하고 그 안에서 승자가 되려는 사람이 사라지지 않고 있다. 이런 사고방식을 지닌 올드타입이 늘어날수록 현대의 사회 시스템은 쉽게 바뀌지 않는다.

- 현재의 자본주의 사회 시스템은 빈부 격차, 지역 간의 생활 수준과 문화 수준의 차이, 환경에 대한 부담 증가 등 심각한 문제를 안고 있으며, 이 시스템이 여전히 굳건하다는 사실을 결코 간과할 수 없다.

- 시스템에 최적화함으로써 유리한 위치를 독점하려는 올드타입의 행동양식은 앞으로 환경 변화가 심해지면 오히려 과잉 최적화 문제를 초래하게 된다. 이런 사회에서는 '화폐'보다도 본질적인 '가치'를 찾아내 자신이 활약할 자리를 만들어내는 뉴타입이 더욱 장기적으로 경력을 이어갈 수 있다.

- 올드타입은 시스템에 최적화하든지, 아니면 시스템을 전부 부정하고 교체하든지 두 가지 방법 중에 하나를 선택하는 반면, 뉴타입은 일단 시스템에 적응한 다음 시스템 내에서 발언권과 영향력을 기르면서 시스템이 안고 있는 과제를 확인하고 시스템을 개혁해나간다.

의미 없는 일을 하는 자는
반드시 무너진다

이 책을 마치면서 한 가지 질문을 하고 싶다.

"인류가 우주 도시 스페이스콜로니 Space Colony로 이주한다면, 당신은 우리의 문화유산 가운데서 무엇을 가져가고 싶습니까?"

나는 초등학교 강연, 대학교 강의, 기업인 워크숍 등 다양한 자리에서 종종 이 질문을 던지곤 하는데, 답변은 항상 비슷하다. 응답자의 80~90퍼센트가 18세기 이전에 만들어진 유산을 꼽는다.

우리는 일반적으로 20세기에 생산성이 폭발적으로 향상되었다는 이야기를 많이 한다. 하지만 우리는 그렇게 향상된 생산성이 만들어낸 물건을 그다지 미래의 인류에게 남겨주고 싶어 하지 않는다. 어째서일까? 18세기 이전 사회와 현대사회를 생산성이라는 관점에서 비교해보자.

우선 노동력에 관해 확인해보면, 에도 시대의 인구는 가장 번성한 시기인 겐로쿠 시대元禄時代에도 3000만 명 정도에 지나지 않았다. 하지만 현재 일본 인구는 4배 늘어난 1억 2000만 명이다. 그리고 에도 시대 사람들의 일반적인 노동시간은 하루 3~4시간 정도였던 반면, 현재 우리는 그보다 2배나 많은 하루 7~8시간 동안 일한다. 심지어 많은 사람이 일로 인해 건강을 잃거나 마음에 병을 얻기도 하고 심지어 자살하기도 한다. 결국 인구가 4배 증가하고 노동시간이 2배가 되면서 전체적으로 8배의 노동량이 투입되는 데다가 정신적으로도 상당히 부담이 커졌다.

게다가 에너지 소비량을 봐도, 에도 시대에는 석유를 전혀 쓰지 못했던 반면, 현재 일본에서는 일인당 연간 10킬로칼로리의 석유를 소비한다. 또한 환경 측면에서도 에도 시대는 환경이 파괴되지 않고 오랫동안 유지되는 순환형 사회였던 반면, 현재는 지구온난화라는 불가피한 문제에 직면해 있을 뿐만 아니라 환경오염으로 인한 질병이 큰 비극을 불러일으켰다. 이렇게 생각해보면 우리가 경제학이나 역사 교과서에서 배운 '생산성 향상'이 대체 무엇이었던가라는 회의감을 품게 된다.

우리는 대규모의 인적 자원을 투입해서 광물과 석유 등 지구의 자원을 탕진하듯 만들어낸 '생산물'의 대부분을 반드시 후손에게 남겨줘야 한다고는 생각하지 않는다. 자손에게 남겨주지 않고, 우리 대에서 처분해도 상관없는 물건, 즉 '쓰레기'라는 말이다. 우리는 엄청난 노동과 자원을 투입해서 열심히 '쓰레기'를 만들어내고 있는 것이다.

인간은 의미를 먹고 사는 생물이지만 쓰레기를 만들어 파는 데서는 의미를 찾을 수 없다. 의미가 없는 일을 하는 인간은 반드시 무너진다. 일본을 비롯한 선진국들에 마음의 병을 앓는 사람이 이렇게 증가한 것은 그 때문이다.

현재 기술의 진화는 더욱더 강력해지고 있으며, 표면적인 의미인, 소위 생산성은 앞으로도 높아질 것이다. 이때 문제는 기술을 사용하는 인간의 '인간성 humanity'이 전혀 진화하지 못하고 오히려 100년 전에 비해 퇴화하고 있다는 점이다. 기술이 더욱 힘을 갖게 되는 반면에, 그 기술을 사용하는 인간은 오히려 퇴화하고 있는 것이다. 이런 상황이 계속되면 우리는 과거 100년간 반복해온 어리석은 행동을 더욱 가속시키며, 더욱 높은 생산성을 추구하느라 방대한 쓰레기를 끊임없이 생산해낼 것이다.

문제는 무엇인가. 자본주의라는 시스템에 근본적인 문제가 있다고 지적하는 사람도 있다. 확실히 자본주의 체제가 이런 상황에 크게 영향을 미친 것은 틀림없다. 하지만 이미 짚어보았듯이 필자로서는 자본주의를 전부 부정해봐야 소용없다고 생각한다. 이런 사고방식, 즉 '이것이 안 되니까 저것으로 바꾸자'라는 양자택일의 사고는 시스템에서 문제의 원인을 찾고 시스템 자체를 다른 것으로 교체함으로써 문제를 해결하려는 20세기식 올드타입의 발상이다. 이런 사고는 상당히 안이하고 간편하지만 결국 문제의 근원을 해결하지 못한다.

현재 우리가 직면하고 있는 상황을 시스템 탓으로만 돌릴 수는 없다. 결국 시스템을 다른 것으로 바꾼다 해도 그 안에서 일하는 사람들의 의식이 바뀌지 않는 한, 상황은 달라지지 않는다. 만약 우리 사회가 엄청난 노력이 무색할 정도로 쓸모없는 성과밖에 내지 못한다면, 그것은 우리가 아무런 자각도, 비판 정신도 없었기 때문이다. 우선은 그 사실부터 인식하는 것이 중요하다.

2019년 5월 1일, 일본의 연호는 헤이세이平成에서 레이와令和로 바뀌었다. 시대는 어떻게 변해가는가 하는 물음에 대해 오스트리아의 역사가이자 미술사가인 에른스트 곰브리치 Ernst Gombrich는 15세기의 르네상스를 예로 들어 이렇게 말했다.

어느 날 갑자기 말에 탄 나팔수가 마을에 나타나 "여러분, 새로운 시대가 열렸습니다" 하고 알리며 다닌다면 얼마나 근사하겠는가. 하지만 현실에서는 그런 일이 일어나지 않는다. 인간은 사고를 바꾸고도 그 사실을 깨닫지 못한다. 그리고 어느 순간 불현듯, 낡은 노트를 펼쳤을 때처럼 그 사실을 깨닫는다. 그리고 자신만만하게 "우리는 새로운 시대를 살아가고 있지" 하고 말한다. 게다가 종종 "옛날 사람들은 어리석었어" 하고 덧붙인다. | 에른스트 곰브리치, 《곰브리치 세계사》 |

곰브리치에 의하면, 새로운 시대로의 전환은 일찍이 올드타입이 목표로 했던 것처럼 팡파르를 요란하게 울리며 시스템을 교체한 덕분이 아니라 아무도 알아차리지 못하는 사이에 인간의 사고가 변화한 덕분에 일어난다. 곰브리치는 개개인의 사고와 행동양식이 올드타입에서 뉴타입으로 변환함으로써 새로운 시대로 전환된다고 주장했다.

지금 우리가 시대의 전환기를 맞고 있다면 우리의 관점도 또한 조금씩 업데이트될 것이다. 이 책이 '새로운 시대의 생각의 프레임', 즉 뉴타입에 관해 스스로 생각해보고 20세기의 낡은 가치관과 노동관에서 벗어나 유연하고 자유로운, 새로운 인생을 실현하는 계기가 되길 바란다.

프롤로그

1 앞에서 '문제가 희소해지고 있다'고 지적하고 여기서는 '문제가 확대 재생산되고 있다'고 말한 것에 모순을 느낀 독자가 있을지 모르겠다. 혼란을 피하기 위해 설명하자면, 앞에서 지적한 '희소해진 문제'는 시장 거래를 통해 해소 가능한 고객의 불만과 불평, 불안 같은 문제, 즉 경제 시스템 내부에서 해소할 수 있는 문제를 가리키는 반면, 나중에 지적한 '확대 재생산되는 문제'는 쓰레기, 빈곤, 환경, 학대 등 이른바 시장의 실패 또는 부정적 외부 효과negative externality로 집약되는 문제, 즉 경제 시스템 내부에서는 해소하기 어려운 문제를 일컫는다.

제1장

1 세상은 계속 변화하고 예상하지 못한 일이 일어나기에 멋지다는 의미.

2 일본 가마쿠라 시대 말기에서 남북조 시대에 걸친 관료이자 수필가. 일본 3대 수필의 하나로 꼽히는 《쓰레즈레구사徒然草》의 저자.

3 경제학 용어. 생산량 한 단위를 추가로 늘릴 때 증가하는 비용.

제2장

1 "Computers Are Useless. They Can Only Give You Answers," *Quote Investigator*, November 5, 2011, https://quoteinvestigator.com/

2011/11/05/computers-useless/

2   https://www.wsj.com/articles/m-b-a-applications-keep-falling-in-u-s-this-year-hitting-even-elite-schools-1538366461

3   이렇게 지적하면 성급하게 '이미 경영학의 시대는 끝났다'고 단정 지으려는 사람이 있다. 하지만 필자는 그렇게 생각하지 않는다. 학위의 가치와 학문의 가치를 혼동하지 말아야 한다. 필자는 오히려 경영학이라는 학문의 본질적인 중요성은 앞으로 더욱더 커질 것이라고 생각한다.

4   물론 이것은 하드웨어의 비용에 관한 단순 계산으로 딥블루에 탑재된 소프트웨어, 즉 프로그램 개발 비용은 포함되지 않았다. 하지만 어쨌든 '파괴적인 저가'인 것만은 틀림없다. 프로그램은 분명히 한계비용 제로로 추가 생산이 가능하기 때문이다. 만약 개발에 100억 엔이 든다 해도 이 프로그램을 컴퓨터 100만 대에 탑재하면 한 대당 비용은 1만 엔밖에 되지 않는다.

5   마르쿠스 아우렐리우스의《명상록》에서 발췌.

6   마르쿠스 아우렐리우스 안토니누스(121년 4월 26일~180년 3월 17일)는 16대 로마 황제(재위: 161~180년)로 네르바-안토니누스 왕조에서는 5대 황제다. 스토아철학 등에 해박했고 국가를 잘 다스렸다고 해서 네르바, 트라야누스, 하드리아누스, 안토니누스 피우스와 더불어 오현제五賢帝로 불린다.

7   https://answers.ten-navi.com/pharmanews/13709

8   일본 최초의 독립적 기술 컨설턴트로서 일본의 비약적인 공업 발전에 공헌한 니시보리 에이자부로西堀榮三郎는 부하에게 자주 "변신술이라도 상관없어"라고 말했다. 리더의 역할은 '과제를 설정하는' 일이며, 과제를 해결하는 방법은 부하에게 전적으로 맡겨야 한다는 사고는 니시보리가 평생 지킨 변함없는 경영 방식이었다.

9   《오픈 이노베이션 백서》 2판에서.
    https://www.nedo.go.jp/content/100879992.pdf

10 여왕의 질문에 그 자리에서 대답하지 못한 경제학자들은 그 후 여왕에게 서간 으로 회답했다. 여러 가지 내용이 쓰여 있었지만 결국 질문에 대한 대답은 한 마디로 '방심했다'였던 모양이다. https://economistsview.typepad.com/ economistsview/2009/07/why-had-nobody-noticed-that-the-credit-crunch-was-on-its-way.html

11 미국의 계산기 과학자, 교육자, 재즈 연주가. 컴퓨터의 아버지라고도 불린다. 고객 지향적인 프로그래밍과 유저 인터페이스 설계에도 큰 공적을 남겼다. '미래를 예 측하는 최선의 방법은 미래를 만들어내는 것이다'라는 명언으로 유명하다.

12 http://www.vpri.org/pdf/hc_pers_comp_for_children.pdf

13 덧붙이자면, 20년간 컨설팅 업계에 몸담은 필자의 경험에 비추어볼 때 컨설팅 회 사에 미래 예측을 의뢰하는 회사는 그 후에 어딘가와 합병하거나 급속히 실적이 저하된 사례가 많았다.

14 http://www.imf.org/external/pubs/ft/weo/2007/01/jpn/sumj.pdf

15 http://www.dai-ichi-life.co.jp/company/news/pdf/2007_009.pdf

16 http://www.murc.jp/report/economy/archives/economy_prospect_past/ short_past/er_070521/

17 https://digital-stats.blogspot.com/2014/07/mckinsey-company-projected-that-there.html

제3장

1 http://news.gallup.com/poll/165269/worldwide-employees-engaged-work.aspx

2 http://www.recruitcareer.co.jp/company/vision/pdf/research_report.pdf

14퍼센트라는 수치는 '일하는 기쁨을 느끼고 있는가?'라는 질문에 대해 '매우 그렇다' 또는 '그렇다'라고 대답한 사람의 비율을 합한 것이다.

3   마가복음 9장 34절, 또는 누가복음 9장 46절

4   마태복음 26장 56절

5   https://www2.deloitte.com/content/dam/Deloitte/global/Documents/About-Deloitte/gx-millenial-survey-2016-exec-summary.pdf

6   https://www.brainpickings.org/2011/12/21/steve-jobs-bicycle-for-the-mind-1990/

7   마태복음 7장 13절

8   고이즈미 신조小泉信三(1888년 5월 4일~1966년 5월 11일). 일본의 경제학자. 아키히토.일왕(2019년 4월 30일 퇴위)이 청소년일 때 교육을 맡았으며 1933년부터 1946년까지 7대 게이오 기주쿠 총장을 역임했다.

9   로버트 프랭크·필립 쿡,《승자독식사회》.

10   그 밖에도 '도움이 되지 않지만 의미가 있는' 상품을 떠올려보면 흥미롭다. 가령 음악, 예술, 문학, 와인 등도 그런 상품이며, 이들은 모두 매우 다양한 브랜드를 달고 판매된다. 전형적인 예가 바의 카운터에 즐비한 수많은 술병이다. 이 술병들을 바라보고 있으면 '도움이 되지 않는 상품이야말로 참으로 다양하구나!'라고 느낄 것이다.

11   상품의 부피당 부가가치에 따라 독과점 정도를 생각해보면 흥미로울 것이다. 이를테면 유리는 전 세계에서 '도움이 되는' 상품이지만 부피당 부가가치는 낮고 수송 비용은 상대적으로 높기 때문에 비교적 로컬 기업이 살아남기 쉽다. 건축자재 업자는 지역으로 분산화되는 경향이 있다. 건축자재가 부가가치에 비해 상내적으로 수송 비용이 높기 때문이다. 반면에 IC칩 같은 제품은 부피당 부가가치가 매우 커

서 독점하기가 쉽다. 가장 극단적인 예는 정보재다. 사실상 부피가 0인 정보재는 독과점이 상당히 용이하다. GAFA가 세계를 석권하고 있는 이유는 그들이 제공하는 재화의 부피당 부가가치가 굉장히 크기 때문이다.

12　https://www.statista.com/statistics/220534/googles-share-of-search-market-in-selected-countries/

13　참고로 졸저《세계의 리더들은 왜 직감을 단련하는가》에서도 언급한 마쓰다는 '도움이 되지만 의미는 없다'는 포지셔닝에서 '도움이 되는 데다 의미도 있다'는 포지셔닝으로 전환한 기업의 시초라고 할 만하다.

14　흥미롭게도 예술 시장에서 '도움이 되지 않는다×의미가 없다'와 '도움이 되지 않는다×의미가 있다'의 양쪽에 걸쳐 있다. 대부분의 작품은 '도움이 되지 않는다×의미가 없다'의 세그먼트에서 경제적 가치(≠미적 가치)가 인정되지 않지만, 일단 그 작품에 무언가 의미가 부여되면 작품 자체는 변화하지 않는데도 '도움이 되지 않는다×의미가 있다'의 세그먼트로 이행移行하여 막대한 경제적 가치를 갖게 된다. 작가 생전에 높은 평가를 받지 못한 작품이 사후에 높은 평가를 받는 것은 이런 전환 덕분이다. 예술을 비즈니스로 인식하면 그 핵심은 이런 '의미 생성'에 있으며 그것을 담당하는 것이 큐레이터와 갤러리스트다. 현대미술가인 무라카미 다카시村上隆가 저서《예술기업론藝術起業論》에서 반복해 지적한 것은 이 '의미가 있다와 없다'의 경계를 어떻게 넘을까였다.

15　2018년 10월 말의 재무제표 자료를 근거로 산출. 그 후 곧 사장이 체포되었다는 뉴스가 나오자 닛산의 PBR은 한층 더 낮아졌다.

16　미셸 드 몽테뉴(1533년 2월 28일~1592년 9월 13일). 16세기 르네상스 시대의 프랑스를 대표하는 철학자, 모럴리스트, 회의론자, 인문주의자. 현실의 인간을 통찰하고 인간의 삶을 탐구한 저서《수상록》은 프랑스뿐만 아니라 다른 여러 나라에도 영향을 미쳤다.

17　표도르 도스토옙스키(1821년 11월 11일~1881년 2월 9일). 러시아의 소설가이자 사상가다. 대표작은《죄와 벌》,《백치》,《악령》,《카라마조프가의 형제들》등이다. 레프 톨스토

이, 이반 투르게네프와 함께 19세기 후반 러시아 소설을 대표하는 문호다.

18   덧붙이면, 일본의 총 노동시간은 중장기적으로 줄어드는 경향을 명확하게 보인
      다. 후생노동성의 〈매월 근로 통계 조사〉에 의하면 1965~1974년에는 대략 2200~
      2400시간 정도였던 총 실제 노동시간이 2008년 이후에는 대략 1700~1800시간으
      로 줄었다.

19   이른바 '문 스피치moon speech'라고 불린다. 현재도 유튜브에서 연설 영상을 확인할
      수 있다. https://er.jsc.nasa.gov/seh/ricetalk.htm

20   미국이 유럽 여러 국가에 대해, 미국과 유럽 간의 상호불간섭을 제의한 일을 가리
      킨다. 제5대 미국 대통령 제임스 먼로가 1823년 의회에서 발표한 7차 연두교서 연
      설에 나온다. 이 교서에서 표명한 외교 자세가 그 후 미국 외교의 기본 방침이 되
      었다.

제4장

1   월터 아이작슨의 《스티브 잡스》에서 발췌.

2   필자의 메시지는 '논리에서 직감으로' 바꾸자는 것이 아니라 '논리도 직감도'라는
      '이원적 기준을 제안하는 것'이었다.

3   https://repository.kulib.kyoto-u.ac.jp/dspace/bitstream/2433/182066/1/
      bussei_el_031205.pdf

4   무라카미 요이치로(1936년 9월 9일~). 일본의 과학사가, 과학철학자, 도쿄대학교 및 국
      제기독교대학 명예교수, 도요타공업대학 차세대문명센터장.

5   https://www.nytimes.com/2018/06/01/technology/google-pentagon-
      project-maven.html

6   1968년 3월 18일 캔자스대학에서 했던 연설에서 발췌.

7   최근 고령 운전자의 과실로 인한 교통사고가 끊이지 않고 있다. 대부분은 액셀러 레이터와 브레이크를 잘못 밟아 발생한 사고인데, 필자는 예전부터 무게 1톤을 훌 쩍 넘어가는 물체를 '잘못 밟기만 해도' 쉽사리 돌진시키는 조종 시스템에 중대한 문제가 있다고 생각해왔다. 항공기나 선박도 증속과 감속 제어는 단순히 하나의 장치를 쓰는 반면에 가장 많은 사람이 다루는 자동차는 어쩐 일인지 액셀러레이 터와 브레이크라는 복잡한 두 가지 장치를 사용한다. 게다가 액셀러레이터와 브레 이크는 발로 제어하는 시스템인데도 아직 개선될 기미는 보이지 않는다. 또한 안 전장치 문제도 지적하고 싶다. 총은 두말할 필요도 없이 위험한 물건이지만 안전 장치가 반드시 장착되어 있다. 하지만 총과 거의 맞먹을 정도의 에너지를 방출하 는 자동차에는 왠지 안전장치가 없다. 말 그대로 '한순간 잘못 밟으면' 수만 뉴턴의 에너지가 수많은 사람들이 있는 곳에서 방출될 수도 있는 것이다. 어떤 길이든 시 속 100킬로미터밖에 달리지 못하는 여건에서 그저 동력을 향상시키는 정도라면 오히려 '절대로 폭주할 수 없는' 안전 제어 프로그램을 내장하는 것이 중요하다. 하 지만 안타깝게도 현재로서는 자동차 회사에서 그런 제안이 나올 가능성이 전혀 없 다. 아마 돈이 되지 않아서일 것이다.

제5장

1   버트런드 러셀의《게으름에 대한 찬양》에서 발췌.

2   버트런드 러셀(1872년 5월 18일~1970년 2월 2일). 영국의 철학자, 논리학자, 수학자, 사회비 평가, 정치활동가. 1950년에 노벨문학상을 수상했다.

3   "Corporate Concentration", *Economist*, March 24, 2016, http://economist.com/blogs/graphicdetail/2016/03/daily-chart-13

4   https://www.slideshare.net/upwork/freelancing-in-america-2017/1

5   앤디 워홀(1928년 8월 6일~1987년 2월 22일). 미국의 화가, 판화가, 예술가로 팝아트의 선구

자다. 은발의 가발을 트레이드마크로 삼았으며 록밴드 양성과 영화 제작 등 다양한 분야에서 활동했다.

6 Brooke N. Macnamara(Princeton University), David Z. Hambrick(Michigan State University), and Frederick L. Oswald(Rice University), "Deliberate Practice and Performance in Music, Games, Sports, Education, and Professions: A Meta-Analysis", *Association for Psychological Science*, 2012

7 막스 베버의《프로테스탄트 윤리와 자본주의 정신》에서 발췌.

8 막스 베버(1864년 4월 21일~1920년 6월 14일). 독일의 정치학자, 사회학자, 경제학자.

9 https://hbr.org/2013/04/using-the-crowd-as-an-innovation-partner

10 "NASA Announces Winners of Space Life Sciences Open Innovation Competition," NASA-Johnson Space Center-Johnson News. http://www.nasa.gov/centers/johnson/news/releases/2010/J10-017. html(accessed Oct 30, 2018)

제6장

1 여기서는 더 파고들지 않았지만 스피노자는 다음의 이유로 코나투스가 매우 중요하다고 생각했다. 원래 이 세상에 존재하는 모든 개체는 각각 그 자체로서 완전성을 지닌다고 전제된다. 이미 완전성이 있는 이상, 자신을 바꾸기보다는 '본래의 자신으로 있으려는' 힘이 중요하며, 그렇기에 코나투스의 역할이 매우 중요하다.

2 K. M. Eisenhardt and B. N. Tabrizi, "Accelerating Adaptive Processes: Product Innovation in the Global Computer Industry," *Administrative Science Quarterly* 40(1995): 84-110

3 통증을 자각하고 전달하는 신경계(생물학이나 의학 용어로는 침해수용기)는 우리 인간을 비롯

한 대부분의 포유류에게 갖추어져 있지만 어류나 곤충에게도 똑같은 감각이 있는
지는 확실하지 않다. 최근의 논문을 살펴보면 '어류에게는 있지만 곤충에게는 없
다'는 의견이 우세하다. 하지만 원래 '통증'이라는 감각 자체가 주관적인 이상, 다른
동물은커녕 사람들 사이에도 똑같은 감각을 공유하고 있는지 아닌지를 확인하기
는 원리적으로 불가능하다.

4   일본어판 위키피디아의 '조체조' 항목에 따르면 1969~2014년의 46년간 아홉 명이
    죽고 92명이 후유 장애를 갖게 되었다. 또한 1983~2013년의 31년간 학교에서 조
    체조를 하다가 아이들에게 장애가 생긴 사고는 88건이었다. 이 정도로 위험성이
    드러났는데도 수많은 유치원과 초중학교에서 여전히 조체조가 폐지되지 않는 이
    유는 무엇일까. 개인적으로는 전체주의하에서 학생을 통제하고 싶어 하는 교사들
    의 이기주의가 최대 요인이라고 생각한다.

5   라라아 슨(우주 세기 0062~0079년 12월 28일). 애니메이션 〈기동전사 건담〉에 등장하는 가공
    의 인물. 우주 세기 0079년에 벌어진 일년전쟁 중에 샤아 아즈나블이 데려가 프라
    나간 기관에서 자란 뉴타입의 소녀. 지온군 소위. 매우 뛰어난 뉴타입의 능력을 갖
    고 있으며 사이코뮤시스템(psychic communication system의 약자. 사고 조작 시스템 ─ 옮긴이)을 탑재
    한 기동병기인 모빌아머 Mobile Armor '엘메스'를 이용한 올레인지 공격 All Range Attack으
    로, 우주 요새 솔로몬 공략전이 끝난 후에 집결한 지구연방군 함선과 모빌슈트를
    잇따라 격파했다.

6   아마존 사이트에 올라 있는 책 소개 글에서 옮겨왔다.

7   Michael Kanellos, "Gates Taking a Seat in Your Den," *CNET*, January 5,
    2005

8   https://stateof.creativecommons.org

9   Garrett Hardin, "The Tragedy of the Commons", *Science* 162(3859)(December 13,
    1968):1244

10   엘리너 오스트롬 Elinor Ostrom(1933년 8월 7일~2012년 6월 12일). 미국의 정치학자이자 경제학
      자이며 인디애나대학교 교수를 역임했다. 2009년 10월 12일 올리버 윌리엄슨 Oliver
      E. Williamson과 함께 노벨경제학상을 공동 수상했다. 여성 최초의 노벨경제학상 수상
      자다.

11   그랜트 교수는 손쉽게 '테이커'를 알아낼 방법이 있다고 했다. 바로 페이스북의 프
      로필 사진을 보는 것이다. 그랜트 교수에 의하면 테이커들은 확실히 실물 이상으
      로 잘 나온 자아도취적인 사진을 프로필에 올려놓는다. 친구 수가 많다는 사실 또
      한 그들의 특징이다. 의지할 인맥을 부지런히 쌓는 것 같다.

12   http://www.researchgate.net/publication/40966369_What_creates_
      energy_in_organizations

제7장

1   토마스 만의 《마의 산》에서 발췌.

2   토마스 만(1875년 6월 6일~1955년 8월 12일). 독일의 소설가로 대표작은 《부덴브로크가의
     사람들》이다.

3   http://online.wsj.com/public/resources/documents/info-Degrees_that_
     Pay_you_Back-sort.html

4   데라다 도라히코의 《과학자와 두뇌科学者とあたま》에서 발췌.

5   데라다 도라히코 寺田寅彦(1878년 11월 28일~1935년 12월 31일). 일본의 물리학자, 수필가, 하이
     쿠 시인.

6   마이클 폴라니 Michael Polanyi(1891년 3월 11일~1976년 2월 22일). 헝가리 출신의 유대인계 물리
     화학자, 사회과학자, 과학철학자. 언어화할 수 없는 지식으로서의 '암묵지'라는 개
     념을 제창했다.

7   세네카의 《세네카의 인생론》 중 〈마음의 평정에 대하여〉 편에서 발췌.

8   루키우스 안나이우스 세네카(기원전 1년경~65년 4월). 율리우스 클라우디우스 왕조 시대
     (기원전 27년~기원후 68년), 로마제국의 정치가, 철학자, 시인이다. 5대 로마 황제인 네로의
     어린 시절 가정교사로 알려져 있으며, 또한 네로가 황제로 등극한 초기에는 수뇌
     로서 통치를 도왔다. 스토아학파 철학자로도 유명하며, 수많은 저서를 써서 라틴
     문학의 부흥기를 대표하는 인물이다.

제8장

1.   나카니시 데루마사의 《숨겨진 본질을 간파하는 통찰력》에서 발췌.

2   나카니시 데루마사中西輝政(1947년 6월 18일~). 일본의 역사학자, 국제정치학자. 교토대학
     교 명예교수로 전공 분야는 국제정치사와 문명사다.

3   '세상이 단번에 나쁜 방향으로 치달은' 사례를 살펴보면 막강한 권력으로 인한 톱다
     운이 작용한 경우가 많다. 히틀러, 스탈린, 폴 포트 등을 떠올려보면 알 수 있다. 모
     두 '선의라는 허위에 사로잡힌 거대한 권력자'가 주도한 계획에 의해 달성되었다.

4   막스 베버(1864년 4월 21일~1920년 6월 14일). 독일의 정치학자, 사회학자, 경제학자.

5   https://www.forbes.com/sites/bernardmarr/2017/10/26/data-driven-
     decision-making-beware-of-the-hippo-effect/#5c61577480f9

6   체 게바라(1928년 6월 14일~1967년 10월 9일). 아르헨티나 출신의 정치가이자 혁명가. 쿠바혁
     명의 게릴라 지도자.

7   마르틴 하이데거(1889년 9월 26일~1976년 5월 26일). 독일의 철학자로 주요 저서는 《존재와
     시간》. 20세기 유럽 대륙 철학에서 가장 중요한 철학자 가운데 한 사람이다. 1930
     년대에 나치스에 협력했고 이후 이 일로 크게 비판을 받았다.

8   본래 '선'을 지향해야 할 사람이 모인 사회가 왜 이렇게까지 살기 힘들어졌을까. 근

대 이후의 철학자 대부분이 이 문제에 관해 고찰하고 나름대로 제안을 했다. 우리에게 잘 알려진 나쓰메 소세키의 《행인》에는 '살아가는 괴로움'으로 번민하는 주인공의 형이 "나는 앞으로 자살하든지 미치든지 종교에 귀의할 수밖에 없다"고 말하는 대목이 나오는데, 이는 니체, 키르케고르, 뒤르켐, 하이데거와 기본적으로 같은 결론이다. 하지만 필자는 네 번째 선택지로서 '퇴락하지 말고 자살도 하지 말고 영리하게 살아가는' 길을 제안하고 싶다.

9 모순은 대개 부정적인 것으로서 기피되지만, 시스템의 파국을 피하기 위해서는 매우 중요한 개념이다. 미국 작가인 스콧 피츠제럴드는 일류 작가의 조건으로서 '상반되는 두 가지 사상을 내면에 간직한 채 정신적으로 파탄 나지 않고 태연할 것'을 꼽았다. 이는 결국 아무렇지 않게 모순된 말이나 행동을 하는 사람을 의미한다. 유발 하라리도 세계적인 베스트셀러인 《사피엔스》에서 '모순된 신념과 가치관'이야말로 문화 형성에 필수였다고 주장했다.

옮긴이 **김윤경**

일본어 전문 번역가. 일본계 기업에서 통번역을 담당하다가, 번역이라는 라이프워크를 발견한 후 전문 번역가의 길
로 들어섰다. 현재 출판번역 에이전시 글로하나를 꾸려 외서 기획 및 번역 중개 업무도 함께 하고 있다. 옮긴 책으
로 《철학은 어떻게 삶의 무기가 되는가》, 《라이프워크 습관법》, 《나는 단순하게 살기로 했다》, 《OKR 실천편》, 《로지
컬 씽킹》, 《사장의 도리》, 《자본주의 미래보고서》, 《일이 인생을 단련한다》 등 다수가 있다.

뉴타입의 시대

예측 불가능한 미래를 돌파하는 24가지 생각의 프레임

초판 1쇄 2020년 6월 12일
초판 16쇄 2024년 4월 5일

지은이 | 야마구치 슈
옮긴이 | 김윤경

발행인 | 문태진
본부장 | 서금선
편집 2팀 | 임은선 원지연
디자인 | 디박스 교정 | 윤정숙

기획편집팀 | 한성수 임선아 허문선 최지인 이준환 송은하 송현경 이은지 유진영 장서원
마케팅팀 | 김동준 이재성 박병국 문무현 김윤희 김은지 이지현 조용환 전지혜
디자인팀 | 김현철 손성규 저작권팀 | 정선주
경영지원팀 | 노강희 윤현성 정헌준 조샘 이지연 조희연 김기현
강연팀 | 장진항 조은빛 신유리 김수연

펴낸곳 | ㈜인플루엔셜
출판신고 | 2012년 5월 18일 제300-2012-1043호
주소 | (06619) 서울특별시 서초구 서초대로 398 BNK디지털타워 11층
전화 | 02)720-1034(기획편집) 02)720-1024(마케팅) 02)720-1042(강연섭외)
팩스 | 02)720-1043 전자우편 | books@influential.co.kr
홈페이지 | www.influential.co.kr

한국어판 출판권 ⓒ ㈜인플루엔셜, 2020
ISBN 979-11-89995-63-8 (03300)

• 이 책은 저작권법에 따라 보호받는 저작물이므로 무단 전재와 무단 복제를 금하며, 이 책 내용의
  전부 또는 일부를 이용하려면 반드시 저작권자와 ㈜인플루엔셜의 서면 동의를 받아야 합니다.
• 잘못된 책은 구입처에서 바꿔 드립니다.
• 책값은 뒤표지에 있습니다.
• ㈜인플루엔셜은 세상에 영향력 있는 지혜를 전달하고자 합니다. 참신한 아이디어와 원고가 있으신 분은
  연락처와 함께 letter@influential.co.kr로 보내주세요. 지혜를 더하는 일에 함께하겠습니다.